U0083416

古代歷史文化研究輯刊

二二編

王明蓀 主編

第12冊

清代士人的生活世界
——關於三位士人日常生活的研究

張博 著

國家圖書館出版品預行編目資料

清代士人的生活世界——關於三位士人日常生活的研究／張博著 — 初版 — 新北市：花木蘭文化事業有限公司，2019〔民108〕

目 2+214 面；19×26 公分

（古代歷史文化研究輯刊 二二編；第 12 冊）

ISBN 978-986-485-906-1（精裝）

1. 生活史 2. 知識分子 3. 清代

618　　108011808

ISBN-978-986-485-906-1

古代歷史文化研究輯刊

二二編　第十二冊　　ISBN：978-986-485-906-1

清代士人的生活世界

——關於三位士人日常生活的研究

作　者　張 博

主　編　王明蓀

總 編 輯　杜潔祥

副總編輯　楊嘉樂

編　輯　許郁翎、王筑、張雅淋　美術編輯　陳逸婷

出　版　花木蘭文化事業有限公司

發 行 人　高小娟

聯絡地址　235 新北市中和區中安街七二號十三樓

電話：02-2923-1455／傳眞：02-2923-1452

網　址　http://www.huamulan.tw 信箱 hml 810518@gmail.com

印　刷　普羅文化出版廣告事業

初　版　2019 年 9 月

全書字數　197868 字

定　價　二二編 25 冊（精裝）台幣 63,000 元

清代士人的生活世界

——關於三位士人日常生活的研究

張博 著

作者簡介

張博，男，1985 年生，山西省太原市人，現任職於中北大學人文社會科學學院，主要研究領域爲明清社會史，在《中華醫史雜誌》《青海民族研究》等國內期刊公開發表論文數篇。

提　　要

本書以竇克勤《尋樂堂日錄》、胡具慶《甲初日記》《庚復日記》和李棠階《李文清公日記》等史料爲中心，嘗試論述同一歷史時期不同階段的士人生活。三位士人的生活歷經清代的草創、穩步上升以及末期的亂世階段，他們推崇理學，執著於舊有道德系統，排斥佛、道及一切具有神秘主義色彩的「異端邪說」；他們注重儀禮實踐，強調秩序，並以此區別於「愚夫愚婦」；他們以脫離體力勞動，消費文化產品，注重穿著品味，處事客觀公道來彰顯自我。然而，自明末以來形成的儒、釋、道三教合一潮流強烈影響他們的日常生活，宗教世俗化的強力漩渦使他們深陷其中，無力自拔。

書寫並收藏日記，本即士人生活的重要內容，而文本敘述又強烈塑造了著者自身。今天我們讀到的日常，便是當事者透過文本，有意無意嘗試向我們表述的生活。討論學術並定期自省往往是日記行爲的開端，隨著持續深入，記錄內容漸次豐富多元，士人群體也可能因日記互動形成良性的交際網絡。在日記的創作過程中，著者擇優而錄，時長日久，對自我的感知也遊走在亦眞亦幻之間。

目次

表格目錄

插圖目錄

前　言

第一節　問題的緣起

在清代浩如煙海的文獻中，任選一部分詳加研讀都能夠進入一片生動的歷史現場。相較中古或更早時期的研究，清史研究史料充分，歷史面相已被研究者多元呈現。如何打破現狀，提升研究水平，要求研究者轉變歷史研究的出發點與落腳點。怎樣深入探討具體到個人的日常生活，如何以人爲中心來理解整個社會與時代，乃至整個世界，這是筆者長期著力之處。對日記史料展開充分研究，無疑可以有力地回答以上疑問。在搜集與閱讀大量歷代日記文獻時，筆者內心深處總有一些疑團難以解開。這些問題包括：日記在何種程度上反映了作者生活的全貌？時人書寫日記時的心境如何揣測？眞實與虛幻的成分又該如何辨別？日記記錄了一個人或眞實或虛幻的心路歷程，日記在個人的日常生活以及生命中又佔據什麼位置？正是以上這一連串的問題，引領筆者進入研究日記的多彩世界。

歷代日記作爲一種重要史料已經引起學界的充分重視，並被廣泛利用於研究重大歷史事件、精英人物、區域地理、文學、藝術鑒賞等各個方面。關注日記，並非過度強調對於日記本身的研究，更應重視日記所反映出當時的社會生活。新近走入學人及大眾視野的日記數量眾多，引起了學界的廣泛關注。明末祁彪佳《祁忠敏公日記》使讀者能夠直抵作者內心深處，他溫婉而富有浪漫情懷，一得空閒，「則與內子坐小亭看落日晚霞」。[註1] 明代《味水軒日記》《快雪堂日記》等由文人創作的日記，內容輕快活潑，眞實灑脫，質量上乘，記錄了被傳統士人所輕視的大量取「利」的詳細情況，使我們透過層層薄幕，得以窺見當時藝術品流通市場的繁榮景象。晚近時期史料遺存甚多，相關研究著述格外豐富。《退想齋日記》由一位身份並不顯赫的山西鄉紳撰寫，已有較多學者展開研究，成果涉及到清末民初的方方面面。《胡適日記》中關於學生時代總喜歡「打牌」的記錄，使讀者會心一笑，普羅大眾也能夠直觀瞭解到，著名學人的日常生活不過如此。《蔣介石日記》的公開，引起了學界的高度關注，該史料對近代史研究至關重要。

上世紀八十年代中國社會史研究復興以來，隨著研究的不斷深入，重點開始轉向日常生活史的範疇。常建華先生認爲，「社會生活史就是以人的生活爲核心聯接社會各部分的歷史。生活史研究的最大價值，應當是建立以人爲中心的歷史學。」[註2] 日常生活被前所未有地擺在了顯著位置。社會史研究復興經歷了早期的階層分析、群體研究、區域關注到目前爲止轉向了更宏觀的整體史探討。社會史研究一時間竟變成了史學研究中的「顯學」，這與學術旨趣的轉變關係很大，但更深刻的原因在於整個社會向民主、公平、正義的轉型。

尊重個人，突出個性成了本時代的一大特色，歷史研究也必然受這種價值取向影響。歷史學的價值不應僅停留在還原、接近歷史眞實，還應「製造」出本時代大眾群體易於接受的「消費品」。大眾生活中的關注點不再局限於王朝更迭，知名人物和重大事件。由於整個時代社會經濟的快速發展，作爲個體的人有了更多消遣、娛樂的時間和精力。當前我國城市化不斷推進，帶來了更多有錢、有閒、有品味的「消費者」，歷史研究者不應再把這樣的權力拱手相讓，應當努力創作可讀性強，史學價值高的產品供大眾「消費」。這是當前社會史研究發展面臨的重要挑戰之一。

當前日記研究的重點或集中於唐宋等中古時期，因本階段史料遺存較少，存世僅見的文獻被充分解讀；或是處於明清之際的特殊階段，因政權更迭，社會動盪而產生社會矛盾，個人的情感困惑等內容引人注目；或由於臨

[註1] 祁彪佳，祁忠敏公日記，棲北冗言，壬申年，二月二十日，歷代日記叢鈔〔M〕，北京：學苑出版社，2006：7冊，122。

[註2] 常建華，中國社會生活史上生活的意義〔J〕，歷史教學，2012（2）：7。

近當下如《蔣介石日記》等受到社會普遍關注，得到深入研究。然而，清代前中期遺世日記著述頗豐，往往內容充實，能夠反映當時社會生活的豐富面相。就筆者所掌握的情況來看，此時期日記研究仍顯得薄弱。

歷代日記內容與風格因時代或個人的區別而有著明顯的差異，這是在閱讀歷代日記文本時最直觀的感受。本書的出發點首先是對未引起學界關注的日記展開研究，但並不限於僅使用日記形式的史料，須結合文集、地方志、政書等材料加以統籌利用。筆者選取竇克勤《尋樂堂日錄》、胡具慶《甲初日記》《庚復日記》、李棠階《李文清公日記》爲主進行研究。最初的目的在於研究前後賡續的三位作者，在經歷共同的時代，相似的學術背景，臨近的地域社會中，他們的生活會發生怎樣的變化，在具體的歷史境遇中會有怎樣的感觸與行爲，隨著整體研究的推進，似可得出更加深入的結論。

傳統社會中，關於「士大夫」的定位主要聚焦在官員身上。「士人」的概念往往指依靠讀書生存和發展的群體。本書探討的「士人」範疇主要指在朝爲官者或具有功名的學人。功名主要指具有縣學生員、舉人或者進士身份，而特別指向後兩者，往往具有後兩重身份，士子才具備選官資格。以本書探討的幾位士人爲例，他們居官時日相對短暫，鄉居時日較爲漫長。儘管他們大多時間在鄉里可稱爲鄉紳，本書把這類人士統稱爲「士人」。本書研究清代士人的生活世界，包括他們從生到死的全部生命歷程。

第二節　學術史回顧

一、日記的文本研究

歷代日記因其特殊的史料價值很早就受到了學界的廣泛關注。這種史料被歷史學、文學、人類學、哲學、地理學、倫理學等學科從個案研究、氣候研究、藝術價值研究、軍事研究等多個維度入手加以利用，形成了豐碩的成果。關於日記史料價值方面的論述主要有：錢念孫《論日記和日記體文學》[註3]、齊世榮《談日記的史料價值》[註4]。此外，馮爾康先生在 2000 年由商務印書館出版的專著《清代人物傳記史料研究》，也以專門章節，從日記的寫

〔註 3〕錢念孫，論日記和日記體文學〔J〕，學術界，2002（3）：212～223。

〔註 4〕齊世榮，談日記的史料價值〔J〕，首都師範大學學報（社會科學版），2012（6）：1～15。

作、功能、出版等幾個方面介紹了清代日記的史料價值。〔註5〕馮先生的另一著作《清史史料學》〔註6〕中也在《傳記史料》一章專闢一節對日記史料加以介紹和論述。

上世紀八九十年代日記史料逐步被發現、整理、校點並迅速進入學人視野。國內學界較早注意到日記的史料價值並持續關注的應首推陳左高〔註7〕先生，他發表了多篇關於日記史料價值研究的論文，並在此基礎上，積數十年之功完成專著《歷代日記叢談》〔註8〕一部。這部著作是關於歷代日記全面且豐富的史料介紹性作品。本書從記錄內容、版本源流、生平考據等多個主題對唐代至近代的數百種日記進行了詳細介紹，是研究日記者不可或缺的基本工具書。此外張豈之《惲代英在五四運動期間的日記》〔註9〕、祁龍威《太平天國史料拾遺——讀〈翁同龢日記〉》〔註10〕、祁龍威《湯壽潛史料零拾——〈鄭孝胥日記〉摘錄並注》〔註11〕、宋昭勳《一部極其珍貴的文革實錄——評陳煥仁先生〈紅衛兵日記〉》〔註12〕等成果集中發表於上世紀社會史研究方興未艾時。國內外學者開始廣泛關注歷代日記的史料價值，對其利用尚不充分，成果主要爲評介或史料彙編。

二、關於《退想齋日記》的研究

較早受到關注的一部日記是喬志強先生發現並校點出版的山西鄉紳劉大鵬記錄的《退想齋日記》。此日記的整理、出版掀起了一陣研究熱潮，相關成果有：

〔註5〕馮爾康，清代人物傳記史料研究〔M〕，北京：商務印書館，2000。

〔註6〕馮爾康，清史史料學〔M〕，北京：故宮出版社，2013。

〔註7〕發表論文主要有：陳左高，明清日記中的戲曲史料〔J〕，社會科學戰線，1982（3）：292；陳左高，日記中的中國園林史料〔J〕，社會科學戰線，1983（2）：159；陳左高，清代日記中的中歐交往史料〔J〕，社會科學戰線，1984（1）：157；陳左高，王乃譽日記未刊稿〔J〕，社會科學戰線，1986（2）：333～336；陳左高，胡適《藏暉室日記》及其他〔J〕，社會科學戰線，1993（3）：271～274。

〔註8〕陳左高，歷代日記叢談〔M〕，上海：上海畫報出版社，2004。

〔註9〕張豈之，惲代英在五四運動期間的日記〔J〕，歷史研究，1958（11）：37～44。

〔註10〕祁龍威，太平天國史料拾遺——讀《翁同龢日記》〔J〕，蘇州大學學報，1983（2）：52～53。

〔註11〕祁龍威，湯壽潛史料零拾——《鄭孝胥日記》摘錄並注〔J〕，浙江學刊，1991（5）：21～23。

〔註12〕宋昭勳，一部極其珍貴的文革實錄——評陳煥仁先生《紅衛兵日記》〔J〕，社會科學研究，2006（2）：193～194。

行龍《懷才不遇：內地鄉紳劉大鵬的生活軌跡》〔註 13〕、任吉東《近代太原地區的糧價動向與糧食市場——以〈退想齋日記〉爲中心》〔註 14〕、韓曉莉《社會變動下的鄉村傳統——〈退想齋日記〉所見清末民國年間太原地區的鄉村演劇》〔註 15〕、郝平《〈退想齋日記〉所見抗戰時期的民眾生活——以太原爲中心》〔註 16〕、郝平《嬗變與堅守：近代社會轉型期晉中的民間宗教活動——以〈退想齋日記〉爲中心》〔註 17〕、花宏豔《從〈退想齋日記〉看晚清世風與士風之丕變》〔註 18〕、趙素梅《成就內聖人格——劉大鵬人生觀初探》〔註 19〕、劉雲杉《帝國權力實踐下的教師生命形態：一個私塾教師的生活史研究》〔註 20〕，以上著述，切入點多元，充分證明了該日記具有極高的史料價值。學者多從區域社會史研究入手，對太原地區的宗教民俗活動，生態環境，娛樂活動，戰爭語境下的日常生活等方面展開研究，取得了積極的成果。

此外，在研究轉型時期的社會教育變遷時，《退想齋日記》也被多次利用，如：羅志田《科舉制的廢除與四民社會的解體——個內地鄉紳眼中的近代社會變遷》〔註 21〕、關曉紅《科舉停廢與近代鄉村士子——以劉大鵬、朱峙三日記爲視角的比較考察》〔註 22〕、陳勝，田正平《橫看成嶺側成峰：鄉村士

〔註 13〕行龍，懷才不遇：內地鄉紳劉大鵬的生活軌跡〔J〕，清史研究，2005（2）：69～80。

〔註 14〕任吉東，近代太原地區的糧價動向與糧食市場——以《退想齋日記》爲中心〔J〕，中國農史，2003（14）：61～68。

〔註 15〕韓曉莉，社會變動下的鄉村傳統——《退想齋日記》所見清末民國年間太原地區的鄉村演劇〔J〕，史學月刊，2012（4）：92～98。

〔註 16〕郝平，《退想齋日記》所見抗戰時期的民眾生活——以太原爲中心〔J〕，史林，2005（4）：27～32。

〔註 17〕郝平，嬗變與堅守：近代社會轉型期晉中的民間宗教活動——以《退想齋日記》爲中心〔J〕，世界宗教研究，2012（6）：76～83。

〔註 18〕花宏豔，從《退想齋日記》看晚清世風與士風之丕變〔J〕，史學月刊，2012（2）：131～133。

〔註 19〕趙素梅，成就內聖人格——劉大鵬人生觀初探〔D〕，太原：山西大學哲學社會學學院，2006。

〔註 20〕劉雲杉，帝國權力實踐下的教師生命形態：一個私塾教師的生活史研究〔C〕，中國教育：研究與評論第 3 期，北京：教育科學出版社，2002（11）：143～173。

〔註 21〕羅志田，科舉制的廢除與四民社會的解體——一個內地鄉紳眼中的近代社會變遷〔J〕，（臺灣）清華學報，1999，25（4）：345～369。

〔註 22〕關曉紅，科舉停廢與近代鄉村士子——以劉大鵬、朱峙三日記爲視角的比較考察〔J〕，歷史研究，2005（5）：84～99。

人心中的清末教育變革圖景——以〈退想齋日記〉和〈朱峙三日記〉爲中心的考察》〔註 23〕，由上述研究我們能夠看到，多數研究者並未局限在就日記談日記，而是希望透過日記的文本書寫進而探討當時的社會生活。士人身份轉型，科舉考試轉向，生態環境轉變等內容，受到了學者的充分關注，他們試圖借助日記這一特殊、「寫實」而豐富的材料還原豐滿的歷史圖像。

三、對宋代及之前的日記研究

目前所見可以稱之爲日記的史料最早產生於漢代，名爲《元延二年日記》的簡牘，實爲政府要求地方官員逐日記錄的工作筆記。對本部日記的研究已經比較深入，如：蔡萬進《尹灣漢簡〈元延二年日記〉文書淵源探索》〔註 24〕，作者認爲此類簡牘可歸爲文書類目，最遲出現在我國秦代末年。他還推測此類日常記錄應是政府管理官吏的一種手段，也是一種官方要求的文書；蔡萬進《尹灣漢簡〈元延二年日記〉所反映的漢代吏行制度》〔註 25〕，文章通過分析《元延二年日記》，從出行事由、住宿、旅費報銷、回府報告等制度研究漢代一般官吏的管理制度；宋傑《〈元延二年日記〉所反映的漢代郡吏生活》〔註 26〕，文章利用尹灣漢簡《元延二年日記》研究郡吏每日的住宿、工作、休假等活動，材料表明漢代政府對官吏的控制極其嚴格。

關於宋代日記研究較少，目前可見的集中研究有：王雨容《宋代日記體遊記文體研究》〔註 27〕，文章以宋代日記體遊記如《入蜀記》《驂鸞錄》《吳船錄》《石湖三錄》等展開研究，認爲宋代日記體遊記是在唐宋古文運動大背景下產生的，形式類似宋代筆記小品，對於後世的遊記具有很大影響；母忠華《宋代日記研究》〔註 28〕，文章從宦遊日記、出使日記、其他類型日記等分類對宋代日記展開研究，認爲宋代日記較漢唐日記更爲成熟；楊慶存《中

〔註23〕陳勝，田正平，横看成嶺側成峰：鄉村士人心中的清末教育變革圖景——以《退想齋日記》和《朱峙三日記》爲中心的考察〔J〕，教育學報，2011，7（2）：101～107。

〔註24〕蔡萬進，尹灣漢簡《元延二年日記》文書淵源探索〔J〕，鄭州大學學報（哲學社會科學版），2004，37（1）：22～26。

〔註25〕蔡萬進，尹灣漢簡《元延二年日記》所反映的漢代吏行制度〔J〕，鄭州大學學報（哲學社會科學版），2002，35（1）：117～120。

〔註26〕宋傑，《元延二年日記》所反映的漢代郡吏生活〔J〕，社會科學戰線，2003（3）：108～113。

〔註27〕王雨容，宋代日記體遊記文體研究〔D〕，桂林：廣西師範大學文學院，2007。

〔註28〕母忠華，宋代日記研究〔D〕，成都：四川大學文學與新聞學院，2006。

國古代傳世的第一部私人日記——論黃庭堅〈宜州乙酉家乘〉》〔註 29〕，《宜州乙酉家乘》是宋代著名詩人黃庭堅晚年精心寫作的日記，文章從日記格式範本，書寫文體等方面展開論述。作者認爲黃庭堅《宜州乙酉家乘》是我國古代第一部私人日記。

四、對明代日記的研究

關於明代的日記研究已經較爲豐富，由於明代日記傳世種類仍較少，所以研究也集中在《祁忠敏公日記》《味水軒日記》《快雪堂日記》《徐霞客遊記》等幾種日記之上。以《祁忠敏公日記》爲中心展開研究的有：蔣竹山《晚明江南祁彪佳家族的日常生活史——以醫病關係爲例的探討》〔註 30〕、朱東芝《晚明士紳的人際縮影——祁彪佳日記中的社交活動及其轉變》〔註 31〕、曹曉雲《祁彪佳視野下的晚明吏治》〔註 32〕、汪禮霞《祁彪佳及其日記研究》〔註 33〕。

除了以上提到的關於明代日記的研究成果之外，對於明代其他日記的利用以及綜合性的研究主要有〔註 34〕：劉炳濤《明代長江中下游地區氣候變化研究》〔註 35〕。文章在研究明代長江中下游地區氣候時大量利用了明人日記，如《祁忠敏公日記》《味水軒日記》《快雪堂日記》《徐霞客遊記》《甲行日注》《春浮園偶錄》《遊明聖湖日記》《玉華堂日記稿》《陽谷赴京日記》《文文肅公日記》《呼桓日記》《深牧庵日涉錄》《蕭齋日記》等日記史料。萬木春《由

〔註 29〕楊慶存，中國古代傳世的第一部私人日記——論黃庭堅《宜州乙酉家乘》〔J〕，理論學刊，1991（6）：85～88。

〔註 30〕蔣竹山，晚明江南祁彪佳家族的日常生活史——以醫病關係爲例的探討〔J〕，都市文化研究，200（2）：181～212。

〔註 31〕朱東芝，晚明士紳的人際縮影——祁彪佳日記中的社交活動及其轉變〔J〕，明代研究，2006，（9）：63～100。

〔註 32〕曹曉雲，祁彪佳視野下的晚明吏治〔D〕，上海：華東師範大學人文社科學院，2010。

〔註 33〕汪禮霞，祁彪佳及其日記研究〔D〕，合肥：安徽大學文學院，2011。

〔註 34〕此外的研究成果主要有：朱惠榮，徐霞客萬里西遊行跡考辨〔J〕，中國歷史地理論叢，2002，17（4）：103～113；蔣明宏，徐霞客與「李約瑟難題」〔J〕，浙江學刊，1992（4）：96～98；〔日〕岸本美緒，崇禎十七年的江南社會與關於北京的信息〔J〕，清史研究，1999（2）：25～32；劉炳濤，滿志敏，《味水軒日記》所反映長江下游地區 1609～1616 年間氣候冷暖分析〔J〕，中國歷史地理論叢，2012，27（3）：16～22。

〔註 35〕劉炳濤，明代長江中下游地區氣候變化研究〔D〕，上海：復旦大學中國歷史地理研究中心，2011。

〈味水軒日記〉看萬曆末年嘉興地區的古董商》〔註 36〕文章利用明末嘉興地區著名的書畫鑒賞、收藏家李日華所著《味水軒日記》，再現了當時嘉興地區與李氏交往的古董商人、交易場所及交易行為。

五、對清代日記的研究

關於清代日記的研究已經相當豐富，尤其是一些比較著名的日記更受到了特別關注。如：孫燕京《從〈那桐日記〉看清末權貴心態》〔註 37〕，文章透過《那桐日記》來研究清末上層人士的生活狀態與心態。作者認為，清末滿族權貴那桐的生活表現為「氣定神閒」、「及時行樂」、「追新求異」等幾個方面。滿族要員這樣的生活狀態與心理是長期沉浸在安逸與富足中形成的，這類人士充斥清政權當中，他們的平庸與缺乏才幹也是清朝走向滅亡的重要原因。同治、光緒年間在廣東任縣令的杜鳳治遺世日記內容豐富，記錄了大量在粵生活的內容。邱捷《同治、光緒年間廣州的官、紳、民——從知縣杜鳳治的日記所見》〔註 38〕利用日記中關於廣州各階層群體的豐富記錄研究官、紳、民群體之間的關係。以《杜鳳治日記》為中心，學者張研展開了全面的研究，出版了專著《清代縣級政權控制鄉村的具體考察——以同治年間廣寧知縣杜鳳治日記為中心》。本書的研究內容，「生動反映了執掌國家最低一級政權的知縣，如何代表國家治理和控制其轄下的基層社會……在基層社會鄉村控制體系中的地位及作用……與基層社會代表士紳階層互動互鬥、對立統一。」〔註 39〕

此外也有學者利用士人日記研究轉型期間的特殊心態，如：李侃《清末士大夫思想演變的縮影——讀〈忘山廬日記〉》〔註 40〕。關於內容豐富的《越縵堂日記》的利用尚不充分，這方面見到的有：王標《作為文化實踐的讀書

〔註 36〕萬木春，由《味水軒日記》看萬曆末年嘉興地區的古董商〔J〕，新美術，2007（6）：13～20。

〔註 37〕孫燕京，從《那桐日記》看清末權貴心態〔J〕，史學月刊，2009（2）：119～128。

〔註 38〕邱捷，同治、光緒年間廣州的官、紳、民——從知縣杜鳳治的日記所見〔J〕，學術研究，2010（1）：97～106。

〔註 39〕張研，清代縣級政權控制鄉村的具體考察——以同治年間廣寧知縣杜鳳治日記為中心〔M〕，鄭州：大象出版社，2011：339，此外作者關於此日記的研究如：張研，清代知縣的「兩套班子」——讀《杜鳳治日記》之二，清史研究〔J〕，2009（2）：74～87。

〔註 40〕李侃，清末士大夫思想演變的縮影——讀《忘山廬日記》〔J〕，歷史研究，1984（2）：72～82。

——以李慈銘〈越縵堂日記〉爲中心》〔註 41〕、秦敏《從〈越縵堂日記〉看李慈銘的小說研究》〔註 42〕。

關於晚清的東遊日記也有不少學者展開研究，如：代詳，葛維春《清末赴日考察官紳的教育思想述略——以「東遊日記」爲中心》〔註 43〕。此外晚清使西日記，即清政府規定出使者每日所作工作記錄，也從不同角度被學者加以研究如：尹德翔《晚清使西日記研究：走出近代化模式的構想》〔註 44〕、張俊萍《晚清去「夷」化後的英國形象——比較郭嵩燾與薛福成出使日記中的英國》〔註 45〕、余冬林《試析郭嵩燾〈倫敦與巴黎日記〉中的議會形象》〔註 46〕。晚清使臣郭嵩燾出使日記《倫敦與巴黎日記》中有對兩國議會的詳細觀察、描述與探討。郭氏摒棄我族中心主義的立場，以平等的心態觀察「洋人」的世界。關於西方議會的描述，事實上存在二元對立，沒有接受過西方傳統文化的郭氏，不可能完全理解平等、民主等觀念。他只能站在「有道」與「無道」，「華夏」與「夷狄」的觀念看問題，所以他對於西方議會的觀念只能是烏托邦式的。龔迎春所作《晚清駐德使節日記中反映的文化碰撞》一文論述了清政府依照國際慣例對外派出常駐使節後，同時要求被派出者每日記錄日記並及時上報的情況。從這些珍貴的史料中我們可以管窺當時的文化交融與碰撞。文章認爲「使節們在讚歎西方發達的工業、軍事、技術的同時，對工業文明可能帶來的弊病提出質疑，涉及對環境的威脅、對自然資源的濫用以及機械文明可能帶來的失業問題等，頗具前瞻性」。〔註 47〕此外，文章也論述了清末我國的文化政策與形象建構。

〔註 41〕王標，作爲文化實踐的讀書——以李慈銘《越縵堂日記》爲中心〔J〕，杭州師範學院學報（社會科學版），2007（4）：14～21。

〔註 42〕秦敏，從《越縵堂日記》看李慈銘的小說研究〔J〕，南京師範大學文學院學報，2011（4）：126～129。

〔註 43〕代詳，葛維春，清末赴日考察官紳的教育思想述略——以「東遊日記」爲中心〔J〕，江西社會科 2012（7）：122～126。

〔註 44〕尹德翔，晚清使西日記研究：走出近代化模式的構想〔J〕，湖北大學學報（哲學社會科學版），2010，37（6）：48～52。

〔註 45〕張俊萍，晚清去「夷」化後的英國形象——比較郭嵩燾與薛福成出使日記中的英國〔J〕，江南大學學報（人文社會科學版），2013，12（2）：65～68。

〔註 46〕余冬林，試析郭嵩燾《倫敦與巴黎日記》中的議會形象〔J〕，理論月刊，2012（1）：124～126。

〔註 47〕〔德〕龔迎春，晚清駐德使節日記中反映的文化碰撞〔J〕，學術研究，2010（12）：151～156.151。

除關於使西日記的大量研究之外，關於傳統邦交國如朝鮮，蒙古等地區的出使日記和遊記也被深入研究，如：王陽陽《〈奉使朝鮮驛程日記〉初探》〔註 48〕、孟秋麗《清康熙時期的蒙古行紀》〔註 49〕、夏東元《從〈南遊日記〉說明兩個疑問》〔註 50〕。

關於少數民族地區的日記研究有：虎隆，馬獻喜《「消經」日記〈正大光明〉與普洱馬阿洪》〔註 51〕、楊德芳《從〈南征日記〉看雍乾之際「新疆六廳」的社會現狀》〔註 52〕。文章論述雲貴總督鄂爾泰在黔東南開闢苗疆，設置「新疆六廳」後，眾多苗民不堪軍隊攪擾，發動了頗具聲勢的聚眾起義，清廷緊急調令鄰省軍隊入黔鎮壓的戰爭。文章利用入黔湘軍統領李椅所作《南征日記》，對戰爭中的村落、人口、民族問題、苗王以及戰術等多方面展開探討。

有學者利用清末日記研究社會中女性的地位如：張仲民《從〈乙丙日記〉看汪士鐸歧視婦女的思想》〔註 53〕，文章以清末江南名儒汪士鐸的日記爲視角，研究他在日常生活中歧視婦女的思想。汪氏歧視婦女的思想受到動盪的社會環境、妻女的不同遭遇等因素影響，造就了他偏激的觀念。研究近代史的各種角度，幾乎都以男性視角爲絕對主導，女性在近代社會變遷的過程中留下的聲音極其微弱。《曾紀澤日記》中卻難得保留有部分關於女性對於西方文化的反饋與應對記錄。林維紅《面對西方文化的中國女性：從〈曾紀澤日記〉看曾氏婦女在歐洲》〔註 54〕認爲，雖然這樣的材料並非來自女性自我的聲音，但這些日記的細節透露出曾紀澤的女眷較早接觸到了西方文化，他們隨曾氏在歐洲遊歷時對於西方文化勇敢接受並欣賞。

利用清代日記研究日常生活、醫療社會史等方面的成果也不在少數，如：

〔註 48〕王陽陽，《奉使朝鮮驛程日記》初探〔D〕，延吉：延邊大學人文社會科學學院，2012。

〔註 49〕孟秋麗，清康熙時期的蒙古行紀〔J〕，中國邊疆史地研究，2005，15（2）：138～150。

〔註 50〕夏東元，從《南遊日記》說明兩個疑問〔J〕，近代史研究，1984（3）：308～313。

〔註 51〕虎隆，馬獻喜，「消經」日記《正大光明》與普洱馬阿洪〔J〕，回族研究，2006，63（3）：76～82。

〔註 52〕楊德芳，從《南征日記》看雍乾之際「新疆六廳」的社會現狀〔J〕，貴州文史叢刊，2012（1）：93～99。

〔註 53〕張仲民，從《乙丙日記》看汪士鐸歧視婦女的思想〔J〕，史學理論研究，2006（2）：144～151。

〔註 54〕林維紅，面對西方文化的中國女性：從《曾紀澤日記》看曾氏婦女在歐洲〔J〕，浙江學刊，2007（4）：211～219。

柯榮三《林爾嘉的一天——從〈林爾嘉日記〉窺其日常生活》〔註 55〕，文章選取陳支平先生主編的《臺灣文獻彙刊》中《林爾嘉日記》進行研究認爲：「彙刊」輯錄的日記繫年有誤、「旅歐時期」記錄者並非林爾嘉、且穿插他人資料；從日記中，我們也可從飲食、居處、娛樂、醫療等幾個方面觀察他的日常生活。此外還有：王振忠《清末徽州學生的〈庚戌袖珍日記〉》〔註 56〕、張瑞《晚清日記中的病患體驗與醫患互動——以病患爲中心的研究》〔註 57〕等研究。

利用清代日記開展關於禮俗的研究有：艾紅玲《晚清湘籍名人日記中的禮制禮俗研究》〔註 58〕，文章通過對晚清湘籍名人日記如《湘綺樓日記》《曾國藩日記》《郭嵩燾日記》《曾紀澤日記》《楊度日記》《師伏堂日記》《使西日記》的研究認爲：晚清禮制承接前代，並有所發展，古禮生疏，趨向奢華。

除上述研究外，對於傳統重大歷史事件的研究也必不可少，如：戴海斌《甲午後「商辦」鐵路的一例實證——姚錫光日記所見之劉鶚》〔註 59〕、馬忠文《時人日記中的光緒、慈禧之死》〔註 60〕。

六、對近代日記的研究

近代是日記產生的高峰期，也因時代切近而文本留存豐碩，相關研究成果較多，但分佈極不均衡。如上文提到的《蔣介石日記》〔註 61〕就受到了非

〔註 55〕柯榮三，林爾嘉的一天——從《林爾嘉日記》窺其日常生活〔J〕，臺灣研究集刊，2007（1）：38～44。

〔註 56〕王振忠，清末徽州學生的《庚戌袖珍日記》〔J〕，安徽史學，2009（1）：89～93。

〔註 57〕張瑞，晚清日記中的病患體驗與醫患互動——以病患爲中心的研究〔J〕，歷史教學，2012（22）：25～31。

〔註 58〕艾紅玲，晚清湘籍名人日記中的禮制禮俗研究〔D〕〔M〕，長沙：湖南大學嶽麓書院，2010。

〔註 59〕戴海斌，甲午後「商辦」鐵路的一例實證——姚錫光日記所見之劉鶚〔J〕，社會科學，2012（7）：156～165。

〔註 60〕馬忠文，時人日記中的光緒、慈禧之死〔J〕，廣東社會科學，2006（5）：129～136。

〔註 61〕如：王建朗，從蔣介石日記看抗戰後期的中英美關係〔J〕，民國檔案，2008（4）：107～115；周天度，從七七事變前後蔣介石日記看他的抗日主張〔J〕，抗日戰爭研究，2008（2）：136～150；姜良芹，從淞滬到南京：蔣介石戰略選擇之失誤及其轉向〔J〕，南京大學學報（哲學·人文科學·社會科學），2011（1）：103～115；楊天石，蔣介石提議胡適參選總統前後——蔣介石日記解讀〔J〕，近代史研究，2011（2）：4～17；楊奎松，蔣介石與戰後國民黨的「政府暴力」——以蔣介石日記爲中心的分析〔J〕，近代史研究，2011（4）：45～66；吳景平，蔣介石與抗戰初期國民黨的對日和戰態度——以名人日記爲

常的關注。此外，國民黨高層要員以及民國時期的文人日記都受到了特殊關照。如對於王世杰日記的研究有：左雙文，何健《皖南事變後國民黨上層對中共的態度——以〈王世杰日記〉爲中心的再考察》〔註 62〕、林緒武《論王世杰與抗戰時期的中共問題——以〈王世杰日記〉爲中心》〔註 63〕等。這些研究利用王氏日記著眼於國共關係研究。

對於佚名小人物日記的關注在近年來也逐漸增多，如：趙世瑜先生所作《民國初年一個京城旗人家庭的禮儀生活——一本佚名日記的讀後感》，文章通過一本民國期間佚名日記的研究發現：「人們的禮儀生活雖然幾乎貫穿於他們生活的全部，但更多地是與家庭、親友和鄰里發生關係，難以看到前人強調的精英分子的核心作用、『象徵性資本』的作用和『權力的文化網絡』」。〔註 64〕再如鮑靜靜《從廣雅學生日記所見的民國中學校園生活》〔註 65〕，文章利用廣雅中學發表的學生日記研究民國時期的中學校園生活。作者從學生的家庭狀況與背景、教育與職業、新式體育課程等三方面來談中學生的生活。作者認爲，此時期尚處於學習西方教育模式的初級階段，各方面都處於摸索與探討的過程。曾業英《歷史當事人的記述與歷史眞實——新見〈剿共隨軍日記〉釋讀》〔註 66〕，由作者在江西新近發現的《剿共隨軍日記》是 1932 年粵軍入贛第四次「圍剿」共產黨時一名政訓員李一之所作。文章通過對此日記的研究發現，日記記錄內容具有強烈的政治宣傳性質，反映出粵軍與中央軍的種種矛盾。共軍的組織、紀律性較國軍強，宣傳效果好，粵軍的募夫制度弊端

中心的比較研究〔J〕，抗日戰爭研究，2010（2）：131～144；楊天石，盧溝橋事變前蔣介石的對日謀略——以蔣氏日記爲中心所做的考察〔J〕，近代史研究，2001（2）：1～27；王建朗，信任的流失：從蔣介石日記看抗戰後期的中美關係〔J〕，近代史研究，2009（3）：49～62；薛念文，從「一・二八」到「八・一三」蔣介石「以戰求和」抗戰策略的轉變——以胡佛研究所藏《蔣介石日記》爲中心〔J〕，社會科學，2008（10）：179～187。

〔註 62〕左雙文，何健，皖南事變後國民黨上層對中共的態度——以《王世杰日記》爲中心的再考察〔J〕，中共黨史研究，2009（5）：68～76。

〔註 63〕林緒武，論王世杰與抗戰時期的中共問題——以《王世杰日記》爲中心〔J〕，開放時代，2010（12）：89～104。

〔註 64〕趙世瑜，民國初年一個京城旗人家庭的禮儀生活——一本佚名日記的讀後感〔J〕，華中師範大學學報（人文社會科學版），2009，48（5）：66～75.66。

〔註 65〕鮑靜靜，從廣雅學生日記所見的民國中學校園生活〔J〕，社科縱橫，2007，22（5）：138～142。

〔註 66〕曾業英，歷史當事人的記述與歷史眞實——新見《剿共隨軍日記》釋讀〔J〕，近代史研究，2008（3）：24～43。

重重。高中華《從〈永師日記摘抄〉看抗戰時期永安城的社會狀況》〔註67〕，文章利用抗日戰爭時期福建省臨時省會永安城內師範學校的學生日記，研究當時教育、思想及更廣泛的社會狀況。戰亂頻仍與災害肆虐籠罩下的福建人民生活苦不堪言，這樣艱苦的非常時期人民仍然振作精神抗擊日寇，與此同時婦女界也展開自我解放與共同抗戰的活動。王振忠《徽州女童的戰爭日記——1937～1938年的〈騰正日記〉抄本》〔註68〕，新近發現的抗戰時期徽州女童書寫的日記，反映了戰爭環境下徽州人民及外來逃難災民的苦難生活，生動地再現了抗戰時期的歷史場景。

以上幾位學者嘗試利用日記史料研究當時的社會生活，嘗試打破問題意識，儘量進入歷史現場。在這方面進一步的研究有：桑兵《走進新時代：進入民國之共和元年——日記所見親歷者的心路歷程》，作者並未提出模式化的規律與邏輯，而是強調，「回復史學依時敘事的原生功能，一方面可以補充大歷史的視野所不及，豐富歷史的影像；更爲重要的是，有助於改變認識歷史的方式，還原作爲歷史主體的人的差異，以免概念化解讀、建構歷史的偏頗。」〔註69〕作者從材料出發，重點敘述與介紹當時人，當時事。

關於民國學人的研究也比較豐富，如：王景山《魯迅日記和書信中的蔡元培》〔註70〕、張高傑《內心的文化衝突及其自救——吳宓前期日記研究》〔註71〕、陳廷湘《政局動盪時期中國學人的生存樣態——從李思純〈金陵日記〉、〈吳宓日記〉、〈胡適日記〉中窺見》〔註72〕、胡悅晗《日常生活與階層的形成——以民國時期上海知識分子爲例》〔註73〕、陸發春《轉型時期的教育變革與新型知

〔註67〕高中華，從《永師日記摘抄》看抗戰時期永安城的社會狀況〔J〕，黨史研究與教學，2011，200（2）：55～59。

〔註68〕王振忠，徽州女童的戰爭日記——1937～1938年的《騰正日記》抄本〔J〕，安徽師範大學學報（人文社會科學版），2005，33（2）：174～179。

〔註69〕桑兵，走進新時代：進入民國之共和元年——日記所見親歷者的心路歷程〔J〕，華中師範大學學報（人文社會科學版），2012，51（1）：69～86.69。

〔註70〕王景山，魯迅日記和書信中的蔡元培〔J〕，首都師範大學學報（社會科學版），1995（5）：24～26.55。

〔註71〕張高傑，內心的文化衝突及其自救——吳宓前期日記研究〔J〕，蘭州大學學報（社會科學版），2008，36（3）：71～76。

〔註72〕陳廷湘，政局動盪時期中國學人的生存樣態——從李思純《金陵日記》、《吳宓日記》、《胡適日記》中窺見〔J〕，社會科學研究，2008（4）：145～156。

〔註73〕胡悅晗，日常生活與階層的形成——以民國時期上海知識分子爲例（1927～1937）〔D〕，上海：華東師範大學歷史系，2012。

識分子的塑造——新發現胡適澄衷學堂丙午日記的解讀》〔註 74〕等研究。

利用日記研究近代日常生活的有：張笑川《鄭孝胥在上海的遺老生活（1911～1931）——以〈鄭孝胥日記〉爲中心》〔註 75〕、郭立珍《近代天津居民飲食消費變動及影響探究——以英斂之日記爲中心》〔註 76〕、張慧玲《太原解放前夕市民生活狀態管窺——一本佚名日記的歷史信息》〔註 77〕、葉舟《一個上海打工青年的日常生活 1947～1948》〔註 78〕。

七、對國外日記的研究

除了上述研究之外，利用外國人來華所作或記錄中關於中國的日記研究中國史的也不在少數。一些研究主要集中於清代朝鮮來華朝貢使臣所作《燕行錄》，如：葛兆光《不意於胡京復見漢威儀——清代道光年間朝鮮使者對北京演戲的觀察與想像》〔註 79〕，作者利用朝鮮赴中國出使的多種燕行日記，生動再現了乾隆、嘉慶、道光年間北京地區宮廷、村鎮、茶樓等地演劇的盛況。詳細介紹了演劇地點、舞臺陳設、演出內容、觀劇民眾、劇場管理等信息。朝鮮使臣出於對明代漢人文化的正統性認同，他們把少數民族統治下的「胡京」中上演戲劇的服飾看作對傳統記憶保存的特殊方式。作者還提出了清帝國的文化政策、近代性以及公共領域的問題。此外，還有王振忠所作《朝鮮燕行使者與 18 世紀北京的琉璃廠》〔註 80〕，清代朝鮮使臣來華的日記越來越多的被公開出版。十八世紀是中朝文化交流的重要轉折期，由於政策的轉變，燕行使團在中國的行動逐漸擺脫嚴格限制。

〔註 74〕陸發春，轉型時期的教育變革與新型知識分子的塑造——新發現胡適澄衷學堂丙午日記的解讀〔J〕，華東師範大學學報（教育科學版），2004，22（3）：81～85.96。

〔註 75〕張笑川，鄭孝胥在上海的遺老生活（1911～1931）——以《鄭孝胥日記》爲中心〔C〕，中國社會歷史評論第 13 卷，天津：天津古籍出版社，2012：158～175。

〔註 76〕郭立珍，近代天津居民飲食消費變動及影響探究——以英斂之日記爲中心〔J〕，歷史教學，2011（6）：20～26。

〔註 77〕張慧玲，太原解放前夕市民生活狀態管窺——本佚名日記的歷史信息〔J〕，中北大學學報（社會科學版），2013，29（2）：34～38。

〔註 78〕葉舟，一個上海打工青年的日常生活 1947～1948〔J〕，史林，2012（5）：25～34。

〔註 79〕葛兆光，不意於胡京復見漢威儀——清代道光年間朝鮮使者對北京演戲的觀察與想像〔J〕，北京大學學報（哲學社會科學版），2010，47（1）：84～92。

〔註 80〕王振忠，朝鮮燕行使者與 18 世紀北京的琉璃廠〔J〕，安徽史學，2011（5）：13～29.116。

琉璃廠這一京城乃至中國最重要的文化經濟活動中心，受四庫全書修撰的影響越加興盛，成為朝鮮使團來華的必往之處。使團成員在琉璃廠的活動與交流，豐富了他們對於中國的認識。此外還有馬靖妮《〈熱河日記〉中的中國形象研究》〔註 81〕等研究。

當代研究較為突出的是關於抗日戰爭中外國人的日記。這些日記的發現與研究，不但揭示了抗日戰爭的殘酷性，也有力的回擊了一些關於「南京大屠殺」建構說的謬論。這方面的研究主要有：程兆奇《小川關治郎和〈一個軍法務官日記〉》〔註 82〕、張連紅《美國傳教士魏特琳女士日記中日軍性暴行》〔註 83〕、汪平《〈東史郎日記〉研究》〔註 84〕。此外，還有一些外國人日記被用來研究國際關係史，如：劉達永《從〈摩根索日記〉看〈華錫借款合約〉》〔註 85〕、閆存庭《從〈馬達漢西域考察日記 1906～1908〉看清末的新疆社會》〔註 86〕、江瀅河《〈科林・坎貝爾日記〉初探——早期瑞典對華貿易研究》〔註 87〕。此外，值得一提的是，國外學者利用日記、回憶錄等材料研究生活史的著作《私人生活史：星期天歷史學家說歷史——從私人帳簿、日記、回憶錄到個人肖像全紀錄》，〔註 88〕已在國內翻譯出版，引起了學界的廣泛關注。本書利用日記等新材料，力圖描繪無人知曉的私密空間內的生活。

八、對明清士人的研究

雖然自科舉考試產生以來就逐漸形成了士人群體，但被作為一個群體或階層展開廣泛研究，則是明代以後的現象。學者的研究行為也表明，直至明

〔註 81〕馬靖妮，《熱河日記》中的中國形象研究〔D〕，北京：中央民族大學少數民族語言文學系，2007。

〔註 82〕程兆奇，小川關治郎和《一個軍法務官日記》〔J〕，史林，2004（1）：92～105。

〔註 83〕張連紅，美國傳教士魏特琳女士日記中日軍性暴行〔C〕，近代中國與世界（第二卷），156～168。

〔註 84〕汪平，《東史郎日記》研究〔D〕，上海：華東師範大學歷史系，2003。

〔註 85〕劉達永，從《摩根索日記》看《華錫借款合約》〔J〕，四川師範大學學報（哲學社會科學版），1994，21（2）：91～101。

〔註 86〕閆存庭，從《馬達漢西域考察日記 1906～1908》看清末的新疆社會〔J〕，貴州師範大學學報（哲學社會科學版），2008，150（1）：98～102。

〔註 87〕江瀅河，《科林・坎貝爾日記》初探——早期瑞典對華貿易研究〔J〕，學術研究，2011（6）：120～128。

〔註 88〕〔法〕菲利普・阿利埃斯，〔法〕喬治・杜比著，楊家勤等譯，私人生活史：星期天歷史學家說歷史——從私人帳簿、日記、回憶錄到個人肖像全紀錄〔M〕，哈爾濱：北方文藝出版社，2013。

代，士人作爲群體對於社會的影響力才得以彰顯。通過上文的梳理我們可以觀察到，利用日記展開的研究成果豐碩，且角度多樣。但傳統的重大歷史事件、政治、文化、軍事方面的研究仍是主流。利用日記開展關於社會生活的研究在趙世瑜、王振忠、桑兵等學者提倡踐行之下逐漸展開，但對日記材料的發掘、利用，整體是不夠充分的。

我們已經從上文中瞭解到一些學者利用日記材料研究明清時代士人或近代知識分子的多重面相。如利用日記開展關於明代士人生活研究的有蔣竹山《晚明江南祁彪佳家族的日常生活史——以醫病關係爲例的探討》，文章以《祁忠敏公日記》爲中心研究其家族的醫患關係。作者認爲，祁彪佳家族生活的晚明時期醫生數量迅速增長，技能專業化增強，快速發展的市鎮與繁榮的商品經濟使醫療資源獲取更加便捷，改變了人們對於疾病的認知與醫療習慣。文章重點分析了與祁氏家族互動的醫者及診療行爲。再如朱東芝《晚明士紳的人際縮影——祁彪佳日記中的社交活動及其轉變》〔註 89〕，文章從交際風氣的轉變、人與人的交往、人與群的交往、人與空間、人與物等幾個部分進行敘述。展現了身處明末社會交際風氣轉變的大環境下，作爲京官與鄉紳的祁彪佳，或處於都市或身在鄉村的日常生活中人際交往的種種面相。其中交往的目的、形式、媒介、意義等分別有各自獨特的內涵。

學界利用其他材料對於明代的士人研究已經比較豐富，這方面比較典型的有：陳寶良《明代的儒學生員與地方社會》，本書爲研究明代士人的一部力作。「生員身份作爲士人生活的重要階段，作者從學校與科舉入手，考察生員的產生，生員在學校的考核以及生員如何進一步步入仕途。作者還詳細探討了無法進入仕途生員的出路及與社會的關係等內容。文章把生員這一特殊階層放在明代的社會經濟背景之下討論，學術價值極高。」〔註 90〕此外，對於明代士人研究的成果還有：徐林《明代中晚期江南士人社會交往研究》〔註 91〕、何宗美《明末清初文人結社研究》〔註 92〕、劉曉東《明代的塾師與基層社會》〔註 93〕、趙素文《祁彪佳研究》〔註 94〕，這些著作大量利用明代

〔註 89〕朱東芝，晚明士紳的人際縮影——祁彪佳日記中的社交活動及其轉變〔J〕，明代研究，2006（9）：63～100。

〔註 90〕詳見陳寶良，明代的儒學生員與地方社會〔M〕，北京：中國社會科學出版社，2005。

〔註 91〕徐林，明代中晚期江南士人社會交往研究〔M〕，上海：上海古籍出版社，2006。

〔註 92〕何宗美，明末清初文人結社研究〔M〕，天津：南開大學出版社，2003。

〔註 93〕劉曉東，明代的塾師與基層社會〔M〕，北京：商務印書館，2010。

〔註 94〕趙素文，祁彪佳研究〔M〕，北京：中國社會科學出版社，2011。

文人文集、筆記等材料對士人的社交活動、收入情況、社會地位等方面展開研究。

關於清代士人的研究，較爲典型的是沈艾娣教授所著《夢醒子——一位華北鄉居者的人生（1857～1942）》。作者通過田野考察、訪談等綜合研究，試圖講述《退想齋日記》主人劉大鵬一生的經歷。「描繪出其人作爲儒者、孝子、商人、議政者、農民的不同身份狀態下的生活景況，討論了中國在從傳統社會轉型爲現代社會的動盪中下層知識分子所面臨的生活困難、身份認同的焦慮，以及由此而來的精神折磨與堅守。從一個人的遭遇折射出清末民初中國社會、中國知識群體的轉型之痛。」〔註95〕

此外，學者的關注點多集中在激烈的轉型期如：李長莉《開放的時代與保守的個人：一個清末士大夫思想與生活的兩重世界》，〔註96〕文章通過對清末民初士人惲毓鼎日記的解讀，試圖還原在大的歷史變遷時刻，士人思維的複雜與轉向。作者認爲，在文本所呈現的內心世界中惲毓鼎保守著固有的傳統價值觀與對世界的認知，但在日常生活中他卻表現出了對新式西學的積極心態。不僅如此，惲毓鼎在面對轉型期的痛苦思想變革下，試圖以傳統價值觀尋求內心的平靜，以新知識來應對世界，表現出特殊時代下特殊群體所面對的特殊苦楚。

利用其他史料開展清代士人研究的主要有：張仲禮《中國紳士研究》〔註97〕，作者從十九世紀中國紳士的構成與特徵、人數分析、科舉生涯、紳士的收入、紳士傳記分析等幾個方面展開研究，是關於清代士人研究的經典著作。熊相明《清代司法訴訟中的士人干訟研究》〔註98〕，作者從清代士人干訟的界定、方式、原因以及清政府對於士人干訟的限制等方面對士人干訟行爲展開研究。作爲清代的特殊精英階層，政府嚴禁士人干訟，但出於經濟因素等原因，仍無可避免。而地方官員在處理干訟案件時，也會被其士人身份影響。再如〔註99〕范金民《鼎革與變遷：明清之際江南士人行

〔註95〕沈艾娣，夢醒子——一位華北鄉居者的人生（1857～1942）〔M〕，北京：北京大學出版社，2013。

〔註96〕李長莉，開放的時代與保守的個人：一個清末士大夫思想與生活的兩重世界〔J〕，學術研究，2007（11）：88～97。

〔註97〕張仲禮，中國紳士研究〔M〕，上海：上海人民出版社，2008。

〔註98〕熊相明，清代司法訴訟中的士人干訟研究〔D〕，長春：吉林大學法學院，2013。

〔註99〕這方面仍有如衷海燕，儒學傳承與社會實踐——明清吉安府士紳研究〔M〕，北京：世界圖書出版公司，2010，等作品。

爲方式的轉向》〔註 100〕，作者認爲，經過清代初年朝廷對於江南士人的屢次打擊，江南士人的風氣有很大轉變。從此前的行事張揚，干預行政，黨同伐異，包攬詞訟，把持鄉里等行爲轉變爲行事不甚張揚，對於地方事務影響力減弱，士人氣節與社會責任感減弱等特徵。作者的研究，以筆記史料爲中心，如《萬曆野獲編》《雲間據目抄》《丹午筆記》《嗇庵隨筆》《研堂見聞雜記》。關於清代士人的研究已經有不少學者從不同角度展開，然而利用日記研究社會生活的成果尚不豐富。

第三節　資料與研究角度

本書核心資料主要由日記構成，包括《尋樂堂日錄》《甲初日記》《庚復日記》《李文清公日記》等。參考前人對於日記研究的豐富成果是深入研究的必要前提，在寫作過程中，筆者還重視參照《祁忠敏公日記》《倭艮峰先生日記》等歷代著名日記。此外，本書也注重利用時人文集如《敬恕堂文集》等。地方志也是不可忽略的重要材料，如《柘城縣志》《泌陽縣志》《河南通志》《武陟縣志》《廣州府志》等。當然，政書、實錄類官方文獻也是研究中不可或缺的重要史料。

經過對前人研究成果梳理後可知，關於歷代日記的研究在清代前中期相對薄弱，對於清代士人的已知研究成果也主要集中於社會發生劇烈變遷的晚近時期。筆者研究的《尋樂堂日錄》《甲初日記》《庚復日記》《李文清公日記》等幾種文獻較少引起他人關注，是前人幾未涉足的空白領域。

還原三位士人的生活，描述他們貫穿整個朝代，地位顯赫或籍籍無名的生命歷程這項工作，本身就頗具價值。本書渴望爲讀者講述這些人的故事，介紹他們或平淡或多彩的人生境遇。潮來潮去，時空流轉，筆者關注的鮮活個案前後經歷了這一巨變、動盪、賡續的長週期，他們的生活內容也發生了值得注目的轉變。從較長的歷史時段來看，小人物寄居於宏觀歷史背景之內，也不可避免地受到強烈影響。清代二百餘年週期中，商品經濟迅速發展、社會醫療水平逐步提升、政府政治制度顯著轉變，爲時人日常生活的元素提供了基礎的變量。作爲獨立個體的士人，他們的行爲及思想與時代變量同步聯動，精神世界或轉向保守，或順應潮流，作爲勤學習、善思考的特殊階層，

〔註 100〕范金民，鼎革與變遷：明清之際江南士人行爲方式的轉向〔J〕，清華大學學報（哲學社會科學版），2010，25（2）：26～41。

都表現出了對當下及未來的某種焦慮。我們不僅應加強研究個人在特定歷史境遇中的生活與感觸，也有必要把這些鮮活的個人聯結起來，由點連線，聚線成面地呈現出時代的整體風貌。

本書所關注的日記篇幅較長，內容豐碩，有的堅持記錄數十年乃至一生的生活歷程。在任何時代，任何國度中，有如此毅力堅持寫作的人往往是少數，這樣的案例並不具備普世性，他們在生活中的某些場合一貫有執著而狂熱的堅守，甚至有不爲常人所理解的行爲，這樣的人在傳統社會中乃至當下都屬於鳳毛麟角的「稀有物種」。無可否認的是，無論身處哪一時代的人，具備堅忍不拔的毅力，秉持執著的追求都是「成功者」的必備品質。這種人，無論在何時何地都應當是眾人敬佩、景仰的對象，應該被眾人學習和傚仿。由此來看，他們具有普遍的正面意義與教育價值。

馮爾康先生在他的著作《清代人物三十題》的序言中引用林語堂先生在《吾國與吾民》中的相關論述指出:「歷史研究最終、最高的目的是認識人物；歷史事實歸根結底表現在人物身上；著名人物代表那個時代，令人熟悉的那個時代……但總的來講，歷史研究主要是落實在對歷史人物的認知上理解上說明上，這正是筆者贊同的地方。」〔註 101〕本書所期冀的正是透過幾位士人的研究，增加清史整體的豐富感。

〔註 101〕馮爾康，清代人物三十題〔M〕，長沙：嶽麓書社，2012：2。

第一章　竇克勤的人生

竇克勤（1653～1708），字敏修，一字靜庵，號艮齋，河南柘城人。康熙十一年秋舉於鄉，後數次赴京會試均告失敗。二十一年會試中再次飲恨，湯斌建議他考取教職，二十五年授泌陽縣教諭。二十七年，竇於京師中式，授翰林院庶吉士。二十八年，竇因丁母憂回鄉，期間創辦了朱陽書院。服除，三十二年返京，翌年散館，授翰林院檢討。侍值南書房期間，他受到康熙皇帝寵愛。三十三年末，因貧病請假還鄉。三十八年末，北上還京。三十九年同考庚辰會試。因貧病交困，四十一年復請假歸里。四十二年，康熙皇帝巡視晉、陝、豫等地，竇一路追尋。四十六年返回祖籍山西沁水竇莊祭祖，翌年逝世。竇一生崇尚理學，留下了體裁豐富的各種文字，尤以詩歌爲巨。遺世的著作主要有《理學正宗》《朱陽書院志》《孝經闡義》《尋樂堂家規》《同志譜》等。

清代中州理學家竇克勤的日記《尋樂堂日錄》共計二十五卷，記錄了著者從生到死，五十五年間的生命歷程。日錄所載內容事無鉅細，包括生活瑣事、讀書科考、宦遊訪友、生病治療、詩文活動、講學課業等多個方面。迄今爲止，仍未有學者對此日記進行專門研究，對於竇克勤本人的研究也很少見。〔註1〕

第一節　士子

自明代竇克勤的先祖從山西沁水竇莊遷來柘城之後，竇氏家族在此地定居已經六世了。克勤的父親竇大任似乎比較平庸，以至於竇克勤在順治十年出生

〔註 1〕這方面的研究主要有鄭穎貞、竇克勤家族與朱陽書院〔J〕，商丘師範學院學報，2010（4）：16～20；程嫩生，朱陽書院雅集活動與文學創作〔J〕，大學教育科學，2010（5）：74～77。

時全家「居柘城之學宮內」〔註2〕。明清之際社會動盪不安、文教不盛，使得竇大任這種僅有縣學生員身份的人士也能夠執教縣學。直到順治十六年冬天，竇父才「置宅於城內之東南隅。十二月八日遷其地居之，始有寧宇。」〔註3〕類似青年時期的日記大抵是竇克勤成年後補充記錄的，足見其家族的清貧狀況。

竇克勤五歲發蒙，被其父教授四子書（即《論語》《大學》《中庸》《孟子》四部儒家經典）。八歲時，授易學。十二歲竇克勤應童子試，十三歲開始讀《左氏春秋傳》《國語》等書，十六歲讀「史漢八家並先正大家之文」。〔註4〕

康熙七年，竇克勤娶同縣王氏爲妻，在他十九歲時長子竇容端誕生。康熙十年末，他獲得縣學生員的資格，此時他的學業進展順利，翌年秋闈他又在鄉試中式。他隨即赴京，準備參加來年的京城春闈。京城會試落第之後，他「始爲辭賦之學」。〔註5〕可能由於此前的考試太過順利，在本次落第後，竇大病一場，從康熙十二年秋持續到翌年春。二十三歲時他「五月讀朱子《大學章句序》始知求學爲己，遂奮志聖賢之學，求《小學》性理諸書讀之，不復功舉子業。」〔註6〕這時候，他的世界觀、人生觀、價值觀已經基本形成並穩定下來。

竇克勤成年之後，閱讀內容逐漸豐富，「是年始爲學，隨所誦讀，有會日劄記之。」〔註7〕似乎受到了朱熹的影響，他在開始讀朱子的著作後形成了日記的習慣。踐行朱子所提倡讀書與靜坐並行的日常生活習慣形成後，他記錄日記更加頻繁，且持續數十年之久，直到他死去的前一天。

傳統讀書人社交的開端往往是與自己的啓蒙老師建立聯繫，待到考取功名之後，交際對象轉變爲科考同考。在清代，考中舉人便具備了做官的資格，

〔註2〕竇克勤，尋樂堂日錄，卷一，順治十年，十一月六日，歷代日記叢鈔〔M〕，北京：學苑出版社，2006：10冊，387。

〔註3〕竇克勤，尋樂堂日錄，卷一，順治十六年，十二月八日，歷代日記叢鈔〔M〕，北京：學苑出版社，2006：10冊，389。

〔註4〕竇克勤，尋樂堂日錄，卷一，康熙七年，歷代日記叢鈔〔M〕，北京：學苑出版社，2006：10冊，392。

〔註5〕竇克勤，尋樂堂日錄，卷一，康熙十二年，歷代日記叢鈔〔M〕，北京：學苑出版社，2006：10冊，396。

〔註6〕竇克勤，尋樂堂日錄，卷一，康熙十四年，五月，歷代日記叢鈔〔M〕，北京：學苑出版社，2006：10冊，398。

〔註7〕竇克勤，尋樂堂日錄，卷一，康熙十四年，歷代日記叢鈔〔M〕，北京：學苑出版社，2006：10冊，408。

意味著將來會在仕途中有所發展。「政府官吏是從進士、舉人和貢生這些具有較高學銜的人中挑選出來的。獲得這些學銜實際上是入仕的正規途徑。」〔註8〕竇克勤雖然經歷了數次科考失敗，但他與一同鄉試的本省士子卻建立起了密切的聯繫。其中包括中州著名理學家孫奇逢的後代孫靜子。他與孫靜子鄉試同年中式，過從甚密，交往以論學爲主。

年輕人應當用功讀書，將來才有機會成就一番大事業，這是儒家傳統的士人德行觀念。「內聖外王」是每個讀書人畢生的追逐，竇克勤當然也不例外。如何鞭策自己刻苦讀書、進取構成了他年輕時生活的主要內容。他創作了《六要自警》、學規、《驅鼠文》、《窒欲銘》等文本不斷自我警醒，要與心中的欲念時刻鬥爭。他作爲長子，希望自己盡快獲得功名，並提升本人在家族中的話語權力。康熙十六年後的很長一段時間內，竇克勤都在輯家規。隨著竇克勤身份地位的提高，他本人對鄉里事務的影響也在逐步增強，正合自己的強烈意願。康熙十七年正月初一日，他仿照司馬溫公和本省的夏峰先生訂立《崇儉約》。雖然文章中謙虛的提到「敢與諸君子共商而行之」〔註9〕，但對於近來鄉里的奢侈之風，他顯然認爲自己有義務規勸與遏制，他把自己擺在了道德的制高點。無論從自我約束的行爲或對大眾潮流的指導與規範，竇始終認爲自己不是一般的「愚夫愚婦」，而是持有道德，具有特殊身份的士人。

竇克勤出生在理學繁榮的中原大地，其祖父竇如珠「嘗教授講學於家，士之景從者眾，其學以程朱爲宗」〔註10〕。其父竇大任也積學力行，竇克勤的學術背景當然也以程朱爲宗。康熙十七年閏三月與孫靜子的信中他提到一件有趣的事，「敝邑近有遊僧聚徒數十，以講道爲名。其所講者以性爲主，云：『一蚓兩斷，兩頭俱動，此時性在那邊？』一時傳爲美談。」竇克勤身爲理學的正宗傳人，對此事鄙夷之至。在他心中，離開「元亨利貞」和「仁義禮智」，不以人爲中心，怎麼可以談天「性」。天理是竇克勤常常探討的另外一個問題，他覺得人心不安之處與人心所安之處都是天理，甚至「一張桌子本平穩，此平穩處便是天理。」〔註11〕

〔註8〕張仲禮，中國紳士研究〔M〕，上海：上海人民出版社，2008：4。

〔註9〕竇克勤，尋樂堂日錄，卷一，康熙十七年，正月初一，歷代日記叢鈔〔M〕，北京：學苑出版社，2006：10冊，450。

〔註10〕史鑒，康熙柘城縣志，卷二，人物，竇如珠，47。

〔註11〕竇克勤，尋樂堂日錄，卷二，康熙十九年，九月二十三日，歷代日記叢鈔〔M〕，北京：學苑出版社，2006：10冊，602。

科舉制度誕生以來，伴隨產生的書院不斷發展。河南作爲學術昌盛之地，書院發展繁榮。「河南書院由宋元時期的點狀分佈、明代的片狀分佈到清代的全面普及，明代是其中一個重要的過渡時期，具有典型的過渡性分佈特徵，而清代則是其中一個重要的繁榮時期，同樣具有典型的繁榮期分佈特徵，完全呈現出面狀的分佈狀況。」〔註 12〕作爲河南北部地區書院的楷模，也是眾多士人嚮往的學術中心百泉書院由於主講人孫奇逢的學術影響而名噪一時。竇克勤身爲士人，與學術有著解不開的聯繫。他的生活中也處處可見書院的影子。

經過明末的社會動盪之後，清初進入了百廢並舉的時代，書院創立尤其顯著。康熙十八年「四月二十九日劉使至柘，知先生興復書院，引進後學……」〔註 13〕，竇克勤得知耿介〔註 14〕興復嵩陽書院之事特別欣慰，他與耿先生的書信中多次表達了對於書院的嚮往並願前往讀書。康熙十九年八月竇克勤二十七歲時首次踐行約定前往登封訪問他日夜爲之神往的嵩陽書院。拜訪耿逸庵先生後，他住在敬恕堂與先生讀書論學。每一次書院雅集都是當地的文學盛會，鄉紳士人群集，並伴隨著講授與爭論。竇此行被耿先生邀請共同前往嵩陽書院與眾人集會，「講學畢，過午，張公以五簋數席相餉，或流連雙柏之下，或俯仰疊石之間。少長相從，各暢天懷。」〔註 15〕有當世學人的學術盛舉，有登封縣令的慷慨解囊，有優美而讓人留戀的景致，這一切都發生在嵩陽書院中。竇克勤的生活當中總少不了書院的影子，在同年南遊時，他還拜訪了安徽的紫陽書院。

傳統社會中的士人除了對自己內心的修持非常重視之外，還重視琴棋書畫藝術造詣的培養，這些技能是傳統士人身份的標誌，也是高貴階層所必備的技能。竇克勤初學古琴也緣起於登封，當時他向耿先生學琴，他們不僅在一起論學，還作詩以贈彼此。此次登封之行，竇收穫頗豐，離別之時耿先生「贈余琴、書、衣物，話別，至夜分各戀戀不忍捨……」〔註 16〕

〔註 12〕王洪瑞，清代河南書院的地域分佈特徵〔J〕，史學月刊，2004(10)：96～105.96。

〔註 13〕竇克勤，尋樂堂日錄，卷一，康熙十八年，五月八日，歷代日記叢鈔〔M〕，北京：學苑出版社，2006：10 冊，476。

〔註 14〕耿介，原名沖壁，字介石，號逸庵，清初中州大儒，河南登封人。

〔註 15〕竇克勤，尋樂堂日錄，卷二，康熙十九年，八月十八日，歷代日記叢鈔〔M〕，北京：學苑出版社，2006：10 冊，539。

〔註 16〕竇克勤，尋樂堂日錄，卷二，康熙十九年，九月二十八日，歷代日記叢鈔〔M〕，北京：學苑出版社，2006：10 冊，604。

清代私人創辦的書院，承擔了縣學的多數功能。書院內教授的內容以傳統儒學爲主，與朝廷提倡的並無二致。書院雖然標榜闡明正道、弘揚正學爲宗旨，但來此的學生無不以科考和功名爲最終目標。書院的創辦由當地鄉紳共同捐助，同時也得到社會各界大力支持，這一文化盛舉，凝聚了士人的名譽、地位、財富、聲望。創辦書院的經費大多來自捐款，竇只是借助自己的聲望發起倡議，卻深深受益其中。書院因科舉制度而生，科舉考試的內容又以儒學爲主；傳統士人以儒學爲生，聲望高者可以創辦書院，稍遜者可作爲書院主講；擁有財富者捐助書院，普通民眾仰望、接近書院；書院與寺廟相同，都持有田產，在書院中讀書的學子也受到特別優待，這正是傳統社會中關於學問仕進的合理邏輯。

傳統士人對於宗族的重視往往體現在對纂修族譜的積極程度中。竇克勤也不例外，康熙十九年他在嵩陽書院訪學期間開始編纂自家的族譜。他回顧了自己的先輩遷來柘城和祖父創業的艱辛歷程，並爲祖父、祖母立傳。竇克勤家族目前的成員並不多，僅有他自己和二弟竇振起、三弟竇克恭，此外還有一個胞妹，他創立族譜的動機似乎與防止族人如同路人的主旨並無多大關聯。在登封期間，他迅速完成了族譜，並邀請耿介作序。耿先生認爲：「家規，己身立之範以垂諸後人者也。家乘，溯前人之遺範以垂諸後人者也。」〔註17〕作爲一個有傳承的大家族，家規和族譜都是必備的內容。

康熙二十一年，竇克勤再次赴京參加科考。經過河北雄縣時，因天冷水面結冰，他發現附近居民有製作木板車渡人過冰面營利的，於是作詩志趣，「長流消積雪，暗草渡輕車。相顧臨沙岸，成風日未斜。」〔註18〕他參加科考的心情愉快，不幸的是，這一年在京城的考試再度失利。他內心很平靜，隨著年齡的增長，學識的儲備，他已受到越來越多人的關注。返回柘城的路上，他去歸德府城拜訪杜勝營守府，並代替他創作了《祈禱城隍文》。河南地區氣象災害嚴重，水災、旱災較爲頻繁，各個地區，不同身份的鄉民代表不間斷的祈雨或祈晴，而士人在這些活動中扮演關鍵角色，構成了他們日常生活中的重要內容。

康熙二十一年北上會試再次飲恨後，竇克勤大病一場，隨後他決定再次

〔註17〕耿介，敬恕堂文集〔M〕，鄭州：中州古籍出版社，2005：268。

〔註18〕竇克勤，尋樂堂日錄，卷三，康熙二十一年，正月二十一日，歷代日記叢鈔〔M〕，北京：學苑出版社，2006：11冊，1。

拜訪登封嵩陽書院。一方面可能是為了擴大交際圈，另一方面他也藉此排遣心中的苦悶。中州大地，夏峰先生後，當前最著名的理學家首推耿介和湯斌。湯斌是朝中皇帝近身的寵臣，關於湯斌的非議也在朝野中流傳，竇克勤在鄉里卻無緣與之會面。耿介則是中州鄉居首屈一指的儒者，他十分看重與竇的往來。與前次拜訪相同，又是在一年中初秋的涼爽時節，竇克勤來到嵩陽書院，耿先生邀他共商書院會文之事。竇克勤心境不錯，一日在嵩陽書院中「至仁智亭彈琴一曲」〔註 19〕，這樣的時節，這樣的景致，在這樣的情境中，他能夠想到的卻還是功名。

康熙二十三年，竇克勤已經三十二歲。俗語講三十而立，竇克勤卻在這些年的會試中屢次敗北。家境尚可的他，無需過多擔優生計問題，於是他繼續展開對功名的猛烈追逐。本年二月，他再次出發前往登封拜訪耿先生，路途中他的興趣點也聚焦於沿線書院。他經過白沙書院的時候前往參觀，特意指出書院由二人合力興復的歷史。前朝時白沙書院就已經存在，戰亂中被毀滅，此時卻在大力復興書院的浪潮中重生。竇此次訪問嵩陽書院，恰逢「學使林公嵩陽書院講學，與觀其盛。」〔註 20〕在嵩陽書院讀書期間，他撰寫了《嵩陽書院志》的序言。

讀書場所是古人非常重視的私人空間，書齋的名字更能表明個人的志趣與取向。除了自家的書齋之外，讀書的場所可以是書院。然而，竇克勤並不局限於此地讀書，他「攜《孝經》一卷，讀北山中疊石溪上」〔註 21〕。他也「讀書於書院之東深溝大石上。」〔註 22〕坐在石頭上，身處溪流間，身心愉悅，天朗氣清，閱讀《孝經》，在竇看來是多麼愜意的一件快事。竇克勤與三弟竇克恭關於「理」與「性」的爭論也不時迴蕩在山嶽間，彷彿他們能夠吸收來自山間的靈氣，山間立松柏，淌溪流，留存自宋代以來便赫赫有名的嵩陽書院。竇浸淫於此，他懷揣著一顆功名之心，或許在嵩陽書院的學習過程中，早已萌發了獨自創辦書院的念頭。

〔註 19〕竇克勤，尋樂堂日錄，卷三，康熙二十一年，八月十六日，歷代日記叢鈔〔M〕，北京：學苑出版社，2006：11 冊，54。

〔註 20〕竇克勤，尋樂堂日錄，卷三，康熙二十三年，二月二十四日，歷代日記叢鈔〔M〕，北京：學苑出版社，2006：11 冊，102。

〔註 21〕竇克勤，尋樂堂日錄，卷三，康熙二十三年，三月二十二日，歷代日記叢鈔〔M〕，北京：學苑出版社，2006：11 冊，110～111。

〔註 22〕竇克勤，尋樂堂日錄，卷三，康熙二十三年，三月二十七日，歷代日記叢鈔〔M〕，北京：學苑出版社，2006：11 冊，113。

康熙二十四年春，竇克勤照例赴京參加科考。彷彿結果已經注定失敗，但功名與身份的巨大誘惑引領著他繼續前行。經歷了反覆的煎熬和摧殘之後，對於失敗與成功他已經看的淡然。這一年，河南發生水災，竇克勤因本縣受災而向父母官上《水災呈》。又是在仲秋時，他啓程前往嵩陽書院讀書。在登封的時日中，竇與耿暢遊山水，講學書院，好不快意。竇在此段完成了他生命中的第一部學術著作《理學正宗》。在嵩陽書院中讀書、生活，他可能並不知道他生命的軌跡正在悄然發生變化。當然這一切變化歸根結底來自自身的進取與努力，但這一切難道不與書院有千絲萬縷的聯繫嗎？

第二節　教諭

康熙二十五年三月九日竇克勤「知二月大選，授泌陽縣教諭」。〔註23〕正史中關於教諭一職是這樣描述的：「……教諭，掌訓迪學校生徒，課藝業勤惰，評品行優劣，以聽於學政。訓導佐之。例用本省人。」〔註24〕剛剛得知授官消息後，竇克勤就開始在家中閱讀邸報了，「閱邸報知榮選犖邑，此地人情風土素號樸厚……」〔註25〕。顯然竇克勤選官的信息來源是官方的郵遞系統，即提塘。提塘是清代重要的情報傳遞機構，「負責遞送中央各部院與各省之間的部分公文往來」〔註26〕。身份的轉變在傳統社會中顯得如此重要，縱使竇氏沒有在京城的科考中成功，僅被授予一個並無實權的偏僻縣城教職，便立刻躋身官僚系統，開始有資格閱讀邸報。信息來源的變化使得竇克勤無論身處官場或鄉里中都有更多的談資以抬高身價。也許是吏部官文在歸德府經傳的時候被他人知曉，或者新一輪的任命下達之後消息自然傳開，總之一個多月後「陸商嚴通守以禮來交」〔註27〕。竇此前與歸德府通判並不相識，陸以禮來請交往，竇當然以客氣的言語表示樂意。

當竇克勤得知自己被選官之後，他並不急於上任。康熙二十五年閏四月，

〔註23〕竇克勤，尋樂堂日錄，卷四，康熙二十五年，三月九日，歷代日記叢鈔〔M〕，北京：學苑出版社，2006：11冊，181～182。

〔註24〕趙爾巽等，清史稿〔M〕，北京：中華書局，1976：3358。

〔註25〕竇克勤，尋樂堂日錄，卷四，康熙二十五年，三月十五日，歷代日記叢鈔〔M〕，北京：學苑出版社，2006：11冊，182。

〔註26〕劉文鵬，清代提塘考〔J〕，清史研究，2007（4）：87～91.89。

〔註27〕竇克勤，尋樂堂日錄，卷四，康熙二十五年，四月二十三日，歷代日記叢鈔〔M〕，北京：學苑出版社，2006：11冊，183。

他前往睢州拜訪只在京城科考時見過的湯斌先生。湯斌此時已進入老境，對三十四歲急於進取的竇克勤的囑咐唯有盡心做事，與人爲善，勤政愛民等。雖然孫奇逢去世之後，他的兩大弟子耿介和湯斌並稱中州大儒，但竇顯然更欣賞前者。閏四月十三日，竇克勤從自家起身前往泌陽縣赴任，他把二弟竇振起帶在身邊。經過上蔡之後，竇克勤的足疾再次發作。他此時未必能夠預料，足疾不僅伴隨他一生，他的仕途還將受此痼疾影響。竇克勤繼續前行，在接近泌陽縣的牛蹄集遇到來送印的小吏，翌日他第一次來到泌陽縣。

眼前的景象令竇克勤失望，他幾十年的付出沒能考取進士而躋身上層社會，如今只得到一個偏僻縣城沒有任何實權的教職。「學宮荒殘，四面荊棘，絕人跡。官舍久廢，來司教者皆謀他居。予於民房傍學宮者，暫借棲之，陋甚。」〔註28〕他甚至回想起自己出生的柘城學宮，無論如何那裡還可以暫居，而此處情形顯然還要更糟糕。儘管如此，一切還需要從頭做起。他首先拜謁了孔聖人，寫了篇幅不短的祭文。文中表明了竇克勤的心跡，他認爲孔子創立了正學之後，除了歷代的賢人之外，很少有人能在義利之辨的關頭守住正道，所以正學常常被淹沒；他希望借助孔聖人的強大精神力量來幫助自己完成在偏僻的泌陽縣闡明正學的願望。

閏四月二十八日，本縣的紳士、生員等來相見。竇克勤不僅催促他們按時到縣學明倫堂會講，還廣泛聽取他們的意見和建議。他迫不及待的制定堂規，首要任務是保證縣學之內的清潔，不准牛羊等牲畜隨意進入。其次他還對生員行爲、吏役行爲做了詳細的規範。五月初一，在竇克勤的敦促下，縣學明倫堂中開展了久違的會講。教諭一職在國家最低行政單元縣級政權之中顯得非常渺小，即便從爲官品級來說也異常卑微，爲正八品。雖然朝廷對此官職較爲重視，需經中央直接選定任命。但微薄的俸祿，卑微的地位，慘淡的未來都爲此官職打上了清苦的印記。儒家傳統的內聖外王觀念促使竇克勤在平凡的生活中努力踐行成就偉大事業。他決定住在縣學之內，他帶領家僕對縣學內進行徹底的清潔、除草。

竇克勤把在泌陽的教職當作人生事業的起步。這確實是他可以施展才華的微型舞臺，「清代是河南書院發展史上一個重要的時期，伴隨著書院的官學化，清代河南書院實現了自己的普及化，先後設置的 292 所書院已遍佈省內

〔註28〕竇克勤，尋樂堂日錄，卷四，康熙二十五年，閏四月二十七日，歷代日記叢鈔〔M〕，北京：學苑出版社，2006：11 冊，192。

各個州縣。」〔註 29〕而泌陽縣地處偏僻，文教不興，縣學頹廢。五月中旬，竇克勤把學生召集在一起，訂立了繁雜的《泌陽學條規》與《勸善規過簿》。他開始實施他的偉大計劃，他把本縣的學生按照東、西、南、北、中分成仁、義、禮、智、信五社，他把有身份的人定爲社長。他創定會約，定於每月十六日會文。他認爲會文的題目應當「擇四書五經，或出論表判策題目。」〔註 30〕竇克勤認爲這樣可以「發明聖賢學問」〔註 31〕，他甚至詳細規定題目如何獲取，防止洩密等內容。這樣的規定，月復一月的會文、練習，與清代科舉考試的八股文暗合。會文是作爲士人的特殊標誌與義務，生員童子都必須遵行。這是衡量一個地區文教興盛與否的標誌，作爲教職人員能夠提供的則是「每逢會文講學，蔬肉五簋湯飯各一，不用酒。每逢請召宴會，蔬肉五簋湯飯各一，用酒有節。」從竇克勤的經歷來看，此時的宴會大約 5 至 6 人一桌，不似今日。

在竇克勤的督促與倡議之下，泌陽縣學開展了豐富的會文活動。這樣的活動在一月之內此起彼伏，以或大或小的規模展開。這樣的場景是當權者、鄉紳與竇克勤本人都願意看到的。他代表了一種希望，文化昌盛可能會轉化爲個人的功名，進而造福鄉里。相比此前學宮頹敗，雜草叢生的境地，眞乃天壤之別。此時竇克勤也開始接納學生，不斷有學子透過中介者前來拜師。傳統社會中的技藝重視傳承，身處優勢者與地位一般者重視同一種固定的社會關係。

泌陽縣歷來文風不盛，直至道光年間學額仍非常稀少，「泌額入學十二名，在宛郡爲中。」〔註 32〕在竇克勤的經營下，八月二日，他按照慣例講學時，紳士、生童到場的有九十多人，到場人數幾乎達到他剛來泌陽上任時的兩倍。不僅如此，他還隆重而嚴肅地準備八月的祭孔活動。生員中利用自己的特殊身份，以少數稅糧攬納他人並向上隱瞞不報的現象時有發生。竇克勤爲此也出示禁止生員攬納錢糧。他的確將自己視爲政府運作環節中重要的角色，他還替知縣勸諭童生早辦國賦。

〔註 29〕王洪瑞，清代河南書院的地域分佈特徵〔J〕，史學月刊，2004（10）：96～105.96。

〔註 30〕竇克勤，尋樂堂日錄，卷四，康熙二十五年，五月十五日，歷代日記叢鈔〔M〕，北京：學苑出版社，2006：11 冊，220。

〔註 31〕竇克勤，尋樂堂日錄，卷四，康熙二十五年，五月十五日，歷代日記叢鈔〔M〕，北京：學苑出版社，2006：11 冊，220。

〔註 32〕倪明進，道光八年（1828）泌陽縣志，卷五，學校志，1～2。

竇克勤爲社稷辛苦操勞，而自己卻越加貧困，甚至到了「饘粥不繼」〔註33〕的地步，他前往南陽府出差時，河南學政都憐憫他的清苦。然而他的志向並不在己，而在於造福一方，留下功績。他到南陽府的目的之一是請求修葺縣學，泌陽地小民貧，再加上剛剛遭受旱災，生存尚且不易，興文教從何談起。所幸，他的請求得到了學政的支持，學政爲他的計劃贊助二十兩白銀。九月末，竇克勤剛剛返回泌陽就召集鄉紳、生員等討論修葺縣學的工程。縣學在明末的戰亂中被嚴重摧毀了，現在僅留存正殿，且已殘破不堪。大家都承諾爲修建兩廡出力，或捐助物料，或驅使牲畜，或出勞力，總之在九月二十六日工程開工了。

傳統社會中的師生關係複雜而微妙。對於個人來說，對他幫助最大、最有恩於他的教師應當是啓蒙階段或考取舉人、進士功名之前的教授者。這類教職人員往往功名較低，收入微薄，社會地位一般，但能將有意於舉業的童生帶向正途。修習舉業的童生在此階段一般年齡偏小，無論學業與品德方面受到教師影響都比較顯著。從教師角度來說，幼小的童子教授起來也比較吃力，需要下一番工夫方能見效。同學關係亦是如此，在私塾或者書院中讀書的同學，相處時間久，共同努力、上進，理應情同手足。但事實並非如此，在各級科考中中式的同年，在科考中賞識他們的主考官，才是士人更加在意的社會關係。通過科舉考試，士子之間，士子與老師之間形成了同年、房師、座師等概念和聯繫，這是一種利益聯繫更爲緊密的師生關係。

竇克勤在泌陽縣開始收授生徒，他們的關係較爲緊密且單純。竇克勤上任教職半年，把泌陽縣的教育事業經營的漸有起色，他與學生的關係也逐漸密切。十一月二日，竇克勤聽說學生們準備爲他祝壽，他趕忙制止。他認爲首先自己對學生的德行還不足以承受這樣的恩惠，其次本年收成不好，不如節儉早辦國賦爲宜。而學生對先生的好意總需尋處安放，祝壽不成，他們又打算爲老師蓋房子。先前因房屋頹廢殘破，並有虎豹、盜賊出沒，學生建議竇克勤居住在縣學外圍附近，被竇堅意否定了，現在竇終於選址明倫堂。十一月三日開工，十七日就完工了。泌陽縣的學生受到竇克勤的教誨與影響，願意幫助先生修葺居所，並響應倡議修葺縣學，這是一份對老師的感恩。竇克勤對於這些恩情也不會忘記，以至於第二年他在日記中再次提及此事「泌

〔註33〕王鍾翰點校，清史列傳，卷六十六，北京：中華書局，1987：17冊，5310。

邑諸君建學署居予，予不能忘，勒姓名於石，文以記之。」〔註 34〕我們在遊覽各地名勝時總會看到各種各樣的石碑，上面往往密密麻麻的刻滿了數量眾多的名字。如果沒有充分的材料解讀，躺在石板上的文字是呆板的歷史。而在竇克勤此處卻是鮮活的，他因儒學，因科舉，因朝廷的官僚制度與同省不同縣域的學生發生聯繫。在這樣的制度設定之中，老師與學生的聯繫是必然的，但他們之間的關係如何發展卻在於二者的相互經營。

本年臘月天氣非常寒冷，路邊的乞丐挨凍受餓。在竇克勤每日的記錄中，都以重大事件為主。十二月二十四日，卻記錄了一件非常小的事情，天氣寒冷，學生李吉斗看到乞丐受凍，於是送給他一件衣服取暖，乞丐問姓名，李說「此非望報」〔註 35〕。說完，李吉斗很快的離開了。竇敘述此事重點在於突出這四個字，他是嘉許這種行為的。在他心中，這是儒家惻隱之心，也就是仁愛之端。「仁」就是人的本性，之所以能夠秉持自己的秉性辨別義與利，是因為堅守了理學，竇認為「理」就是「禮」。如此一件小事，卻能夠反映出一個人的仁愛與秉持「義」的觀念。如果遇到類似事件，竇克勤自己也會採取相同的處置方式。康熙二十七年，竇克勤準備前往京城會試，在由泌陽返回柘城的途中遇到了一位老人。老人被騙，沒錢回家，竇克勤見狀就把自己僅有的一兩銀子和銅錢送給老人。老人得知竇是泌陽縣教諭之後更加驚奇，當問起姓名時，竇說「持此些須，早回家，圖妻子歡可也。吾豈望報哉？」〔註 36〕竇克勤不僅在類似事件的處理中加強自己對於仁愛等道德的修養，老人的故事本身也含有善報的隱喻。老人在感歎竇克勤心善之餘時說：「明春二月當有以報」〔註 37〕。老人並不知竇克勤將要進京參加科考，從稱呼來看，老人屬於竇克勤眼中的「愚夫愚婦」，可能也並不知道科考的具體時間。我們無法得知這段日記是否後來被竇本人或其子孫重新修訂過，但卻能夠從記錄中看到仁愛觀念夾雜著善惡報應的思想對時人行為的巨大影響。

臨近元旦，竇克勤把柘城的父母及家眷接來任署。雖然他做的是一個連

〔註 34〕竇克勤，尋樂堂日錄，卷四，康熙二十六年，十月八日，歷代日記叢鈔〔M〕，北京：學苑出版社，2006：11 冊，362。

〔註 35〕竇克勤，尋樂堂日錄，卷四，康熙二十五年，十二月二十四日，歷代日記叢鈔〔M〕，北京：學苑出版社，2006：11 冊，297。

〔註 36〕竇克勤，尋樂堂日錄，卷四，康熙二十六年，十二月四日，歷代日記叢鈔〔M〕，北京：學苑出版社，2006：11 冊，378。

〔註 37〕竇克勤，尋樂堂日錄，卷四，康熙二十六年，十二月四日，歷代日記叢鈔〔M〕，北京：學苑出版社，2006：11 冊，378。

七品縣官都不如的八品芝麻小官，但父母依舊以子爲榮。傳統社會強調父以子貴，竇克勤的父親竇大任並無多高功名，只具有縣學生員的身份。社會提倡的孝道，在家庭內部並不以功名分高下，是以輩分論高低。泌陽縣學荒蕪已久，正殿的「明倫堂」三個大字竟然都淹沒在戰亂之中。臘月二十八，正是一個良辰吉日，竇克勤請父親大人提筆寫下「明倫堂」三個大字，懸掛在正殿。竇大任也藉此機會勸誡兒子「此教旨也，古聖人所重在此，爾之所忽者顧在此乎。今日懸匾額，明日題此字，猶緩也，如之何，不敬厥事。」〔註38〕第二天竇克勤開始撰寫楹聯，他寫楹聯不僅懸掛在明倫堂的柱子上，還懸掛在風化門上，當然也懸掛在正門之上。對聯的內容必然是聖賢之學，仁義之心以及主敬存誠的理學宗旨。他寫好了楹聯「仁義門無非中正之道，出入時盡是聖賢之徒」，掛在縣學大門兩側。這樣的話是給進出其中的學子，以及過往的行人觀看。這些文字也表達了竇克勤本人以及整個社會對於學生的美好期許。

康熙二十六年正月，竇克勤接到河南省學政的檄文前往省城。他此行的目的是領取《聖諭》，這是官方對民間進行政治教化兼勸善的行爲，政府對民間的勸善教化自明代以來就形成了比較系統的體系，自明代的《六諭》起，清代繼承了這一政策，康熙皇帝在此基礎上創造了《聖諭十六條》。「在康熙九年十一月己卯，有禮部的題奏，正式頒行了《聖諭十六條》。」〔註39〕正月十八日，學政頒發《聖諭十六條》給竇克勤。竇克勤領取《聖諭》後並未盡快返回泌陽，他前往嵩陽書院與耿介相會。由於有官職在身，不便久留，二十九日他啓程返回泌陽。途中他還順便遊覽了白沙書院，這一直是自己的志趣所在。二月十一日返回泌陽後，他把學生全部集中起來宣講康熙皇帝頒發的《聖諭十六條》。以往我們更關注《聖諭十六條》在民間的推行，在基層社會通過鄉約對普通民眾定期宣講，以起到勸善與維護政權統治的作用。從竇克勤的行事中，我們可以注意到與之並行的另一體系，即知識階層的聖諭宣講。

康熙二十五年四月竇克勤正式上任泌陽教諭後，每月定期組織學生會文，此外他自己也在每月初二定期給學生授課。當年五月，竇克勤第一次給縣域之內的生童正式授課，主要講了些做學問的大道理。六月，竇克勤講授《子路問君子》章。此次講授，竇主要突出聖人傳授學問的心法只在一個「敬」

〔註38〕竇克勤，尋樂堂日錄，卷四，康熙二十六年，十二月二十八日，歷代日記叢鈔〔M〕，北京：學苑出版社，2006：11冊，298。

〔註39〕〔日〕酒井忠夫，中國善書研究（增補版）〔M〕，南京：江蘇人民出版社，2010：489。

字之中，所以無論讀書行事都要「敬」字為先。八月二日講《攻乎異端》章。十月二日講《君子不重則不威》章。十一月二日講《士不可以不弘毅》章。康熙二十六年三月二日講耿逸庵先生《太極圖疏義》。四月二日講《天命之謂性》章。五月二日講《張子西銘》。六月二日講《君子食無求飽》章。七月二日講《性相近也》章。九月二日講《中庸唯天下至誠為能盡其性》章。十月二日講《誰能出不由戶》章。十一月二日講自己的作品《理學正宗》。

竇克勤在泌陽任教諭一職前後不到兩年，在斷斷續續的講學當中傳遞給學生很多信息。這些信息當然以聖賢經典為主，他講授的經典包括《論語》《中庸》等內容。不僅如此，他還把理學經典介紹給學生，他給學生講述張載的理論。他沒有停留在闡釋經典的層面上，還努力把學問轉化為學生可以踐行的規範。在這樣的場合中，他強調「性」與「理」的重要性，他告訴學生對於天性在個人行為中的對應者就是仁、義、禮、智，只有努力踐行這些規範，才算是沒有枉讀聖賢書，才可以算作聖門弟子。順應天性就是採取這樣的行為規範，但具體到如何實踐，竇克勤重視讓弟子知曉，宋儒以後的辦法是重視「誠」和「敬」，有了這兩條準則，再加上個人努力踐行，學術的道路將一片光明。竇克勤對自己好友耿介的學問推崇至極，耿先生的學問是由夏峰先生孫奇逢處直接繼承而來的，他把耿的理論介紹給泌陽的學生，他向學生講授《太極圖疏義》，以學生的學術程度與閱歷對此恐怕難以理解，但重要的是讓他們知曉並為之神往。竇克勤離開泌陽前的最後一次講學是在當年十一月，他把自己多次修訂完成的《理學正宗》介紹給學生。在他看來，明白學術的傳承是很重要的事情。這也是他最喜歡的著作，他常常將此書送人，當然這本書在泌陽就由學生幫忙刊刻過。

清代縣一級政權中的教職在整個政權運作之中的作用看似卑微，既無實權，也無特別財政支撐，大多僅持有些許學田，地位非常尷尬。這類職務不是多少人經年累月爭搶的肥缺，除了虛名之外，與己幾乎沒有多少實際利益可言。在經濟發達，文教昌盛的地區，由於書院的普遍興復與發展，逐漸取代了縣學的教化功能。而在經濟落後的地區，溫飽尚難保障，禮教更從何談起。這一職位的設置實在顯得有些雞肋，為什麼中央政府對此類職務還要親自遴選並任命？透過竇克勤的經歷我們可知，教諭一職是對國家統治的基層行政區劃之內學術思想的指導者。在傳統社會倡導儒學的環境中，教諭一職不可或缺，因為他們可以自上而下傳達與中央政府一以貫之的共同價值觀。

在社會信息交流不甚通暢之時，全國意識形態保持一致，是社會統一穩定的前提。康熙皇帝沿襲前朝編纂的既是爲了加強教化，也是爲了提倡善行的《聖諭十六條》，正是通過這一職務向縣域之內的精英人物宣講的。倘若秘密宗教盛行，衝擊了儒學的正統思想，這時朝廷就會緊張起來。其次，教諭一職是修習舉業，或者初具功名人才的專門管理人員，教諭的行爲對他們又有重要的影響。倘若無此職位，無此專員，那麼一縣之內會出現群龍無首的局面。教諭也是一省學政行事辦公的必要補充。

第三節　庶吉士

康熙二十七年，竇克勤三十六歲時，他再次來到京城參加會試。臨近不惑之年的他已經是幾個兒女的父親了，他自己也快忘記這是第幾次來京參加會試。從發蒙到童子試，到康熙十一年鄉試中舉的他一帆風順，原本以爲自己可以很快成就一番大事業，而屢次的失敗讓他的心境有了很大的轉變。從渴望功名到對失敗的無奈，轉向專心研究學術，到再次受到鼓勵奮勇修習舉業，竇的心態已經逐漸成熟，在泌陽，他把教諭這一芝麻大的小官當作事業來耕耘。這些經歷對他很有益處，帶著年前被幫助老者的那番隱喻，他似乎看到了新的希望。

竇克勤來京城考試已經很多次了，但他似乎沒有被京城的繁華與紛亂攪擾，他沒有像別人一樣對京城形形色色的人物作出評價。他並不習慣記錄自己的娛樂與應酬，或許他的性格刻板，抵京之後除了拜會自己從前的老師共同探討學問之外，幾乎沒有任何社交活動。清代的貢院位於現在的建國門內，是規模宏大的建築群，能夠容納每三年一次來參加全國會試的數千名士子。他們需要在這裡連考三場，春闈大約在二月底開考。竇克勤參加會試的這一年因爲皇太后去世所以第一場的進場時間推遲到了二月十八日。到二月二十五日，整個考試結束了，前後歷時八日整。種種跡象彷彿都預測著竇克勤今年考試所擁有的好運氣，進入貢院之前，他是否也隨著眾多士子的足跡專門繞遠路從鯉魚胡同經過，意在取鯉魚躍龍門之吉，希望自己取得好的成績呢？春寒料峭，貢院之內的條件又很艱苦，甚至有士子在參加會試時曾因天氣寒冷而無法解凍墨水，書寫困難。在這樣艱苦的條件下，竇的興致仍然不減，二十四日考試接近尾聲時他寫下了這樣的

詩句，「瑞兆燈花午夜思，君門獻策正逢時。雙親莫更勞酬慮，花折長安第一枝。」〔註 40〕

考官的閱卷效率很高，三月十二日就發榜了。雖然竇克勤剛中貢士，但在清代，如果考中貢士，殿試時一般不再淘汰士子。這一天，竇克勤以泌陽縣教諭的身份中式。他很激動，十幾年的夙願終於實現。表達激動心情的方式因人而異，而竇選擇抄錄試卷。他把洋洋數萬字的答題試卷抄錄在自己的日錄當中。三月十六日，竇克勤參加殿試，殿試時間一般爲一天。三月二十九日傳臚，竇克勤考取「三甲第六名，賜同進士出身。」〔註 41〕這段時間他心情愉快，創作了不少作品，「陳書曾到五雲間，榮遇相忘達路艱。翽翽梧階鳴鳳羽，翩翩玉筍列仙班。臚傳金殿來天漢，日照丹墀拜聖顏。傳說應知符夢卜，商王未許老空山。」〔註 42〕這首詩創作於竇克勤傳臚當日，儀式的莊嚴與隆重，讓竇克勤心情難以平復。他努力使自己回想從參加童子試以來走過的幾十年路程，這其中充滿了心酸與艱苦。長期以來他一直艱苦修行，希望達到一定的精神高度，但他卻遲遲沒有參與治理國家的機會。整個詩的重點仍落在後半部，竇克勤終於有機會實現傳統士人的最高理想——「內聖外王」。

四月初，皇帝賞賜白銀五兩。竇克勤隨狀元共同謝恩，並參拜至聖先師孔子。不知何時起形成定例，一同中式的進士舉辦同年會，他們在這樣的場合中互相結識，增進瞭解。有些同省人士本身也可能是鄉試同年，如此一來，朝廷提供的制度，理所應當使得同鄉，同年之間的關係密切。傳統社會中父以子貴，兒子考中進士，在鄉里是風光無限的好事，竇克勤時刻不忘父母的恩情，他把皇帝賞賜的白銀製成杯子派人回家送給父母。竇克勤更以此行爲彰顯自己的孝順，並強化自我認同的孝道。五月九日，竇克勤被授予翰林院庶吉士。進士同年除了被直接授予官職的，一部分進入翰林院庶常館充當庶吉士，以繼續學習深造。庶常館中的學習是爲以後當官做準備的，庶吉士散館之後一般會繼續就任高等文職，散館後「上等者授予翰林官。參考入館前殿試甲第，二甲授編修，

〔註 40〕竇克勤，尋樂堂日錄，卷五，康熙二十七年，二月二十四日，歷代日記叢鈔〔M〕，北京：學苑出版社，2006：11 冊，382。

〔註 41〕竇克勤，尋樂堂日錄，卷五，康熙二十七年，三月二十九日，歷代日記叢鈔〔M〕，北京：學苑出版社，2006：11 冊，434。

〔註 42〕竇克勤，尋樂堂日錄，卷五，康熙二十七年，三月二十九日，歷代日記叢鈔〔M〕，北京：學苑出版社，2006：11 冊，434。

三甲授檢討，謂之留館。中等者或留館，或委以部署、知縣。」〔註43〕事實上，庶吉士本身也是最低層級的翰林。清聖祖實錄的記載中也證明了竇克勤日記的準確和真實性，「諭翰林院、選拔庶常、原以作養人才。今科進士、特加簡閱、取范光陽、邱昇、吳世燾、沈宗敬……竇克勤、陳大章、彭始摶、施震銓、李斯義、顏光敩、鄒士璁、林文英、葉淳、鄭梁、潘宗洛、宋朝楠、王翰、徐日暄、范光宗、高人龍等、三十四員、俱著改爲庶吉士。」〔註44〕

竇克勤進入翰林院庶常館作了庶吉士之後，按部就班的開展日常生活。庶吉士應當算做獲取進士功名之後的學術經歷，與今日博士後工作有相似之處，他的主要任務是繼續在儒學上深造並開始學習滿文。這是滿族征服者入主中原後的一種文化奴役政策，但是客觀上，這種政策也會促進民族間的文化交流。竇克勤並沒有表現出對學習滿文的不快，對此事他異常平淡，可能世界本該如此。生活在清代初年的竇克勤熟讀經史，他不可能忘記口耳相傳的「揚州十日」、「嘉定三屠」等殘暴的征服殺戮歷史，他內心或許有過疑慮、矛盾，但他的確對當今聖上崇敬之至。康熙四十二年皇帝出巡山西、陝西、河南等地，竇克勤因年邁多病，退養在鄉，他拖著孱弱的身軀，一路追尋皇帝的蹤跡，跪拜接迎，表達了他對皇帝統治萬民的敬服。

康熙二十七年六月十日，竇克勤前往「翰林院衙門到任」〔註45〕。作爲庶吉士的他只有讀書學習的權利，但他依然認爲自己是在做「官」。十月十六日，竇克勤第一次參加館課，他寫了一篇文論《堯仁如天知如神論》。康熙二十八年二月二十五日，竇克勤再次參加館課，這次的任務是翻譯滿文。三月五日，竇克勤寫下了《皇帝省方頌》，內容豐富。四月初一，除了學習滿文之外他還創作了《瀛洲亭記》。五月二十四日館課，他創作了《六計以廉爲本論》。此文以廉潔爲論述對象，竇認爲廉潔作爲官員的良好品格，對於國家和社會都很重要。這是他創作文本的目的。他的論點對政權的良性運轉有幫助，但更大的價值可能在於他日自己任職會試同考時對學子品行的考察。竇克勤創作的文字當中也有單純對於景物的讚美，他離開都門之前創作的《冬日可愛賦》就是對造化的一種歌頌和感歎。

〔註43〕邸永君，清代翰林院制度〔M〕，北京：社會科學文獻出版社，2007：109。
〔註44〕清聖祖實錄，卷一百三十五，康熙二十七年，戊辰，夏，四月，壬午。
〔註45〕竇克勤，尋樂堂日錄，卷五，康熙二十七年，六月十日，歷代日記叢鈔〔M〕，北京：學苑出版社，2006：11冊，439。

在翰林院學習期間，竇克勤學習滿文的內容較多。他在庶常館創作的詩文常常表達出對皇帝的讚美。一部分是出於討好皇帝，他把皇帝比作上三代的聖賢，認為康熙皇帝是天理的秉持者，他的德行與造化將造福天下蒼生。竇克勤自身的進取之路也與皇帝開科取士有直接聯繫，無論出於對知遇之恩的感激還是對以後仕進發展的期待，他都發自內心的讚頌皇帝。他創作文章更多著眼於對景物的直接描述，練習對於辭藻的掌控與火候。他在描寫瀛洲亭時，寫「沙堤在望，儼若並峙；金井湧泉，古槐茂密；紅藥翻階，蘭芷競秀；畢於茲亭，萃之美之。」〔註46〕是一幅令人心曠神怡的優美畫卷，良辰美景中，竇仍不忘記對皇帝的歌頌。皇帝創設了庶吉士制度是聖明的，而作為士子應當努力奮進，不辜負聖天子的一番美意。文章興起於翰林院內的景物瀛洲亭，隨後意境上升到對於學術的追逐與人生的考量，可算是上等的佳作。

竇克勤身份發生了很大變化，在京城之中，他迅速與自己的同鄉、同年、老師等建立起了緊密的聯繫。他們之間的交往以切磋學問為紐帶，他拜訪黃太夫子時，黃以「淡薄寧靜為勖」〔註47〕。話雖如此，但他們之間的交往卻難免庸俗。考生與座師之間的關係向來比較緊密，他們之間的利益結合並參與政治鬥爭在歷史上還釀成了不少齣慘禍。即便同年會不能經常舉行，同年之間的交往仍然會通過多種形式進行。竇克勤經常與同年互通書信，以達到交際的目的。身處京城，他也無法忘記年少時在嵩陽書院讀書所受到的益處，他一直與中州第一大儒人耿介保持聯絡。竇中進士之後，兩人各方面的聯繫更加緊密，甚至於耿介的墓誌及身後之事也多由竇參與主持。這種聯繫不可能與他的翰林身份無關。除此之外，他與自己在泌陽的故人也有聯絡，包括泌陽的鄉紳、官員、學生。當然他還與在京的鄉試同年孫靜子恢復了聯絡。士人的交往以切磋學術為主旨，他們互相贈以詩文。除此之外，他們也經常以禮物饋贈，郭快庵夫子送給竇克勤的禮物是「米麵桃棗等物」〔註48〕。

接近元旦之時，皇上隆恩賞賜彩緞，考中進士之後的這一年很快就過去了，然而，竇克勤的社交脈絡才剛剛舒展。新的一年，在鄉里竇父大任因兒

〔註46〕竇克勤，尋樂堂日錄，卷六，康熙二十八年，四月初一，歷代日記叢鈔〔M〕，北京：學苑出版社，2006：11冊，474。

〔註47〕竇克勤，尋樂堂日錄，卷五，康熙二十七年，五月三十日，歷代日記叢鈔〔M〕，北京：學苑出版社，2006：11冊，436。

〔註48〕竇克勤，尋樂堂日錄，卷五，康熙二十七年，十二月二十二日，歷代日記叢鈔〔M〕，北京：學苑出版社，2006：11冊，456。

子中進士被知縣邀請參加飲賓大典，他自己也被邀請做京城王仁趾兒子的先生。此時竇克勤繼續繕寫自己的著作《理學正宗》，並邀請好友耿介作序。耿也邀請他爲《敬恕堂存稿》作序言。竇克勤還結交了當時在京不同品第的諸多官員。他發起創辦了五簋會約，參與者的規模在不斷擴大，本會倡導厲行節儉，對提升自己的影響力具有積極作用。身份地位的提高對增強話語權力很有利，竇克勤現在的影響力正在擴大，他也有意利用這一點，他特意寫信給河南府太守汪舟次，希望他大力扶持本地的嵩陽書院，「倘有日申請，效白鹿、嶽麓之例，求具題頒發經書，或邀恩賜宸翰。則嵩陽之不朽，實先生維繫道脈之功不朽矣……」〔註 49〕遠在都城的他也在寫家書時與柘城知縣通信，建立起緊密的聯繫，也爲後來他丁憂返鄉居住時二人的互動開啓了發端。

竇克勤在京城的生活忙碌並愜意，他享受這種具有功名的上層生活。身處帝國中心，與此前的故舊有頗多聯繫，他盡己所能對別人施予特殊的關照。入翰林院之初，他就派人回家接父母來京奉養。可惜的是，風光無限的父母來京不久之後，竇母李太孺人就病逝了，這開啓了竇克勤按照禮制的丁優生活。丁憂結束後，康熙三十二年初竇克勤再次返回京城。翰林院報到後，竇克勤的生活很快又回歸制度的軌道，他的主要任務仍是修習儒學與滿文。

竇克勤在京城並不寂寞，他忙碌於處理各種事務。四月二十六日，他接到了耿介兒子耿子京的信，內容爲報父之喪，並請他爲耿介立傳。耿介是竇的忘年之交，竇從耿處獲益匪淺。耿介曾爲竇克勤的祖父立傳，爲其父題字，也爲自己的作品添序。這次竟然輪到他自己爲逝去的好友立傳，他內心的苦楚可想而知。三天後，數千字的傳記完成了。內容豐富，表達了他對耿的眞摯情誼。他的鄉試同年孫靜子的父親病故後，因家貧無法下葬，也受到竇克勤的關懷。竇在同年和同事中向大家倡議慷慨解囊，幫助孫靜子度過難關。竇克勤身在京城，仍然與在鄉里朱陽書院的學生保持密切的聯絡。來往的家書總是順帶著學生的信件，他與學生的關係也非常密切。

在京城，一切以國家與皇帝爲中心，皇帝身體欠安，爲臣子的當然要心焦了。臣下紛紛組織去報國寺祈禱，竇克勤是秉持理學的頑固分子，他竟然不顧得罪於人，拒絕參與五月二十九日翰林院組織的報國寺祈福活動。他認

〔註 49〕竇克勤，尋樂堂日錄，卷六，康熙二十八年，九月二日，歷代日記叢鈔〔M〕，北京：學苑出版社，2006：11 冊，510。

爲，「人所敬者，天而已。向佛邀福，褻聖明否乎？何不敬君之甚也。」〔註50〕他自己在家中，設置香案，穿上正式的朝服，向天祈禱三日。竇克勤並不孤獨，像他這樣刻板守護著自己價値觀的人並非孤例。教他學習滿文的同年宋於蕃也持有同樣的觀念，二人一拍即合，六月初共同在寓所內爲皇上祈禱五天。「天」與「佛」同樣是捉摸不定的，他們都被認爲會因爲個人行爲的善惡或者虔誠與否而帶來好的或壞的導向。皇帝的病情受到滿朝文武，乃至整個都城的關注，他受到千萬人的祝福。這些行爲似乎使得皇帝的病情逐漸好轉，倘若皇帝的病情久不見好轉，他們會責怪自己的心不誠或是自己犯的錯誤罪孽太過深重。在隨後月食現象發生時，由禮部組織的護月活動竇克勤卻毫無爭議的參與其中，天狗到底吞不吞得下月亮，還不還給人類與護月行爲並沒有直接的關聯。在今天小學生都明白的科學常識，無論月食、日食，都是一種天文現象罷了。而當時技術不夠成熟，對科學認知不足，國人對於世界的理解與認知方式中還帶有固化的偏見，這些偏見來源於長久以來學術背景的薰染，這些手段正是統治者維持控制的靈丹妙藥。

在庶常館的幾年學習很快就要結束了。散館前，竇克勤首先前往起居注館對滿文水平進行考核，考核結束之後還要在館中學習禮儀。康熙三十三年三月十二日，竇克勤前往暢春園接受皇帝的親自考核。御試的題目是「仁是天地之心論」，這樣的考題正中竇克勤下懷。他從得天地之氣形成天地之理，又從在天的「元亨利貞」到在地的「仁義禮智」進行闡述；他認爲仁爲本，義禮智統備於中，這是太極和動靜的道理。天地之間的這一個「仁」字，由世間的帝王代表，帝王施行仁政就是「仁爲天地之心」的具體表現，而皇帝要想有所作爲，則要遵循「誠」與「敬」的要訣。竇克勤通過這種形式表達了他的世界觀，雖然庶吉士散館的考試更多流於形式，但他還是藉此機會誇讚皇帝一番。同月二十八日，他被朝廷正式授予翰林院檢討的職務。

康熙三十三年三月二十八日晨，竇克勤很早來到吏部衙門等候宣旨。這一天他被授予翰林院檢討，隨後他前往翰林院，在大堂中，新進翰林院的同事東西排成兩列，相對四拜。此後，雙方交換位置又四拜。這樣的禮儀安排是爲了讓大家對彼此表示尊重，盡力維護學術的尊嚴。清聖祖實錄中也記載了相應的內容：

〔註50〕竇克勤，尋樂堂日錄，卷十，康熙三十二年，五月二十九日，歷代日記叢鈔〔M〕，北京：學苑出版社，2006：12冊，212。

諭吏部、選拔庶常、原以教養人材儲備任用。張禹玉等、教習已久、今加考試、滿文不堪者甚多。皆由教習督課不嚴、庶吉士等肄業不勤所致。不加處分、無以警戒將來。學士傅繼祖等、已經議處外、其滿文粗通者、王傳、楊中訥、喀爾喀、阿金、楊名時、張瑗、賓克勤、李象元、劉琰、胡潤、王者臣、姚弘緒、王奕清、姜承爔、徐日暄、文志鯨、并漢書庶吉士張曾慶、藩從律、冉覲祖、戴絨、俱照例授翰林院編修檢討。仍著用心學習。黃叔琳、滿文荒疎、狄億、學滿書未久、俱著再教習三年。張翔鳳、毛鷗、惠周惕、金潮、張孝時、胡麟徵、陳綍、陳汝咸、滿文甚劣、俱照原甲第以知縣用。張禹玉、滿文全未學習竟不通曉、著革職。〔註51〕

由以上記錄，我們可以得知本期散館庶吉士的大致去向。除了被處分的人員外，大部分粗通滿文者被皇帝授予翰林院編修、檢討等職位，他們將繼續從事學術方面的工作。也有庶吉士被授予縣令的職位，成績最差者被延期散館或革職。返家之後，賓克勤「設香案貢獻，率闔家拜告天地、祖先及予大人，然後受婦及子孫之拜，如朔望儀。」〔註52〕一天的儀式之中盡顯綱常禮教的規範。早晨他參加的授官活動表現出「君爲臣綱」，返回家中他所操持的禮儀又表現出「父爲子綱」以及「夫爲妻綱」的觀念。賓克勤的日常生活當中，禮儀的細節就能夠充分詮釋出傳統社會的處世哲學與做人之道。

賓克勤返京後，居住在土地廟斜街，共六間房。他居住的地方距離御河較近，「水甘可用，早暮間取三二桶，可足一日之用。騾驢亦可不用養也……」〔註53〕賓克勤居所附近的土地廟現在已經不復存在，「這座在如今爲數不多的老人心目中還有印記的土地廟在宣武門外下斜街（原名槐樹街）南口內路西，長椿寺南。據傳，該廟始建於元（一說建於金）。至今，老街坊們還習慣將這條街稱爲土地廟斜街。」〔註54〕而他日日取水使用的御河也已幾經變遷，據研究「御河原是元代開鑿的通惠河位於「宮城」東側的一段河道。白浮泉水從積水潭向東南經澄清閘、萬寧橋、東不壓橋、北河沿、南河沿出皇城，過

〔註51〕清聖祖實錄，卷一百六十二，康熙三十三年，甲戌三月，戊午。

〔註52〕賓克勤，尋樂堂日錄，卷十一，康熙三十三年，三月二十八日，歷代日記叢鈔〔M〕，北京：學苑出版社，2006：12冊，262。

〔註53〕賓克勤，尋樂堂日錄，卷十一，康熙三十三年，四月十八日，歷代日記叢鈔〔M〕，北京：學苑出版社，2006：12冊，270。

〔註54〕新京報，http://www.bjnews.com.cn/column/2012/05/23/200545.html

北御河橋（今貴賓樓西），沿臺基廠二條、船板胡同、泡子河入通惠河……據《明清北京城圖》所繪；從什刹海來的水，經東不壓橋流入皇城，向南出皇城後，不向東南流，而直向南經今正義路過中御河橋、南御河橋入南濠（前三門護城河），即明代御河，又名玉河，全長 4.8 公里。它是積水潭、什刹海排水的尾閭，進德勝門水關之水，可由御河排泄，是城區中部、北部的排水主幹渠，最受重視，直至清代。」〔註 55〕這條御河在清代之後直至當代，幾經變化，已經失去了早期的使用價值。雖然在當時的條件下並無自來水可以飲用，但是賓克勤居住之地飲水相對比較便利。比對當下，賓克勤當時的生活環境並不理想，居住在陰暗潮濕的房屋內，缺乏取暖與製冷設備，衛生條件不佳，儘管社會地位較高，但由於時代所限，清代士人的居處水平不高。

一、抗爭

賓克勤在翰林院的工作按部就班，對於朝政他也有自己的看法。他剛剛正式任職翰林院，就遇到了李光地在任守制的焦點事件。賓克勤是頑固刻板的儒學傳統捍衛者。他聽聞「兵部右侍郎李光地遭母喪，聞訃具呈中堂，票擬回籍守制、在任守制二旨，得旨在任守制。光地上疏請假，九月治喪，十二月到任……」〔註 56〕皇帝提倡以孝治國，在他的恩准下李光地可以在任守制，賓克勤卻無法容忍。他開始聯合朝中大臣彭鵬〔註 57〕向皇帝上書。奏摺中的內容準確表達了賓克勤的世界觀與價值觀，「天地之所以不毀，恃有元氣鼓動於其中；人道之所以常存，恃有仁心流貫於其內。人心惟仁，故在家爲孝子，在國即爲忠臣，交友即爲良朋，治民即爲循吏。事有歧輒，心無二理。人有南北，性無殊途。從古及今，率不越此。」〔註 58〕李光地身爲朝廷重臣，深得康熙皇帝寵幸，卻做出如此行徑，令人遺憾。在賓克勤眼中，皇上准許李光地在任守制是昭示寵愛之意，李光地此時正應堅持守制的節操，保存自己的名節。賓認爲，當前身處太平盛世，更應當注意禮制的遵守，況且李光地的職務本來也並非無可取代。如果身處戰亂年代尚可容忍，如此太平的年

〔註 55〕http://www.iwhr.com/zgskyww/ztbd/cbw/swhgj/webinfo/2011/01/1294879658947225.htm

〔註 56〕賓克勤，尋樂堂日錄，卷十一，康熙三十三年，四月十一日，歷代日記叢鈔〔M〕，北京：學苑出版社，2006：12 冊，263。

〔註 57〕彭鵬，字奮斯，一字古愚，號無山，清初忠良名臣，福建莆田人。

〔註 58〕賓克勤，尋樂堂日錄，卷十一，康熙三十三年，四月十一日，歷代日記叢鈔〔M〕，北京：學苑出版社，2006：12 冊，263。

代正應當大力提倡孝道，怎麼可以無故而「奪情」呢？

賓克勤一面上疏皇帝要求李光地回鄉守制，同時在同僚中營造輿論氛圍。他與同事、朋友見面多談及此事，甚至在寫給父親大人的家書中也要評論此事。執著的賓克勤對此事絕不肯善罷甘休，四月十八日他與彭鵬第二次上疏給皇帝，希望重新考慮此事的處置。這次賓克勤從爲萬事立榜樣的角度評論此事，認爲一些批評李光地的人也並非都出於維護綱常，而是貪戀他所處的職位。他請皇上做出維持天經地義的裁決，迫使李光地回鄉守制。五月二日，他第三次與彭鵬共同上疏。李光地在任守制之事，看似與賓克勤等並無直接關聯，他也大可不必過度操勞。但他竟然爲此事「二十日內，胸中鬱鬱梗塞，不能稍暢一息……」〔註 59〕。賓克勤此時已經並不顧忌得罪於皇帝了，在任守制的諭旨已經下達，賓克勤再次上疏除了做無力的抗爭之外，也表達出自己的不滿與遺憾。身爲翰林的賓克勤，直到侍値南書房，彭鵬被調任離京之後，無奈之下才停止了抗爭。彭鵬離京時，「克勤賦《海外孤鴻來》一章，祖於道。」〔註 60〕以此來表達對彭鵬正直精神的贊許。只要有任何機會，他都會表現出對李光地在任守制行爲的鄙夷，五月十五日，賓克勤「奉上諭，傳翰林至起居注館觀熊賜履駁李光地易。」〔註 61〕賓克勤認爲，「大約李光地謬而熊平正。」〔註 62〕這是賓心中眞實的想法，或許帶有一些偏見。康熙皇帝對於李光地的寵愛至極，他自己可能也覺得此事不妥。在宣佈彭鵬調任離京的同一天，皇帝特意把李光地所寫的關於易經的著作給九卿同看。

二、侍値南書房

賓克勤正式供職翰林院後，很快就有機會接近皇帝。五月九日，賓克勤開始侍値南書房。關於翰林院官員輪値南書房制度的設立，「上諭翰林乃文學侍從之臣，不可不知其學問、人品優劣。命掌院派班南書房値日，每班四人，

〔註 59〕賓克勤，尋樂堂日錄，卷十一，康熙三十三年，五月二日，歷代日記叢鈔〔M〕，北京：學苑出版社，2006：12 冊，284。

〔註 60〕王鍾翰點校，清史列傳，卷六十六，北京：中華書局，1987：17 冊，5310。

〔註 61〕賓克勤，尋樂堂日錄，卷十一，康熙三十三年，五月十五日，歷代日記叢鈔〔M〕，北京：學苑出版社，2006：12 冊，308。

〔註 62〕賓克勤，尋樂堂日錄，卷十一，康熙三十三年，五月十五日，歷代日記叢鈔〔M〕，北京：學苑出版社，2006：12 冊，308。

勤名在十五班。」〔註63〕由此，竇克勤開始了按時在南書房侍值的生活，五月二十九日，竇克勤第一次前往乾清宮陪皇帝讀書。返家之後，他欣喜的把在乾清宮西暖閣之內的活動和他與皇帝之間的對話做了詳細的記錄。康熙皇帝是位勤政的皇帝，那一天五更就出發去地壇祭祀，黎明已回駕紫禁城，此時竇克勤和鄭際泰〔註64〕等同爲檢討之臣已在午門迎候。他與同事首先前往皇宮西南側的起居注館，掌院率領他們通過太和門、昭武門等幾重大門來到乾清門等候。在外稍候片刻之後，掌院張英率領他們進入乾清門，向西到達南書房。竇克勤達到南書房之時，已經有太常卿在陪皇帝讀書、寫字。此時已近中午，皇上賜饌，隨後他被召進乾清宮西暖閣之內。竇克勤從未見識過如此宏大的陣勢，他對南書房內陳設的描述非常詳細，「圖書滿架，四壁輝煌，諸臣不能常到。御榻在南，上坐，御榻北面掌院近御榻跪……」〔註65〕。竇克勤等翰林在掌院之後向西跪成一行。皇帝的御榻數尺之外，東偏方向放置一張低矮的長桌。桌子南北放置，桌上陳列墨、硯、紙、�。桌子周圍陳列四張氈子，氈子上面擺放四個墊子。由四名大臣跪在墊子上，陪伴皇上讀書、寫字。

「始於康熙三十三年五月初九日的翰詹官員入內輪值南書房制度，除了康熙四十七年至五十三年中間五年多的停止之外，實行至康熙朝結束。」〔註66〕康熙皇帝的這一舉動並形成制度最初的目的是考量大臣能力，爲以後的選拔任命做準備。除此之外，他也有意更多的瞭解漢文化，並通過各種活動與大臣互動密切君臣關係，達到籠絡他們並加強政權統治的效果。身爲翰林的竇克勤願者上鉤，他對於見到「天顏」非常興奮，並深深以此爲榮。這次侍值是他第一次與皇帝親密接觸，還出了一點小插曲。掌院張英替竇克勤報名時向皇帝報錯了名字。他甚至將皇帝不瞭解「竇克勤」此三字是何字與張英反覆交談的過程記錄下來。掌院說竇克勤的名字是「於邦克儉，於家即此克勤二字」〔註67〕，康熙皇帝仍然不知道竇克勤的姓，於是又問一遍。竇克勤連皇帝的微笑都一一記錄，瞭解了姓名後，皇帝開始詢問竇克勤的情況。這

〔註63〕竇克勤，尋樂堂日錄，卷十一，康熙三十三年，五月九日，歷代日記叢鈔〔M〕，北京：學苑出版社，2006：12冊，289。

〔註64〕鄭際泰，字德道，號珠江，廣東順德人。

〔註65〕竇克勤，尋樂堂日錄，卷十一，康熙三十三年，五月二十九日，歷代日記叢鈔〔M〕，北京：學苑出版社，2006：12冊，290。

〔註66〕常建華，康熙朝的翰林輪值南書房〔J〕，紫禁城，2011（7）：22～24.24。

〔註67〕竇克勤，尋樂堂日錄，卷十一，康熙三十三年，五月二十九日，歷代日記叢鈔〔M〕，北京：學苑出版社，2006：12冊，291。

些問題關於竇克勤的籍貫、鄉試名次、會試名次、殿試名次、散館考試名次等，非常詳細。

關於竇克勤等翰林的詳細信息都知悉之後，皇帝開始出題測試大臣，「御試題渾天儀應，製七言律，限十蒸韻……」〔註 68〕大臣們隨後紛紛開始作詩，在上交的時候竇克勤竟然疏忽忘記署名。午後翰林們又回到南書房，皇上再次賜饌，太陽快下山時，大家都回到了各自的家中。緊張的一天過去了，竇克勤返回家中把此事詳細的記錄在日記中。他回想起了初見皇帝的情形，那是在初授庶吉士之時，到散館再次見到皇帝時已過七年之久。竇克勤回憶起白天與皇帝的接觸和交談，感歎「天語溫和，龍顏開霽」。身逢這樣的盛世，是讀書人的榮幸。

康熙皇帝對於翰林的考察經常進行。同年閏五月四日，皇帝在中南海瀛臺以北的豐澤園御試翰林。竇克勤等九十二名翰林在小西華門內恭候，隨皇帝前往豐澤園。康熙帝出題「理學眞僞論」，翰林們答題的同時，不斷受到康熙皇帝饋贈酒食，他們還飲用了乳茶。答題完畢，康熙帝表示，「今日出此題，眞理學自是喜，假理學自是怨。」〔註 69〕眾臣懇請皇上包容，康熙帝舉了已故總督于成龍的例子，認爲他雖不是科班出身，也沒有理學的名頭，但是他在職任事清正廉潔，愛民如子，至今江南人民都懷念他，這就是眞理學。隨後翰林陪同康熙皇帝乘船回到了小西華門後解散。康熙帝的考試題目正中竇克勤下懷，他生長，生存都以理學爲根本。他的榮耀、地位都因理學而來。他最欣賞、得意的作品稱之爲《理學正宗》。他因李光地在任守制之事，不惜開罪於皇帝，他幾乎可以稱之爲眞理學的「嫡傳人」。此次答題，他從上三代的聖人和孔孟談起，最終談到了當代的大儒、眞儒。他認爲眞理學的首要重點是回溯源流，明白道統的體系。其次就是關於自身的目標，如果出於提高自身修養，畢生追逐向聖賢看齊，並且把「誠」、「敬」這二字心法掌握純熟，這樣的理學就是眞理學。我們無法揣測康熙帝的心思，他粗略的讀過試卷後對竇克勤的文章有怎樣的看法。但是，當皇帝說眞理學喜，假理學怨的時候，竇克勤內心一定是竊喜的。

〔註 68〕竇克勤，尋樂堂日錄，卷十一，康熙三十三年，五月二十九日，歷代日記叢鈔〔M〕，北京：學苑出版社，2006：12 冊，291。

〔註 69〕竇克勤，尋樂堂日錄，卷十一，康熙三十三年，閏五月四日，歷代日記叢鈔〔M〕，北京：學苑出版社，2006：12 冊，294。

閏五月十九日，竇克勤在起居注館瞻仰康熙帝的御書。這些文字是寫給河南山川聖賢廟祠的懸額。內容如下，「靈瀆安瀾、嵩嶽峻極、功存河洛、昌明仁義」〔註70〕，這四幅匾是康熙帝書寫頒給河南懸掛的。同月二十二日，竇克勤專門爲此事在暢春園向皇帝謝恩。雖然竇克勤在帝國都城的生活表面上非常風光，但作爲文職官員，並帶有眾多眷口及隨從、雜役，他的生活負擔較重。他是一個家族的主要威望象徵與當下的經濟來源，他也是以此自我期許的。身爲翰林檢討，不過是個從七品的卑微職位，相對於七品知縣來說，翰林只是與皇帝更加接近，而經濟狀況卻相差很大。他們沒有實權，有的只是威望和將來或可預期的出路。竇克勤在京城生活困苦，與父親通信的家書中表現的非常眞切。竇克勤長期以來一直生病，出於孝道未敢告知父親大人，而經濟情況更不容樂觀，「況此時盤費久空，自昨歲十二月至今，衣物當盡，又復負債不少，在京多住一月，則多一月之費……」〔註71〕。他的長孫竇擎玉在貧病中死去，隨後他的長子竇容端也很快死去。他的家人，包括二弟竇振起的孩子在京生活也同樣困苦。他居住的房屋環境簡陋，「劉方齋先生亟勸移寓，且助之金。」〔註72〕他居住之處面積不大，冬日陰冷潮濕，所以小輩的孩子們大多生了瘡。條件所限使得竇克勤不得不爲回家之事做打算。在寫給父親的家書結尾他還不忘評價，說古代聖賢未必都要長時間做官，那些「愚夫愚婦」都笑話因事返鄉的人，認爲只有做官才是好。父親大人收到家書之後，擔心自己的孩子，很快趕到了京城。世事難料，竇父大任的孫子與重孫相繼離世後，一家人在京城更覺無法久居了，當竇克勤在十二月四日請假得到批准後，一家人帶著靈柩踏上返鄉之路。他們不顧即將臨近的元旦，一路奔波，在正月十六日才回到家中。這也結束了這一階段竇克勤作爲翰林的生活。

三、同考會試

竇克勤返鄉之後過著悠然的生活。這正是他所期望的，在朝中的功名地位使得他在鄉里有特殊話語權。他集中精力經營自己創辦的朱陽書院，閑暇

〔註70〕竇克勤，尋樂堂日錄，卷十一，康熙三十三年，閏五月十九日，歷代日記叢鈔〔M〕，北京：學苑出版社，2006：12冊，309。

〔註71〕竇克勤，尋樂堂日錄，卷十一，康熙三十三年，七月十八日，歷代日記叢鈔〔M〕，北京：學苑出版社，2006：12冊，322。

〔註72〕竇克勤，尋樂堂日錄，卷十一，康熙三十三年，閏五月二十七日，歷代日記叢鈔〔M〕，北京：學苑出版社，2006：12冊，309。

時就出門遠遊一番。在柘城縣，竇氏家族努力經營自己的土地與事業，竇克勤作爲家族的掌門人生活過的愜意而殷實，愉快而隨性。然而，北上返京的念頭不時縈繞在他的心頭。雖然他已近遲暮之年，但仍然希望在仕宦之途取得進一步的發展，翰林作爲文職受到尊敬，但品級較低，沒有實權。康熙三十八年底，竇克勤在赴歸德府城爲朋友陸商嚴通判祝壽時，陸再次勸他北上返京，繼續工作，他動搖了。主意既定，他隨即出發，在元旦之前回到了他熟悉又陌生的京城。初到京城，竇克勤住在了自己的同年彭直上家中，老毛病足痛又犯，病痛甚至嚴重到了使他打消繼續留京的念頭。他派使者前往吏部尚書處說明情由，請求准假歸里養病。

儘管病痛纏身，竇克勤還是堅持在十二月十七日到任。沒等他有空閒請假，康熙三十九年正月十九日「翰林院開會試同考官名，移諮禮部，予名列第二，自後杜門謝客。」〔註 73〕二月六日竇克勤被任命爲本年會試的同考官，這一天清晨，竇克勤赴天安門候旨。很快他得知「欽點大學士吳琠、熊賜履，戶部侍郎李柟，都察院僉都御使王九齡充考試官。翰林院檢討俞長城、竇克勤等十八人充同考官……」〔註 74〕。「明清會試十八房制，是在科舉考試的漫長歷史進程中產生和發展的、旨在規範會試閱卷環節的重要舉措，將會試中的五經房數與同考官數分別確定在 18 房和 18 人的規模上。該制首次出現於明萬曆十四年，此時明朝的應舉人數處在一個較高的水平。這種背景下產生的十八房制具有較大的制度彈性。清朝承繼完善，使之穩定運行至清末，隨科舉制的廢止而終結。作爲科舉制度體系的一個組成部分，該制不但在制度體內發揮了作用，同時也對當時社會產生了重要影響。」〔註 75〕竇克勤等十八房同考官中午前往禮部宴席，下午便進入貢院。京城貢院是竇克勤非常熟悉的場所，他在此地參加數次會考。同月八日，竇克勤赴貢院聚奎堂抽籤分經房，「總裁擬四書題三道，『子曰知者不惑』三句，君子之道造端一節，聖人之於民六句。」〔註 76〕總裁擬定考題之後，同考官每人擬定四道題目，開

〔註 73〕竇克勤，尋樂堂日錄，卷十七，康熙三十九年，正月十九日，歷代日記叢鈔〔M〕，北京：學苑出版社，2006：13 冊，162。

〔註 74〕竇克勤，尋樂堂日錄，卷十七，康熙三十九年，二月六日，歷代日記叢鈔〔M〕，北京：學苑出版社，2006：13 冊，163～164。

〔註 75〕汪維真，明清會試十八房制源流考〔J〕，史學月刊，2011（12）：36～53.36。

〔註 76〕竇克勤，尋樂堂日錄，卷十七，康熙三十九年，二月八日，歷代日記叢鈔〔M〕，北京：學苑出版社，2006：13 冊，164。

考之前每房各選二題，監試者抓鬮得之。賓克勤關於《易》的題目「唯君子爲能通天下之志」被選中使用。

考試前期工作結束後，賓克勤與總裁熊賜履及其他同任考官談到大家應當不徇私情，爲國家竭盡全力選拔士子。刻板的他認爲，如果大家都能夠遵守這樣的承諾，應當先對神明寫下誓言，以表明自己的決心。關於此事，賓克勤與總裁及各位同考官爭論許久未果。但他還是以自己的方式在開考第二天之後創作了誓文。內容簡短，但鏗鏘有力，大意爲如果自己有「取人之銀錢，或受人之囑託，或接人之字蹤，或記人之名姓」〔註 77〕在閱卷之時「或欲庇親故，或欲狥虛聲，或模索少年，或掩抑宿學」〔註 78〕等行爲則遭天誅地滅，斷子絕孫。他的行爲眞可謂忠肝義膽，義薄雲天，爲國家、朝廷效力，不徇私情的心境令人折服。他寫下誓言的行爲與同事的看法格格不入，甚至在同年人當中他都顯得迂腐異常。

康熙三十九年二月十二日，在京城舉行的春闈進入第二場考試。此場的題目是論「導之以禮樂」一句。從第二天開始，賓克勤等同考官就開始分房閱卷。賓克勤整日在聚奎堂閱卷，所閱試卷大多陳腐潦草，不堪入目。然而，偶而也會看到志怡神爽的文章。「磨」字第四卷文章清新灑脫，像在夏天吃了一劑清涼散，此考生文章之中竟然誤用總裁名字中「賜履」二字，這是試卷中本應避諱的內容。不過，賓克勤仍將此卷推薦給主考官，後來竟然中式了。賓克勤看重的並不僅僅是考生的文字功底，對於「廉」字第十卷來說，說理的工夫高深，是爲官的好材料，但他引入的文風太過冗繁。賓克勤本著爲國家選用人才的心態還是推薦給了主考官。總裁看到之後，竟然大笑，對於賓克勤爲國家選取人才用心良苦感到欣慰，同時對書生氣誤國也進行了評價。考官每日到聚奎堂閱卷，飲食定時供應不准外出。一日閱卷結束後，將考卷封鎖在箱子內，貼上封條，最後由總裁監督封存。對於考場的管理也一樣嚴格，每日考試結束後都要把考場封鎖，翌日再次開啓。

科舉考試從產生發展到宋代的繁榮期，出現了各種社會問題。在北宋，因爲沒有採取相應的平衡措施，造成了南方士子考取貢士以及進士的名額在全國處於壓倒性優勢，最多時占到了九成以上。而北方士子及邊疆地區士

〔註 77〕賓克勤，尋樂堂日錄，卷十七，康熙三十九年，二月十日，歷代日記叢鈔〔M〕，北京：學苑出版社，2006：13 冊，167。

〔註 78〕賓克勤，尋樂堂日錄，卷十七，康熙三十九年，二月十日，歷代日記叢鈔〔M〕，北京：學苑出版社，2006：13 冊，167。

子，由於經濟發展、人文環境、人口結構等種種原因造成了在科舉考試會試當中處於明顯的劣勢。對於這種問題，明清兩代採取會試之中「分區定額」的政策，「明清對會試錄取名額進行改革的根本目的在於平衡南北地域的文化力量從而保持政治統治的穩定，是對南北地主階級集團利益衝突的南北之爭的調和。」〔註 79〕具體辦法是對全國進行北、中、南或者北、南的區劃，然後相對平均的分配進士錄取名額。除此之外，這樣的政策還特別注意照顧邊陲落後地區的士子。這種政策雖然在一定程度上維護了社會和政局的穩定，但也造成了發達地區士子競爭激烈，仕進機會減少，整體士子水平略有下降等問題。

康熙三十九年春竇克勤同考的本次會試是分南北卷的。這是籠統的地域劃分，當年爲了照顧邊陲士子，也對邊陲省份單獨編冊閱卷，竇克勤在三月十七日收到「南北貴川廣四十一卷」〔註 80〕。十三日得到南北雲貴三十三卷，薦南卷三。十四日得到南北三十三卷，薦北卷三。十五日得到南北六十六卷，薦南卷一北卷三。十六日得到南北雲川五十八卷，薦南卷三北卷三。十七日得到南北貴川廣四十一卷，薦南卷五北卷五。十八日薦南卷三北卷六雲貴川廣五，得到滿合三卷，俱薦。十九日薦南卷二，北卷三。清代的科考沿襲明代的傳統，會試中第一場考試內容主要是對於經典「四書」、「五經」的理解與闡釋。由竇克勤的同考經歷可知，閱卷的主要評判標準在於衡量第一場試卷，對於後兩場的答卷則較爲輕視。三月二十日之後的短短三天之內，竇克勤把剩餘的近五百份試卷草草閱過。他是個有心爲朝廷搜羅人才的考官，他可能會聯想到自己的經歷，十三年前他自己參加科考時，當時錄取進士名額的草榜已經擬定，總裁命令大家仔細斟酌，再選拔二三場中答卷的優秀者。竇克勤正是在這樣的情況下被選拔出來的，他對於房師崑山徐先生的細心以及主考官的行爲表示讚賞。但當他自己將後兩場選拔卷九份推薦給總裁熊賜履的時候卻遭到了拒絕。

康熙三十九年春闈閱卷中，竇克勤向主考官共推薦四十八人，中貢士者二十一人，比率接近一半。此次會試天下舉人，中式者共三百人，作爲十八房考官之一的他來說，推薦考卷，中式者比率已經很高了。竇克勤向

〔註 79〕張學強，張建偉，明清會試中的「分區定額」政策探析〔J〕，社會科學戰線，2007（6）：233～240.235。

〔註 80〕竇克勤，尋樂堂日錄，卷十七，康熙三十九年，三月十七日，歷代日記叢鈔〔M〕，北京：學苑出版社，2006：13 冊，173。

主考官推薦的優秀考生試卷共 48 份，其中北方 23 份，南方 17 份，雲貴川廣等偏遠地區屬於政策傾斜的 5 份，滿人試卷 3 份。竇克勤對北方士子的相對偏好或與地域認同有聯繫，或者與文化的保守性偏好有關。本次會試之中，主考官四人，總裁熊賜履是湖北孝感人，其他主考如王九齡爲江南華亭人，吳琠來自山西沁州，而李柟則來自山東省。主考官四人之中整體籍貫偏北，最南達到長江流域。而同考官十八人中，俞長城來自浙江省，竇克勤來自河南省。此科會試同年中式者英才輩出，有張廷玉、年羹堯、查嗣瑮等。本榜會試被竇克勤推薦中式者二十一人，試後陸續前來拜會他。關於本次考試還有一則趣聞，本科汪繹是康熙三十六年貢士，因其父病故，未參加殿試便歸里守制，本次補殿試後竟然中一甲頭名。這也打破了自雍正朝停止的隔科補考。

康熙三十九年三月初一，這場轟轟烈烈的考試運動終於告一段落。本日，竇克勤前往午門謝恩，並參加禮部的宴請，皇帝對考官的感謝表達爲實物即賜金花一對。隨後，以竇克勤爲房師，被他推薦中舉的人紛紛前來拜會。這些人中江南士子居多，也有直隸、山西、山東、陝西、江西、廣東等省人士。此外，被推薦而沒有中舉，或是在竇克勤看來後兩場優秀的人才也不時來拜訪他，他都一一會見並贈送自己的《理學正宗》。這部作品，作爲竇克勤的得意之作已經在他鄉居和出遊時反覆刻印了許多本。他把這本書送給學生，希望他們能夠對理學的脈絡溯源追流，能夠有奮發向上，學習聖賢的動力和目標。在泌陽爲官期間結識的學生中舉後，也前來拜會同鄉長者。來京科考的士子，還有一些是自竇克勤創辦朱陽書院以來接受的學生，他們在返鄉時仍不忘與恩師辭行。複雜而嚴密的關係網絡構成起於傳統社會中以科舉考試選拔官吏的制度，而又不止於此，師生之間有恩情、有利益聯繫、有春秋大義、有賞識與被賞識。

科舉考試在很多人眼中只是獲取功名的最佳途徑，對於學習儒學、撰寫文章的態度卻因人而異。身爲主考官，竇克勤認眞閱讀每一份考卷，他細心揣摩考生的心思，文章的布局，在考試結束多日後仍然固執的「校闈中薦卷」〔註 81〕。有這樣的工夫，他才能夠在會見每位考生時，對考中者或未中者都有一番詳細的品評。這種評價，對於竇克勤來說並非要對考生示好，進而培

〔註 81〕竇克勤，尋樂堂日錄，卷十七，康熙三十九年，四月十三日，歷代日記叢鈔〔M〕，北京：學苑出版社，2006：13 冊，206～207。

植自己的勢力與關係網絡，而是爲了做到眞正爲朝廷搜羅有用的人才。竇克勤閱卷的辦法是「每得一卷，既觀其文，又想其行，既賞其言之明理，又度其品之維風……」〔註 82〕。竇克勤對閱卷一事如此看重，他認爲採用合理的方法，選取的人才應該不會有太大偏差。雖然不會萬無一失，憑藉他對取中二十一人的觀察，他認爲至少有一半以上的可用之才。竇克勤非常看重考試，也是由於在這種考試中，使得他本人的學問能夠得到鍛鍊與提高。他還帶兒子竇容莊共同參與進來，希望能夠對他產生有益的影響。

關於這場考試，對竇克勤本人的情感觸動也非常深刻。他因科舉而獲得當前的地位，身處這樣的場合，而角色卻由學生轉換成了考官，心情能不複雜而激動？考試過程中他就寫下了禮闈詩二十首。詩歌的創作從被列入同考官名單開始，到皇命下達、進入貢院、抽籤分房、閱卷、推薦試卷、發榜、謝恩的整個過程。竇克勤得知自己有資格充任同考官時，詩作表現出惶恐和勇於擔當的情懷，「宵旰殷勤社稷謀，得人次第屬先籌。衣冠駢集中朝盛，閶闔弘開間氣收。萬國賢才勞夢卜，一天綸綍啓薪槱。小臣謬與衡文列，御筆光騰最上頭。」〔註 83〕此詩以自己的志向爲社稷謀利爲發端，描述了各地舉子來京會試的宏闊場面。身爲考生，當然希望自己能夠一朝得勝，取得好的功名，這是夢寐以求的事情。但作爲考官來講，卻由於受到皇帝的特殊恩寵而越發覺得責任重大，即便如此，自己也要努力完成使命。

「六經師說溯崑崙，取士應先仔細論。已報簽分筒並列，還驚手握席慚尊。五星宋聚奎光燦，四始毛箋聖教存。從此人看霄漢裏，熒熒東壁照天門。」抽籤後，竇克勤領詩經第一房。按照慣例，「易」和「詩」兩房的領房應當統一抽籤。竇克勤向總裁請示，總裁卻決定分別抽籤，結果令人感到意外，擅長易學的竇克勤居然領了「詩」一房。詩歌表達了他對於取士的態度，他把閱卷的地點聚奎堂寫在了詩中，並認爲科考中在貢院的考試，是一個闡明聖學的過程。主考官具有神聖的使命與重大的責任，也凸顯了考官對於士子命運的掌控。整個科考過程中，竇克勤創作了飽含情感的二十首詩歌。他歌頌的首先是聖學的源流與傳承，他更在意的是國家、社稷之中皇權的恩澤。竇克勤抒情的方式也是他對於自身職業素養的訓

〔註 82〕竇克勤，尋樂堂日錄，卷十七，康熙三十九年，三月二十七日，歷代日記叢鈔〔M〕，北京：學苑出版社，2006：13 冊，187。

〔註 83〕竇克勤，尋樂堂日錄，卷十七，康熙三十九年，三月二十八日，歷代日記叢鈔〔M〕，北京：學苑出版社，2006：13 冊，188。

練，這些內容不僅是他們區別與「愚夫愚婦」的身份象徵，也被普通民眾視爲不可企及的奢望。

康熙三十九年六月，康熙皇帝把翰林、詹事、國子監官等八十八人召集到暢春園並出題對他們進行考試。皇帝如此的做法並不新鮮，這是他考察翰林文辭，瞭解大臣品行並儲備人才的重要手段。此次考試的內容是作「皇太后萬壽無疆賦」，竇克勤爲此頗下了一番工夫。臣子替皇帝爲太皇太后祝壽，皇帝對他們也非常禮遇，他們被邀請到澹寧宮賜宴。竇克勤的作品得到了皇帝的認可，時隔兩日皇上又在澹寧宮召見諸位大臣，不僅賜宴，還賞賜他們皇上親自書寫的字幅。得到皇上御書的人不在少數，竇克勤得到的是康熙皇帝臨前朝董其昌的一首七言絕句。

四、宦遊人

翰林作爲文職官員，久負盛譽，在整個社會中擁有較高的社會地位。當他們充任各級科舉考試的主考官時，他們的自我認同感也會隨之迅速增強。他們是皇帝的近臣，但他們的收入卻極其微薄。他們無法與官場之中的各省要員攀比，他們的俸祿甚至不及基層政權當中知縣幕僚群中的一個不知名幕友，據研究表明清代末期僅縣級政府中的幕友年收入即可達到千兩白銀左右〔註 84〕。竇克勤數次赴京，攜家帶口，生存壓力較大，朝廷也注意到了這一點。康熙三十九年七月二日竇克勤赴起居注館聽上意「加俸翰林中能書文之貧者」〔註 85〕。文人有自己的氣節，即便如何貧困也將設法依靠自身克服，儘量不給朝廷與皇上添亂，加俸被眾人理所應當的推辭了。掌院還是堅持把竇克勤的名字列入了需要救濟的二十八人當中。竇克勤的病情阻止他前往暢春園謝恩，他只得寫詩以表達自己的對皇帝感激的情誼。

皇上體恤臣下，對於困苦的翰林每月加俸三兩，但相較於清末地方官員動輒千金的養廉銀來說顯得厚彼薄此。竇克勤的生活因病痛纏身而顯得愁苦，不過作爲接近皇帝，陪伴皇帝讀書的近臣，他受到了不一般的關注。耿介去世後，嵩陽書院由他的兒子耿子京接手，緊接著就傳來書院被小人所破壞的消息。竇克勤出於道義或對與耿生前交情的珍重，給予嵩陽書院十分的

〔註 84〕詳見張研，清代縣級政權控制鄉村的具體考察——以同治年間廣寧知縣杜鳳治日記爲中心〔M〕，鄭州：大象出版社，2011：86。

〔註 85〕竇克勤，尋樂堂日錄，卷十七，康熙三十九年，七月二日，歷代日記叢鈔〔M〕，北京：學苑出版社，2006：13 冊，230。

關照。他寫信給當地官員請求給予幫助，作爲京城的中央官員，他的影響力自然不言而喻，他是皇上身邊的人，他被地方官員重視。作爲一個土生土長的河南人，竇對於鄉里的瞭解自然更加眞切。康熙三十九年九月末，新任河南巡撫徐浩軒〔註 86〕先生就派遣他的門人來向竇克勤詢問利弊。對於此事，他非常重視，三日後才正式回覆了徐先生。他認爲河南的最大問題在於「雜派繁苛，火耗重加……漕糧不在條鞭徵收，另外科派……」〔註 87〕，河工攤派柳樹，胥吏害民中飽私囊等問題。河南的問題很多，像全國一樣。但河南的人才也很多，他向巡撫推薦了田蘭芳、冉覲祖、李來章、張沐等人。他還詳細介紹了中州大地上興復書院的舉動，他熱情的介紹朱陽書院、紫雲書院、嵩陽書院等情況，還希望巡撫幫助耿介的兒子渡過難關。

竇克勤與新任河南巡撫徐浩軒並不局限於通過書信來往交流政事，九月二十九日他在南書房侍値後，遇到了徐先生，兩人談了很多國計民生的大問題，尤其是關於河南當地。翌日，徐浩軒又來拜訪。竇克勤關注的地方事務異常繁雜，嵩陽書院風波結束後，書院主講空缺，他特意寫信給冉覲祖，希望他能夠出任主講。在竇克勤看來，自己雖然身在京城，但自己仍然是個河南人，他理所應當以自己的微薄之力儘量爲一方百姓造福。在他的觀念中，京城不過是個短暫的旅居之所，他終究是要重返鄉里的。這樣的思維也使得自己一旦被病痛纏身，總要即刻返鄉，柘城、朱陽書院才是他的心靈所屬。

身爲翰林，在京城的生活總是與皇上有關。竇克勤創作了大量關於侍値南書房的詩作，內容輕快詼諧，頗具可讀性。「玉階紅日照，庭靜藹春溫。寶座朝儀肅，金函古篆存。詞臣分校字，宰相讖調元。日午傳餐久，從容出禁門。」〔註 88〕類似的詩作不在少數，表達了竇克勤作爲翰林的一種由內心生出的身份認同，他表達了一種普遍對上層社會生活的渴望與知足，並以此引發炫耀。「朝進東華門，暮出金水橋。退食不須問，大官集羶膮。」〔註 89〕竇克勤聲稱此詩爲回答別人的戲作，從中能夠感受到他對自己行爲認可的強

〔註 86〕徐潮（1647～1715），字青來，浙江錢塘人。康熙十二年進士，康熙三十九年被授河南巡撫。

〔註 87〕竇克勤，尋樂堂日錄，卷十七，康熙三十九年，九月二十八日，歷代日記叢鈔〔M〕，北京：學苑出版社，2006：13 冊，244。

〔註 88〕竇克勤，尋樂堂日錄，卷十七，康熙三十九年，十月二十日，歷代日記叢鈔〔M〕，北京：學苑出版社，2006：13 冊，256。

〔註 89〕竇克勤，尋樂堂日錄，卷十七，康熙三十九年，十月二十一日，歷代日記叢鈔〔M〕，北京：學苑出版社，2006：13 冊，257。

化，他整日奉職紫禁城中，與皇帝相伴，即便是宴飲這樣再稀鬆尋常不過之事，皆與朝中要員爲伍。他十分強調官員身份的重要性，這種生活還打上了文化階層的印記。作爲士人的優越感，作爲一種群體的存在感，既凌駕於普通百姓之上，又需要在普通百姓當中尋找優越感。這種優越感在與別人談笑之中才顯得眞實而可以觸摸得到。這表明士人群體與他們鄙夷的「愚夫愚婦」正好像魚與水的關係，聯結成緊密的共同體。

種種跡象表明，竇克勤在京城的生活離不開宴飲，而他對此內容的記錄卻極少，這與他因作學術劄記而形成的日記宗旨有關，也與竇克勤的個性相關。他爲人正直，甚或有些迂腐。他認爲人生應當奮進，而不應沉溺於酒色之中。偶而飲宴結束後較晚回家，他還要作詩自嘲一番「三更夜靜踏霜回，世事紛紛一酒杯。入室猶堪醒醉眼，出言無慮忌多才……」〔註 90〕。侍値南書房的忙碌讓時間飛逝，轉眼臨近元旦。竇克勤返京已近一年時間，臘月二十日，掌院把同僚集中起來，要求每人作七言春聯兩幅，五言春聯六幅。他很快就完成了，「人慶堯年同宴喜，春盈禹甸發光華。金鋪凝瑞靄，玉律啓年華。歡同萬戶遍，恩自九天來。」〔註 91〕即便在春聯撰寫過程中，竇克勤都不忘對上古先賢的追慕，他讚美太平盛世之餘仍然不忘對於社稷、江山，尤其是皇上的讚頌。

臨近元旦，正是萬家燈火的團圓之日，而竇克勤一家卻遭受了很大的驚嚇。臘月二十八日中午，竇克勤前往草場街的路上忽然有種不好的預感，便趕忙回家。東邊的鄰居家中失火，眼看就要蔓延到自家宅內。以孝爲立身之本的竇克勤在火災來臨時，首先顧忌到的是先祖牌位，他迅速將祖先紙牌位揣到袖子中，撤離現場。再次返回現場時，他開始搜尋家財和自己的日記。兒子竇容邃已經將自己的日記帶在身邊，見火勢還沒有蔓延到眼前，兒子又把耿介先生的文集搶救出來。街巷之中變得混亂不堪，很快「五城官役救火者畢至，更得滿洲汲水禦火法，始息此番驚皇……」〔註 92〕。所幸有驚無險，竇克勤並沒有損失什麼家財，否則我們今天就無緣閱讀這

〔註 90〕竇克勤，尋樂堂日錄，卷十七，康熙三十九年，十一月十四日，歷代日記叢鈔〔M〕，北京：學苑出版社，2006：13 冊，261。

〔註 91〕竇克勤，尋樂堂日錄，卷十七，康熙三十九年，十二月二十日，歷代日記叢鈔〔M〕，北京：學苑出版社，2006：13 冊，272。

〔註 92〕竇克勤，尋樂堂日錄，卷十七，康熙三十九年，十二月二十八日，歷代日記叢鈔〔M〕，北京：學苑出版社，2006：13 冊，280。

些生動的記錄了。危機關頭，竇克勤首先想到的不是去拯救自己的家財，而是保護先祖的牌位，著實令人驚訝。隨身物品在他內心的重要程度依次爲先祖牌位、財物、日記、作品，當然，這些物品在他心中都佔據重要地位。天地之「理」，在天爲元亨利貞，在地爲仁義禮智。最重要的「仁」字，居家時候就表現爲「孝」。竇克勤對於傳統的道德觀念可謂恪守而不退讓絲毫，危難關頭，他首先想到的是用金錢衡量並無多少價值的紙牌位，充分表達了孝順在他心中的地位。俗語云「視死如生」，他是把牌位當作先祖本人來對待的。財產的價值仍然高於自己的日錄，日記作爲一種不太正式的文本，雖然記錄了自己的生活點滴，仍然不及財物重要。此外能夠顧及到的著作，是出於對朋友或學術的「義」。在如此危難的關頭我們看到了傳統道德價值觀念對於個人行爲的有形約束。竇克勤作爲理學家表現的尤爲明顯，這種行爲是自覺的，無需強迫。

竇克勤進京一年後，已經熟悉了在京的生活。正月時，他四處參加宴飲，並與同鄉人士團拜。整個國家幅員遼闊，交通、信息技術手段不發達，因此，地域之間的差異是如此巨大。團拜爲了連結同鄉人士的情誼，因爲他們出生、成長的地域、文化、語言、飲食習慣相同或近似。團拜不僅促進鄉誼，也爲寓京官員聯合對鄉里施加影響力提供絕佳契機。康熙四十年，竇克勤四十九歲時聽說家鄉發生了有辱斯文的關於紳士的惡性事件。事情是這樣的，「敝鄉鹿令某所行不法，致士民踣碑控告。彼不自返，遷怒於紳。託言請紳講話，將某某封鎖衙內，非刑痛打，箠楚幾斃……」〔註 93〕竇克勤認爲這樣的行爲太失體統，所以他聯合同在朝爲官的少司農王渠庵爭取動員地方官員處理此事。雖然他身體狀況一向欠佳，但他仍然不忘關照鄉里，他還特地寫信給同在翰林院的編修陳緘庵說明此事。此事的處置結果我們不得而知，但對於河南政務，竇克勤的影響力是十足的。

竇克勤在京城時與自己此前的學生不斷有書信來往。學生不僅在生活中幫助老師，他們買糧食饋贈給自己的老師，這對於貧苦的他來說可謂雪中送炭。「門人徐永宣書來，以米四十包，果六品附運艘相饋。」〔註 94〕學生們對老師的著作也非常看重，他們不斷向老師索要書稿，並自己出資付梓。他們

〔註 93〕竇克勤，尋樂堂日錄，卷十八，康熙四十年，正月十七日，歷代日記叢鈔〔M〕，北京：學苑出版社，2006：13 冊，284。

〔註 94〕竇克勤，尋樂堂日錄，卷十八，康熙四十年，八月八日，歷代日記叢鈔〔M〕，北京：學苑出版社，2006：13 冊，324。

這樣做不僅是對老師教誨的一種感激和回報，也是擴大自身影響力的一種方式。他在京城的影響力已經觸及到了地方，河南巡撫到任後果然非常重視竇克勤所提到的嵩陽書院，主動捐助田產給書院，還幫助徵尋主講。竇克勤在京城也不會忘記表達對巡撫徐公的感激之情，他在千里之外爲徐公作壽文。他把河南巡撫的功績誇讚一番，他和「豫中諸公願爲公進千春之殤，爲國家慶磐石之固……」〔註 95〕，讚美之情溢於言表。竇克勤還寫詩讚美徐公，他對巡撫的讚美多半來自內心的眞實感觸，他從同鄉口中得知巡撫的德政確實廣被蒼生。

竇克勤在京城的生活雖然有妻、子以及兄弟陪伴，但仍因發自內心的「孝」而常常牽掛思念自己的家鄉以及居家的父親大人。他與父親大人的聯繫不斷，主要透過書信方式交流，也從送信人口中得到父親的消息。文字的信息遠遠不能抑制竇對其父的思念之情，「使者至，展閱大人小像，家人環侍，宛如京師聚首，心志愉悅。」〔註 96〕我們今日能夠通過網絡與相片迅速地與任何人保持幾乎「零距離」的溝通聯絡，竇克勤對其父的思念之情只能透過片言隻語的信息加以撫慰，父親大人來信勉勵克勤奮發而有所作爲，父親作爲家長，對全家振興負有首要責任。這種責任阻止他對兒子太過溫情，要以近似嚴厲的訓斥不斷警醒兒子，以敦促其上進。有一次，父親大人的來信除了告知兒子自己身體健康，家中平安無事外還特意寫下四句話訓勉他，「謹言愼行，安分守己。房產地土，人情天理。」〔註 97〕前半句似乎比較容易理解，後半句與前半句並無直接關聯，也顯得突兀。但作爲兒子的竇克勤，仍然把這些句子仔細的記錄在日錄中，不時拿出閱讀以警醒自我。

固守傳統道德的竇克勤無論鄉居還是在朝，在生活中都表現出自己的執著見解。前述李光地在任守制一事，竇克勤不惜惹怒皇帝而奮力反對，在京城時候他還遇到了另外的事情，有大臣向皇帝上疏請求「敕毀明季逆閹魏忠賢碑墓，得諭旨立視僕劃，輿論稱快……」〔註 98〕竇克勤特意記錄此事，並

〔註 95〕竇克勤，尋樂堂日錄，卷十八，康熙四十年，七月三日，歷代日記叢鈔〔M〕，北京：學苑出版社，2006：13 冊，313。

〔註 96〕竇克勤，尋樂堂日錄，卷十八，康熙四十年，九月二十日，歷代日記叢鈔〔M〕，北京：學苑出版社，2006：13 冊，326。

〔註 97〕竇克勤，尋樂堂日錄，卷十八，康熙四十年，四月十八日，歷代日記叢鈔〔M〕，北京：學苑出版社，2006：13 冊，294。

〔註 98〕竇克勤，尋樂堂日錄，卷十八，康熙四十年，十月十八日，歷代日記叢鈔〔M〕，北京：學苑出版社，2006：13 冊，335。

興奮的寫詩留念「盛朝握乾綱，旌善開春霽。主聖臣自直，勸懲識大計……」。〔註 99〕他認爲這是盛世的表徵，只有在聖明君主的統治下才能有正直的臣下，才能做出這樣大快人心的處置。上疏的人正直，皇帝也聖明，這難道不是一幅太平盛世的景象嗎？

寓居京城時，竇克勤像在鄉里的家中一樣開展宗族禮儀活動。他除了在每月的朔望日對先祖進行祭祀之外，還在發生重大事件時向祖先稟報。以祖宗爲核心形成的孝的慣性，促使竇克勤在面對房屋起火的兇險時首先想到把祖先紙牌位搶救出來。康熙四十年末，竇克勤四叔死去的消息傳到他耳中，他在家中製作四叔的牌位，率領全家朝夕哭奠三日，隨後把四叔的牌位供奉到祖先的行列當中，這種禮儀使宗族組織得到強化。此前，竇克勤的大兒子竇容端死去，容端的兒子也很快死去。無人以孝子的身份替他們操辦喪事，容端的弟弟自然承擔起這項重任，這是「孝」行的延續。

康熙四十一年初是竇克勤在京逗留的最後時日。正月裏，他仍舊派人去陵縣買糧，他受到了門人和朋友的慷慨饋贈，這些都爲他們家族在京生活減輕了負擔。閑暇時竇克勤還會整理編輯自己的日錄，想必他知道身後這些文字可能會被子孫出版。就像沒有留下片言隻語的祖父竇如珠，其門生仍可以根據自己追憶爲其補錄專著一樣。他自己本身就有多種著作問世，並以此四處饋贈親友，這是他能夠留給後代的寶貴精神財富。固執的竇克勤在京仍然以藉口推脫翰林、詹事等共同參與的佛事，他固執的認爲佛教興盛是一件違背聖道的壞事。他爲此事擔憂，他甚至不停的用《易》來占卜，他想要對佛事興盛向皇帝上疏，也因占卜結果不利而改變了想法。在與門人、朋友的書信來往中透露出他的足病越加嚴重，他向吏部請求准假回家休養一段時間，同時他也在四處探尋良醫來治療他的足疾。在接到准假通知後，竇克勤首先前往山東問診，他希望不久之後能返回京城，繼續爲國家效力，但這卻是他最後一次從京城離開了，從此他再也沒能踏上這片土地。

第四節　孝子

士人丁憂最早出現在漢代，至清代這一制度已經比較完善。清代規定爲官者因父母或祖父母死去須回鄉守制，時間一般爲二十七個月。以往學者研究丁

〔註99〕竇克勤，尋樂堂日錄，卷十八，康熙四十年，十月十八日，歷代日記叢鈔〔M〕，北京：學苑出版社，2006：13 冊，335。

憂制度多關注制度本身的沿革及其與官場政治的聯繫。〔註 100〕丁憂時期作爲士人日常生活中的一個特殊階段，尚未引起學界重視。康熙二十八年，竇將雙親迎養至京，三個月之後竇母竟因病去世。這件悲痛的事情開啓了他回鄉守制的序幕。竇的丁憂時段從康熙二十八年竇母去世，到三十一年二月遞起復呈。因後半年他仍未返京，本節探討的丁憂時段延續到三十二年正月赴京止。

一、喪親之痛

二十八年末，竇母病重無藥可治，舉家籠罩在悲痛的氛圍中。竇母去世前，竇的四子就先離開了人世。十一月十六日竇母去世了，這對竇來說無疑是天崩地裂的打擊。當月末，竇的二子也患重病。這一階段竇的親人接連病重或死去，他感到心力交瘁、十分疲憊。

竇母去世後，竇將其母生平材料提供給朋友們作傳。在這些素材中，竇認爲他的母親除了具有因「刲股療姑」〔註 101〕等事件表現出的純孝以及善於持家的品行外，還具有長遠的目光。十一年秋竇鄉試中式，眾人來賀，竇母卻說，「人爲汝賀，吾爲汝憂」，以人應立遠大志向激勵竇。在處理喪事的日子裏，諸如此類竇母生前的言行經常閃現在竇的腦海裏。由於竇是長子，在與其父料理喪事時他應當出力最多。也許是忙於處理喪事，此時段日記內容較爲簡略，關於自己內心的苦楚也言之寥寥。對於二弟振起、三弟克恭的苦楚他卻看在眼裏，痛在心中，他這樣描述：「初五日，振起冒雪北行，是時猶未知京中遭喪也，至十五日，途遇南旋者，方聞兇信，號痛幾絕。夜奔來迎，明日，遇於眞定府南滹沱河，哭聲震地，行道者皆相顧出涕。」〔註 102〕「不孝克恭驚聞訃音，魂魄飛馳，五內焚裂，尙何人世，嗚呼痛哉……」〔註 103〕

竇母去世後，竇開始遵照古制安排喪禮。二十九年二月四日封柩，三月二十七日購誌石，六月二日造明器；九月二日作神主，二十日相地穴；十月

〔註 100〕這方面的研究如歐磊，清代官員丁憂制度論略〔J〕，北方論叢，2012：61～64；黃修明，中國古代仕宦官員「丁憂」制度考論〔J〕，四川師範大學學報（社會科學版），2007，34（3）：118～124。

〔註 101〕日記中多次提到李太孺人因其姑病重而刲股入藥療姑的孝行。

〔註 102〕竇克勤，尋樂堂日錄，卷六，康熙二十八年，十二月十六日，歷代日記叢鈔〔M〕，北京：學苑出版社，2006：11 冊，538。

〔註 103〕竇克勤，尋樂堂日錄，卷七，康熙二十九年，十二月三日，歷代日記叢鈔〔M〕，北京：學苑出版社，2006：11 冊，629。

朔立后土碑，十二日造槨，二十七日祀后土，二十九日飾神主，三十日題神主；十一月十六日小祥行禮，二十日開柩，二十七日開兆域；十二月三日早晨行遷柩禮……日暮至家行虞祭禮。在近一年內喪禮的場景與儀式當中，我們可以想像到竇每每痛哭流涕的神傷。他必然也會魂魄飛馳，五內焚裂。似乎古制中對於喪禮的安排，更能夠激發人內心深處的情感，對於表達以孝爲基礎的傳統文化有特別的功能。竇身爲理學家正處在這種文化薰染的核心地帶，他未必有空閒展開關於古代禮制的思索，但他浸淫其中，只因這就是他的生活本身。朝廷的丁憂制度正是借用此種手段將孝與忠聯繫起來，達到對士人的有效控制與管理。

葬禮結束後，竇對母親的懷念仍常常縈繞在心頭，特別是在歲時節日裏本該盡享歡愉的時刻。三十年中秋，他留下了這樣的詩句，「曾是中秋拜帝畿，三年堂上自懸衣。於今挽手悲兒在，痛昔開顏接母稀。四尺墳頭和淚起，一天秋葉帶聲歸。淒淒轉盼惟初日，照入愁懷事已非。」〔註 104〕「四尺墳頭和淚起」這樣的詩句把讀者迅速帶到歷史現場，彷彿竇就在身旁痛哭流涕。「淒淒轉盼惟初日，照入愁懷事已非。」又把愁與苦的情感表達得那麼眞切，個中滋味無限蔓延，細細品味，眞使讀者唏噓不已。十一月朔竇寫下了《哭母詩》，「東風栗烈兒猶在，那復搴裳問母寒。堪痛三年無一事，壟頭陌上夕陽殘。」〔註 105〕三十一年二月除服前一天，他寫下了《除服前一夕詩歌》，「吾身從道是親枝，兒在母亡血淚垂，最是傷心不忍看，明朝脫去縞衣時。宰豕殺羊卻爲何，明朝酹酒墓門多。慈親若肯憐癡子，今夜夢中到曲阿。」〔註 106〕如竇在詩中寫到，「堪痛三年無一事」，制度中對於孝子三年守制的安排給個人提供長期哀思的機會，促成其生命中一段特殊的經歷和情感歷程。這種充斥著孝，夾雜著忠的日常生活觀念對其今後的人生影響巨大。

雖然丁憂是一個痛苦的過程，但竇並非整日沉浸在悲傷之中。三十年六月，竇在城關建立專祠祭祀其祖父竇如珠。六月十三日，其父在祠堂旁修建

〔註 104〕竇克勤，尋樂堂日錄，卷八，康熙三十年，八月十五日，歷代日記叢鈔〔M〕，北京：學苑出版社，2006：12 冊，57。

〔註 105〕竇克勤，尋樂堂日錄，卷八，康熙三十年，十一月朔，歷代日記叢鈔〔M〕，北京：學苑出版社，2006：12 冊，78。

〔註 106〕竇克勤，尋樂堂日錄，卷九，康熙三十一年，二月十五日，歷代日記叢鈔〔M〕，北京：學苑出版社，2006：12 冊，115。

了園林，取名「學箕園」。竇極力闡釋，「予之辟園，豈以禽蟲草木，足以悅心志、娛耳目已哉？蓋將卜幽居，爲學習地也……。」〔註 107〕他雖如此辯解，仍難以否認他寄情其中，優游享受閒適生活的狀態。三十一年上半年竇忙於書院課業，下半年南遊在外。大抵因與友人縱情山水而暫時忘記了喪親的痛苦，在這一年中他很少留下哀傷的文字，甚至在其母忌辰時也隻字未提。然而，竇並非薄情寡義的不孝之子，三十二年彭無山先生來視，他以先太孺人忌辰不敢會。在他的生命中，母親的忌辰總是重要的日子，甚至旅居親友家都會因此而素服不會客。〔註 108〕

二、參與地方事務

二十七年竇在京科考成功，作了庶吉士。翌年正月十五日其父竇大任就被邀請參加鄉里的飲賓大典，這是竇生活中的重要變化。傳統社會中提倡父以子貴，竇作爲長子，在眾多子女中因科考成功給家族帶來了榮光。想必他是得意於此的，否則爲何每次其父應鄉飲大典及接受的匾額他都不厭其煩的詳加記錄呢？當竇因丁母憂回到柘城後，他發現自己的生活越來越少有空閒沉浸在喪親的苦楚中了。由於身份變化而名聲漸起，周圍地區的各種事務他都情願或不情願地參與到了其中。

二十八年初在朝時，竇便得知柘城修縣志的事情。竇母去世後不久他又多次提到縣志，「十二月八日徐健庵〔註 109〕夫子爲先太孺人作墓誌銘，陳介石〔註 110〕先生作傳，俱載柘城縣志」。〔註 111〕據康熙三十八年柘城縣志可知，該志成書於三十年。竇是修志的主要參與者，二十九年六月十六日，「邑侯史持撫軍修通志檄文來，徵先太孺人孝行實跡」〔註 112〕。同月二十九日「學校公舉先王母姚太孺人貞節，先母李太孺人孝行，並創建朱陽書院、乞准刊入

〔註 107〕竇克勤，尋樂堂日錄，卷八，康熙三十年，六月十三日，歷代日記叢鈔〔M〕，北京：學苑出版社，2006：12 冊，34。

〔註 108〕關於清人的孝行，可參見余新忠，明清時期孝行的文本解讀——以江南方志記載爲中心〔C〕，中國社會歷史評論第七卷，天津：天津古籍出版社，2006：33～59。

〔註 109〕徐乾學，字原一，號健庵，清初名儒，江南崑山人。

〔註 110〕陳遷鶴，字聲士，一字介石，康熙二十四年進士，散館後授翰林院編修，福建龍岩人。

〔註 111〕竇克勤，尋樂堂日錄，卷六，康熙二十八年，十二月八日，歷代日記叢鈔〔M〕，北京：學苑出版社，2006：11 冊，533。

〔註 112〕竇克勤，尋樂堂日錄，卷七，康熙二十九年，六月十六日，歷代日記叢鈔〔M〕，北京：學苑出版社，2006：11 冊，560～561。

邑乘」〔註113〕。此外竇邀請耿介等人爲其母作的傳也都刊入《柘城縣志》。竇除了在三十八年爲縣志作序之外，他還很關注縣志的進展。三十年在回覆耿介的信中提到，「修志之功，想成大半。」〔註114〕

康熙柘城縣志中有關於竇如珠的如下記錄：「竇如珠，字帝珍，柘人也，學者稱爲筠峰先生。生穎悟，弱冠補邑庠生……」。〔註115〕竇如珠即竇之祖父，在其傳記中，文字寥寥。從中可知竇如珠生活在明清之際的戰亂年代，本無甚事蹟可言。他的事蹟能夠載入邑乘，大抵因竇的積極運作。竇經過精心策劃，促成二十九年九月十六日闔邑紳士百姓公舉竇如珠入鄉賢從祀，呈狀俱載鄉賢錄，二十五日竇如珠門人張倫爲其立傳，二十八日竇如珠門人王永振爲其作述略；十月二十日督學取竇如珠事實冊結；十一月朔闔學廩增附生員呈送竇如珠事實。三十年五月他又請耿介爲祖父立傳；六月三日刊先王父筠峰公語錄，四日闔邑紳衿鄉民請建專祠祀竇如珠於鄉；閏七月二日邑人請竇如珠入祠舉祀。竇很巧妙地先奉其祖父入鄉賢祠，後立傳，最終建專祠祭祀。在這樣打造聲勢的過程中，他完成了爲祖父立傳入志的進程。邑乘的圓滿完成離不開諸如竇等紳士的鼎力支持，而縣志中也充斥著紳士家族的賢人與貞節烈婦。修志的這一時段恰巧與竇丁憂在鄉的時間重合，他抓住了這一絕妙機會進一步提升了家族威望。

二十九年竇除了參與編修縣志之外，還在五月十八日作工部主事《陳公墓誌銘》；七月六日作《耿公舜中墓誌銘》，十三日作《耿母節烈贊》，二十三日作《創建三官閣碑記》；九月四日壽邑侯史公，二十一日作《建修通宋橋引》；十月十日作《重修河神廟碑文》；十二月二十日約同年公祭郭快庵夫子。

三十年竇仍然在爲鄉里的事務忙碌著。他在四月二十八日作《中州道學編》序，三十日作《王前川墓表》；五月四日川上石溪四亭題石，五日題五一園中石室小嵩屏，七日作《孝經易知》序、《嵩遊草詩》序，八日作《朱襄氏贊》；七月七日作《李肖雲先生傳》，十四日作《焦與嵩先生傳》；閏七月十四日作《五一園永思堂記》，十五日題嵩陽講學圖，十九日作靜海令《陳公墓誌銘》，二十六日作《石贈公墓誌銘》；八月十二日作《節婦郭氏傳》；九月二十

〔註113〕竇克勤，尋樂堂日錄，卷七，康熙二十九年，六月二十九日，歷代日記叢鈔〔M〕，北京：學苑出版社，2006：11冊，561。

〔註114〕竇克勤，尋樂堂日錄，卷八，康熙三十年，四月十八日，歷代日記叢鈔〔M〕，北京：學苑出版社，2006：12冊，10。

〔註115〕史鑒，康熙三十八年，柘城縣志，卷二，人物，竇如珠。

九日作《朱陽書院記》。丁憂時期，竇作爲在鄉紳士，雖然沒有直接的行政權力，但因其在朝廷具有身份，所以對地方事務的處理具有很大的影響力。十月朔，竇得知因災荒，「上諭蠲免河南三十一年錢糧，停征漕糧。」〔註 116〕他特地以鄉里代表的身份遞交了《謝蠲免呈》。字數寥寥，溢美之詞卻溢於言表，表現出他將鄉里之事任於己身的自負和擔當。

三十一年四月二日本該是竇在朱陽書院講學的日子，卻被一起突發事件打斷了。當年因陝西歲荒，流民逃散到了襄陽。河南、湖北等地官員商定河南全省協濟，從襄陽運米十萬石至潼關，柘城需派民夫三千。竇立刻意識到這一捨近求遠的決策有誤，四月十五日他便寫信給河南巡撫。他認爲河南災情也很嚴重，強硬從河南征派民夫會引起「愚民」的猜忌。如果把柘城民夫派到襄陽，再轉運米到西安，這本來就是很不經濟的辦法，還容易引發群體性事件。他建議，「委官就襄陽近地雇夫領運……誰弗樂從？」〔註 117〕隨後的日記中並沒有明確提到他的建議是否起到積極的作用，但由於竇身份的轉變，返鄉之後就具備了與地方要員對話的資本。後來他多次與河南巡撫的書信來往中表明，他說的話很有分量，〔註 118〕有時甚至有過度干涉地方政務的嫌疑，而這種現象是朝廷所不能容忍的。

由上文可知在鄉守制的幾年中，竇的生活非常充實。他醉心於鄉里的各種事務中，悠然地穿梭其間。這不禁讓他回想起年輕時的情形，那時他雖也爲了功名四處奔走，但因扮演著從屬角色而顯得默默無聞。十一年秋舉於鄉之後，直到二十八年，竇依稀記得他僅在十七年請盧禹鼎序家規，耿介序家規；十九年請耿介作家譜序，作《嵩陽書院記》，請姚岳生作家譜序；二十一年代守府作《祈禱城隍文》；二十三年作《嵩陽書院志》序；二十四年作《水災呈》；二十六年作《焦氏族譜》序、《創修泌陽縣學宮兩廡記》，作《鍾爾知先生文集》序等這幾件事情參與其中。當竇因丁母憂返鄉之後，對於鄉里事務的參與度和影響力迅速提升。在這幾年中，他不僅受人之託四處題字並作

〔註 116〕竇克勤，尋樂堂日錄，卷八，康熙三十年，十月朔，歷代日記叢鈔〔M〕，北京：學苑出版社，2006：12 冊，69。

〔註 117〕竇克勤，尋樂堂日錄，卷九，康熙三十一年，四月十五日，歷代日記叢鈔〔M〕，北京：學苑出版社，2006：12 冊，136。

〔註 118〕日記中提到康熙四十四年，因加固黃河堤壩，柘城需協濟出柳八千。竇因此事寫信給河南巡撫與管理河道的官員。他們二人很快回信表示無需柘城出柳，並捐俸四百金代買柳。此事足見竇的影響力之大。

了數量龐大的傳、序、記、表、贊、墓誌銘等，還代表鄉民寫下對皇帝感恩的《謝蠲免呈》。他不僅因創辦書院、收受生徒而名聲漸起，還能夠直接與地方要員對話，並進一步影響當地政府決策。

三、創辦朱陽書院

十八年竇克勤得知耿介在登封興復嵩陽書院，此後他多次前往書院讀書。青年時期竇就對書院很感興趣，在四處遊走時他就把視野的焦點聚集在各地的書院，這一習慣一直保持終身。在書院學習的過程中，他通過與別人交流豐富了知識，促進了情誼。也許早就對此嚮往不已，他一直有創辦書院的設想。竇第一次提到創辦書院的設想在二十八年四月與耿介的信中，「相城東八里許，有隙地可作書院，遂謀眾聯會，爲構書院計。勤因思，柘邑乃朱襄氏故都，暫擬朱丘書院，未審當否。」〔註 119〕同年九月還是在他與耿介的書信中提到，「朱丘書院承先生指示，似可定名，昨陳介石先生謂，『丘字乃聖人之諱，不如易朱陽書院』，不審先生以爲何如？」〔註 120〕但當時竇在翰林院有公務在身，創辦書院的想法僅停留在紙面上。

竇母撒手人寰後，書院很快有了實質性進展。二十八年十二月「陳介石先生作《朱陽書院記》，《柘城縣志》《朱陽書院志》並載。」〔註 121〕二十九年六月，「邑侯史……並議書院申請之舉。」〔註 122〕同月「……創建朱陽書院乞准刊入邑乘。」〔註 123〕至此，朱陽書院正式創建，標誌著竇創辦書院的設想走向現實。借助竇的威望，書院的修建過程非常順利，前來拜師的子弟不斷增多。二十九年秋七月二日，竇第一次在朱陽書院講學。對於一個創辦伊始的書院來講，官紳生童至者七十餘人已經是很壯觀的場面了。他第一次講論的內容似乎不太多，只有寥寥記錄。我們可以想像竇在講論「弟子入則孝」

〔註 119〕竇克勤，尋樂堂日錄，卷六，康熙二十八年，四月九日，歷代日記叢鈔〔M〕，北京：學苑出版社，2006：11 冊，483。

〔註 120〕竇克勤，尋樂堂日錄，卷六，康熙二十八年，九月二日，歷代日記叢鈔〔M〕，北京：學苑出版社，2006：11 冊，510～511。

〔註 121〕竇克勤，尋樂堂日錄，卷六，康熙二十八年，十二月八日，載史鑒：康熙三十八年，柘城縣志卷四，碑記朱陽書院記，陳遷鶴撰。

〔註 122〕竇克勤，尋樂堂日錄，卷七，康熙二十九年，六月十六日，歷代日記叢鈔〔M〕，北京：學苑出版社，2006：11 冊，561。

〔註 123〕竇克勤，尋樂堂日錄，卷七，康熙二十九年，六月二十九日，歷代日記叢鈔〔M〕，北京：學苑出版社，2006：11 冊，561。

章時候那得意的神情，他沉浸於自我人生的滿足感中，儼然快要忘記了喪親之痛。在空閒的時間裏，他內心恐怕也在糾結。從父親竇大任就開始形成設想的書院，竟在這樣一個特殊的時段促成了。當自己一心求學上進時缺乏威望與財力，當自己入仕後有了威望、財力又由於遠離鄉里而失去了空閒。威望、空閒、財力三者兼備，並在鄉里促成此事的時間竟然交匯於此，這分明是個悖論。望著李太孺人的靈位，他百感交集。

在朝期間，竇創辦書院的想法就得到了河南巡撫的支持。返鄉後竇作爲在鄉紳士與邑侯史鑒過往甚密，竇倡議並主持創辦朱陽書院，史鑒自然不會袖手旁觀。二十九年八月，「邑侯史來，以修朱陽書院聖殿，捐俸百金。」〔註124〕府級官員也對這一文化盛事表示支持，三十年九月二日「太守薛諱晉，捐修書院居仁、由義二齋。」〔註125〕在竇氏家族的主持下，書院很快初具規模。二十九年九月「書院修聖殿，大人同邑侯史破土。」〔註126〕同月「書院修存誠齋成，大人修主敬齋始工。」〔註127〕十月四日書院門樓建成，五日竇父大任題朱陽書院額。朱陽書院經過這一階段的創建，後經過竇氏家族的多年經營，成爲中州繼嵩陽書院、百泉書院之外的又一文化盛地。爲方便檢閱，筆者據日錄中所載丁憂時期竇收受生徒情況匯成下表：

表1　丁憂時期竇克勤收徒一覽表

時　間	拜師地點	學生姓名	學生籍貫	年　齡	身　份	介紹人
康熙二十九年						
十月十七日	柘城	張勳	柘城	三十		張子厚
十月二十四日	柘城	謝衡玉	柘城	二十五		張子厚
十月二十八日	柘城	李士捷	柘城	十二		張子厚
十二月八日	柘城	王之紀	柘城	三十四		張成淑
		夏銓	商丘	十六		張成淑

〔註124〕竇克勤，尋樂堂日錄，卷七，康熙二十九年，八月十一日，歷代日記叢鈔〔M〕，北京：學苑出版社，2006：11冊，585。

〔註125〕竇克勤，尋樂堂日錄，卷八，康熙三十年，九月二日，歷代日記叢鈔〔M〕，北京：學苑出版社，2006：12冊，63。

〔註126〕竇克勤，尋樂堂日錄，卷七，康熙二十九年，九月三日，歷代日記叢鈔〔M〕，北京：學苑出版社，2006：11冊，594。

〔註127〕竇克勤，尋樂堂日錄，卷七，康熙二十九年，九月十日，歷代日記叢鈔〔M〕，北京：學苑出版社，2006：11冊，598。

康熙三十年						
正月十七日	柘城	朱培	柘城	二十二		朱丕承（父）
正月十九日	柘城	楊休	柘城	三十一		張子厚
		毛正倫	柘城	二十三		張子厚
		李之用	柘城	十八		李中行（父）
正月二十日	柘城	張庚	柘城	十三		毛國棟
正月二十一日	柘城	游永青	直隸肥鄉	三十四		張成淑
		張功	柘城	二十二		張成淑
正月二十二日	柘城	溫奇斗	柘城	二十		溫獻廷
正月二十四日	柘城	時廷召	柘城	二十二		毛景岐
	柘城	王欽	陳州	二十二		王自敏
二月朔	柘城	張士弘	柘城	二十四		張君曉
二月二日	柘城	邢元智	柘城	三十五		邢集生
		王欽	陳州	三十五		謝聖鑒
		許鳳歧	陳州	三十七		謝聖鑒
		曹陽	柘城	三十二		張子厚
		杜穎	柘城	二十五		張子厚
二月四日	柘城	楊侗	柘城	二十六		楊休
二月二十日	汴城	王璺	中牟	二十	庠生	竇玉璞
二月二十一日	汴城	盧琮	祥符	十五	庠生	竇玉璞
二月二十八日	汴城	朱堪	中牟	三十六	庠生	王維垣
二月二十四日	柘城	鄭昕	柘城	三十一	庠生	鄭翼展（伯）
四月七日	柘城	邵鳴琇	柘城	三十一	庠生	王聖卜
五月二十三日	柘城	王克敬	柘城	三十八		謝衡玉
八月十四日	柘城	龔騰鳳	陳州	二十三		張文學
九月十日	柘城	李士逸	柘城	三十七		李長公（母舅）
康熙三十一年						
正月二十一日	柘城	牛士傑	鹿邑	二十八	庠生	毛正倫
正月二十七日	柘城	陳穎	柘城	十六		陳獻忠（父）
正月二十八日	柘城	牛麟閣	鹿邑			牛士傑
二月八日	柘城	李儀	鹿邑	二十八		牛麟閣

二月十四日	柘城	竇寅亮	山西沁水	十七		其父
二月二十日	柘城	時萬化	柘城	二十一		毛正倫
三月朔	柘城	芮正	亳州	二十八	痒生	毛正倫
		盧[illegible]	亳州	二十七	痒生	毛正倫
三月九日	柘城	常溫恭	陳州	二十六		張文謨以書爲介
四月七日	柘城	劉堯藩	山西陵川	三十四	廩生	竇心端
四月十一日	柘城	竇乃武	山西沁水	十五		竇心端（父）
六月二十六日	柘城	段縉	鹿邑	三十五	痒生	葛松嶺
七月二十一日	安慶	鍾毓奇	安慶懷寧	二十二	監生	
		鍾毓秀	安慶懷寧	二十		
七月二十三日	安慶	王振麟	南昌	十八		
		王振國	南昌	十六		
九月朔	金華	林隅	永康	二十二		
		樓匡	永康	二十		
		林嵋	永康	二十		
		林爾周	永康	二十		
		呂巘	永康	三十		
十月二十三日	杭州	江應熊	婺源	十七		江霖（父）
		江朝翰	婺源	十九		江霖
十月二十九日	桐鄉	朱廷棟	桐鄉	十九		張敬臨
十一月六日	蘇州	張在鎬	蘇州長州	三十六	歲貢	張牖如（父）
		希登甲	蘇州吳縣	二十四		希深默（父）
		陳廷輔	蘇州長州	十八		陳樹琪（父）
		袁紹湯	蘇州長洲	二十四	貢生	袁慶元（父）
		江承誠	吳縣	二十二	貢生	張牖如
		江之訓	蘇州	二十	府學生	張牖如
		倪雍度	長洲	二十四	學生	
	蔡忠襄祠	蔡稚圭				蔡九霞（父）
	蔡忠襄祠	周鳳來				周敉寧（父）
十一月十日	無錫	周錫爵	無錫	二十一	庠生	張牖如
十一月十一日	常州	程彥	常州	二十二	貢生	張牖如
		鄭祖期	常州	二十一	府學生	張牖如

十一月二十八日	柘城	李以建	太康	三十	庠生	張子居
十二月十日	柘城	丁省	江南蒙城	四十五	武舉	劉奎五
十二月十九日	柘城	王論秀	鹿邑	三十一		毛正倫
		段昌祖	鹿邑	十六		毛正倫
		王祖乙	西華	二十八		許鳳歧張文謨
十二月二十九日	後臺崗	閻士美	睢州	二十五	學生	李岐山

二十九年竇第一次在朱陽書院講學後不久便開始正式收授生徒。這種舉動在他看來是傳正學、倡正道的千秋大業。從上表可知，竇不但在本地收授生徒，旅居外地時也有許多學生拜其爲師。早期竇的弟子以柘城本地及周邊地區居多，隨著他活動範圍的變化，學生中也不乏外省人士，尤其是他南遊時在江南地區拜師者頗多。傳統社會科考中式的同年之間，考生與主考老師之間的聯繫緊密。由上表可知在蘇州、無錫、常州等地，因張塤〔註 128〕介紹，其子張在鎬，親戚程彥，學生江之訓、周錫爵、鄭祖期等人均拜竇爲師。而竇也在隨後令其子侄容端、容恂、容肅等拜張爲師。這種拜師的目的性很強，他們通過交叉的師生聯繫，形成一種扯不斷的網絡，並從中獲益。竇在短時間內接受如此多的學生，尤其是外地學生，他們向老師學習的機會極少，多數學生看重的無非是竇在翰林院的身份，因爲他將來極有可能參與主考科考，這正是眾多學子孜孜求功名的最佳途徑。

四、交遊與詩文創作

二十九年末葬母后，三十年四月竇有了空閒去拜訪他的忘年友耿介。自耿在登封興復嵩陽書院後，他已經數次前往，從前他去嵩陽書院以學習爲主。隨著他身份的變化，此次他不但爲耿的大作《中州道學編》《孝經易知》寫下序言，還與先生共同在川上石溪四亭題字，這是一個文人無論文采還是墨蹟都能夠展示並流傳千古的絕佳機會。竇此次終於實現了十二年前登嵩嶽的約定，與耿先生、李來章等同遊。在這樣縱情山水的歡愉時刻，與志同道合的友人朝夕相對，竇創作了許多上乘詩作。「十年方許片時遊，才上元龜望未休。雨氣經天迷嶽色，風聲撼地入河流……」〔註 129〕這樣的特殊時刻實現了十二

〔註 128〕張塤，字牖如，康熙十七年授登封知縣，江蘇長洲人，與竇在嵩陽書院結識。

〔註 129〕竇克勤，尋樂堂日錄，卷八，康熙三十年，五月六日，歷代日記叢鈔〔M〕，北京：學苑出版社，2006：12 冊，20。

年前的約定，他不免會透露出些許傷感，「山留贈我知尋句，我愛買山欲破愁。敢道輕攜煙景去，原來相待是千秋。」〔註 130〕

三十一年二月竇遵例遞起復呈，六月派人進京投咨文。也許是清楚自己即將返京，受到好友邀請，六月底他出發南遊。七月十六日在江上與宋牧仲〔註 131〕先生會面。宋先生年初曾向他投昏啓。竇對於宋非常看重，僅贈詩一首就有數百韻。八月二十七日竇乘船至金華府，二十九日在呂東萊先生祠堂設法興復麗澤書院。九月十日竇抵達杭州府，多次訪沈復齋〔註 132〕。沈是他戊辰科會試同年，又是湯斌的學生，在京時兩人就志趣相投，很談得來。在杭州的這段時間竇與沈復齋過往甚密，他們暢談理學，竇還爲沈的《明儒言行錄》作序。

竇克勤此次南行暢遊江南各處風景名勝，正値春風得意時，心情非常暢快。他甚至不顧對佛道一貫的偏見，爲鳳鳴寺僧人作詩，「習靜空山裏，禪家衣缽眞。曾聞詩作債，竟似道空塵。只爲從儒教，不甘棄法身。世無許平仲，誰復問僧人。」〔註 133〕十一月初竇抵達姑蘇城，未曾與張塤會面，竇已寫下贈詩，「夙分嘉蔭拜甘堂，大力渾全天德剛……」。〔註 134〕張塤作登封知縣時，竇適於嵩陽書院讀書，所以與之結識較早。旅居蘇州時竇與張形影不離。十一月九日應當是竇記憶深刻的一天，這一天不但有張塤、耿子京，還有張在鎬、希登甲、陳廷輔、袁紹湯、江承誠、江之訓、倪雍度等剛拜師的人同遊虎丘，並在五人墓前憑弔。這一天蔡稚圭、周鳳來由其父帶領慕名前來拜師，地點在蔡忠襄祠。拜師弟子是蔡忠襄公的後代，竇認爲拜師地點甚好，預示著先祖護祐子孫，能有好的出路和前途。「予觀聚此地者，皆忠孝節烈之裔，不覺樂志洋洋。以繼祖武礪己德爲勖，講論既久……。」〔註 135〕竇對於同遊的人士非常欣賞，而遊覽的地點也正符合他的志趣，同時還可以在這樣的氛圍

〔註 130〕竇克勤，尋樂堂日錄，卷八，康熙三十年，五月六日，歷代日記叢鈔〔M〕，北京：學苑出版社，2006：12 冊，20。

〔註 131〕宋犖，字牧仲，清初名臣，著名詩人，書畫家、文物收藏家和鑒賞家，河南商丘人。

〔註 132〕沈佳，字昭嗣，號復齋，康熙二十七年進士，浙江仁和人。

〔註 133〕竇克勤，尋樂堂日錄，卷九，康熙三十一年，十月三十日，歷代日記叢鈔〔M〕，北京：學苑出版社，2006：12 冊，161。

〔註 134〕竇克勤，尋樂堂日錄，卷九，康熙三十一年，十一月朔，歷代日記叢鈔〔M〕，北京：學苑出版社，2006：12 冊，162。

〔註 135〕竇克勤，尋樂堂日錄，卷九，康熙三十一年，十一月九日，歷代日記叢鈔〔M〕，北京：學苑出版社，2006：12 冊，167。

下闡明正道，能不痛快？他瀟灑揮毫寫下了《過五人墓詩》，「市井小人行，五人眞無賴。曷爲名至今，挺身救忠介。」〔註 136〕此次南遊，竇結識了許多江南才俊。他們與竇相互贈詩，有的還送書給朱陽書院作爲藏書，竇也非常樂意增進旁人對書院的瞭解。

五、討論

丁憂時期的日常生活與竇年輕進取時及老病退養時有很大不同。丁憂制度除了加強對士人的控制之外，給個人的日常生活也帶來了很大影響。傳統士人重視地域聯繫，丁憂時期成爲這樣一個節點。它把由鄉里進京科考，取得功名後從京返鄉暫居聯繫在一起。丁憂制度將地域、財力、威望三者有機的結合在一起，又給士人提供了近三年的閒散時光。返鄉之後的日常生活中竇的所作所爲不僅僅止於發乎純孝的哀思，無論他創辦書院收授生徒還是四處交遊時都在有意無意的以科考與文化事業爲交集，經營一種潛在的關係網絡。這樣的網絡正是朝廷所不希望看到的，而朝廷更不希望看到丁憂士人對地方政務指手畫腳甚至橫加干涉，因此對丁憂士人逐漸採取了諸多限制措施。清代中後期規定「丁憂官員在籍守制期間，不得邀結朋黨、干涉地方。……禁止丁憂官員在原籍主講書院。」〔註 137〕丁憂制度的不斷變化，促使士人的日常生活出現相應變化。如果竇在稍晚時期丁憂，恐怕就沒有機會主講書院，更何談創辦書院。由此看來，日常生活的內容不僅受制度的影響而變化，其本身也對制度的變革起到促進作用。

第五節　山長

康熙二十七年，竇克勤考中進士之後不久，就因丁母憂而返鄉長期生活。在鄉里居住的近三年時光之中，竇克勤最大的成就在於與其父竇大任共同創辦了朱陽書院。書院創辦後，受到了整個地區的關注，有許多學生前來求學，書院也接受了社會的很多贊助。不僅本縣的知縣出資擴建書院，臨近地區的紳士、官員也紛紛慷慨出資幫助建設書院。清代的書院已經基本官學化，與縣學的功能沒有顯著區分，只是師資等設施更優越，創辦書院的士人往往具

〔註 136〕竇克勤，尋樂堂日錄，卷九，康熙三十一年，十一月九日，歷代日記叢鈔〔M〕，北京：學苑出版社，2006：12 冊，167。

〔註 137〕歐磊，清代官員丁憂制度論略〔J〕，北方論叢，2012（6）：63。

有當下的功名。在竇克勤的主持下，書院順利的不斷擴大規模與影響力。竇克勤前往京城做官，則將書院委託給父親與二弟管理，當竇因老病暫時還鄉，則盡全力擴建書院。相對於學生時代，或在京爲官的翰林時期，竇克勤還有一個比較顯著的身份是山長，也是書院的實際負責人。

竇克勤即便在京爲官之時也仍然與書院的主講、家人、學生保持密切聯繫，以便隨時掌握書院的動向。康熙三十四年初，竇克勤因貧病再次返回柘城的時候，朱陽書院已經初具規模了。返鄉之後很快就「爲學者講大學，楊太和先生同至。自是仍定二、七日作文，三、六、九日講書。」〔註 138〕這是竇克勤安排自己講授的制度，他在書院時，以自己講授爲主，不在書院時則以主講楊太和先生爲主。除了平日的講授外，知縣史鑒先生也會來書院考課弟子，目的是爲了督促學子學習，以倡導聖學。竇克勤還命子弟記錄他主講書院，考問學生時的言行，並編纂成《講習錄》。

書院主講楊太和先生是一位頗具學識的學者，竇克勤倚重並尊敬他。但對於主講的人選，竇克勤並不十分滿意，因爲楊先生的思想不夠純粹，總是受到佛教和道教的影響。楊先生的思維或易陷入虛無的論調，或傾向於崇敬儒家聖賢之外的神明。這些都是竇克勤無法容忍的，他經常對楊先生當面反駁。一次，楊說「予心中無一個字，予曰，『此語有病。聖人教人，先之以多聞多見』。今說無一個字，何不讀書識字。」〔註 139〕楊太和顯然受到佛教、道教觀念的影響，認爲萬物皆空，心中無一字。他這樣的身份與學識，怎麼會心中無一字呢？佛道的盛行在皇城中都無法阻攔，更何況是偏僻的縣城。竇克勤並不甘心，他專門在次月的書院講書活動中講「爲人孝悌章，論儒釋之異。」〔註 140〕竇克勤對於佛教影響正道可謂「恨之入骨」，他閑暇時則考問學生關於佛教的不經之談，想要以此激勵學生批判佛教，然而事與願違，學生們常常無法作答。竇克勤只好再次對學生強調，「彼認性字差錯，故言皆謬妄。性者，我所得於天之理，釋氏以知覺、運動爲性，故有搬柴運米之說，其害道也甚矣。」〔註 141〕

〔註 138〕竇克勤，尋樂堂日錄，卷十二，康熙三十四年，二月六日，歷代日記叢鈔〔M〕，北京：學苑出版社，2006：12 冊，365。

〔註 139〕竇克勤，尋樂堂日錄，卷十二，康熙三十四年，四月二十六日，歷代日記叢鈔〔M〕，北京：學苑出版社，2006：12 冊，371。

〔註 140〕竇克勤，尋樂堂日錄，卷十二，康熙三十四年，五月二日，歷代日記叢鈔〔M〕，北京：學苑出版社，2006：12 冊，371。

〔註 141〕竇克勤，尋樂堂日錄，卷十二，康熙三十四年，五月三日，歷代日記叢鈔〔M〕，北京：學苑出版社，2006：12 冊，374。

作爲書院的山長，竇克勤負有教育子弟，把他們往聖學之道引領的職責。在日常生活之中，有功名之人或處於下層的讀書人，由於社會賦予的特殊權利，或自身的閱讀、書寫等專業技能而區別與一般的平民百姓。這種身份經過歷朝歷代的政府反覆確認並固化之後，使得身處社會中的任何人，只要通過穿著、面相、言談、舉止等幾個方面就能夠迅速將士人階層判斷出來。這樣的特殊身份，往往會被利用來獲取不當的利益，在竇克勤的眼中，這是不道德的行爲，也是不能容忍的。他幾次三番發佈對學生的禁令「書院戒條，書院舊有條規，是以賢者期諸生也，以賢者期諸生，諸生亦當以賢者自愛……」。〔註 142〕竇克勤詳細羅列了禁止的項目，「求講官情，求照私事，求發書函，求薦館賓。」〔註 143〕這些是針對外部人員請求學生的內容，一旦發現上述內容，雖然與學生無關，但要堅決擯斥。此外，竇還列舉了作爲學生應該禁止的行爲，「譏刺時事，談人閨門，戲謔滋蔓，詆詐長僞，愛取人物，忌毀人善，藉匿書籍，陰窺私篋。」〔註 144〕以上這些內容應當是作爲學生自己努力杜絕的行爲。

由上述禁令我們可以發現，相對於外界的煩擾，竇克勤更看重內心的修習。作爲一名向聖學進取的學人，如果自己內心達不到平靜的狀態，恐怕很難在學術上取得較高的成就。對於他者給學生造成的麻煩，我們從上述四項禁令觀察，大多是與官方，即「公」的領域相關。這是學子在社會中的特殊地位造就的，官與民之間缺少直接溝通的紐帶，而學子或者具有功名的士人正是這兩方不可或缺的鏈條。關於自身內心的修習卻內容繁多，包羅萬象，既包括不可議論時事這樣維護朝廷統治的內容，也包括禁止談人閨門這樣戒色的內容。竇克勤所立的禁令就是包括對自身色欲、貪欲等惡欲念的鬥爭。在他的心中，作爲人，尤其是作爲聖門子弟的讀書人，應當努力控制自己的各種欲望而使自己遠離禽獸的行列，這樣才能達到向聖學前行的目的。而作爲學子，只有從各個方面都對自己的行爲進行修習才能夠達到國家用人取士的標準，才能有利於整個社會的進步。

竇克勤還對學生每日早中晚的具體行爲進行規範。這些規範非常重要，好

〔註 142〕竇克勤，尋樂堂日錄，卷十二，康熙三十四年，十二月三日，歷代日記叢鈔〔M〕，北京：學苑出版社，2006：12 冊，415～416。

〔註 143〕竇克勤，尋樂堂日錄，卷十二，康熙三十四年，十二月三日，歷代日記叢鈔〔M〕，北京：學苑出版社，2006：12 冊，416。

〔註 144〕竇克勤，尋樂堂日錄，卷十二，康熙三十四年，十二月三日，歷代日記叢鈔〔M〕，北京：學苑出版社，2006：12 冊，416。

的習慣是修養的重要表現形式。康熙三十五年四月，他制定書院儀注。儀注的內容非常豐富，包括：

> 書院諸生每晨早起入先師殿一揖致敬，朔望日隨拜先師畢，入講堂一揖，諸生東西向各一揖；禮教不明、尊卑失序，其在于今，師弟尤甚。今擬書院禮儀，隅坐隨行，斷不容越。諸生宜明大體，無論在書院，及入先生之家，俱循此禮；諸生既係同學，宜以年齒爲序。齒序既定，凡登堂講習，只以長幼分行，坐之先後，不必牽纏固讓；凡來學者必有介紹，通其姓名里居，以及爲人之大概。入見時止用紅帖全幅書名於其上，投之以此當贄，不用儀物；每逢三六九日，主人至書院考課，諸生齊集赴講堂，疑義相質，身心互證，以畢講習之功；書院有賓客之應酬，有文字之記錄。賓客應酬司應對者專其事，文字記錄司筆翰者專其事，每歲隨時派四人掌之；凡尊長至書院，司應對者延入講堂，集諸生齊赴一揖，卑幼則否；凡遠賓至書院，司應對者周旋之，司筆翰者書明姓名里居。有道者，諸生齊集一揖，尋常則否；學者有事回家，司筆翰者登籍記之，書明某人於某日因某事回家，來則書至日；凡官長至書院講書，諸生於大門外候迎，回則候送，常至則否。〔註 145〕

書院草創，竇克勤嘗試把書院的各項活動制度化。對於教習之地來講，禮儀是最重要的一項內容。他即刻制定了詳細的禮儀活動規約，依據國家的儀禮制度爲範本，其中充斥著如尊卑、長幼等內容。竇的目的在於規範學生處理社會關係，而這種社會關係恰恰是重要的師生及同門間關係。從書院制度的轉型中我們也可以看到，當時社會上似乎正流行投刺名帖奢靡化的風氣，爲了給對方留下深刻的印象，個人的名牌印製精美，甚至有不少人在初次交往時保留古禮饋贈貴重禮物。這都是竇克勤反對的行爲，他認爲社會風氣日下，人心不古，需要士人提倡移風易俗。所以，在他所提倡的學校禮儀當中，強調同學之間互相結識只需把名字寫在紅紙上即可，不准再互贈禮品。他認爲同學之間交往的目的性過強，有違道義，太過利慾薰心。凡此種種，都是背離聖賢之道的行爲，是危險的。

過分強調或希望規範的某種秩序，恰恰是當時社會某些失序狀態的隱喻。竇克勤也經常感歎此事，認爲長幼、尊卑等各種倫理都不被人遵守，可悲可歎。

〔註 145〕竇克勤，尋樂堂日錄，卷十三，康熙三十五年，四月二日，歷代日記叢鈔〔M〕，北京：學苑出版社，2006：12 冊，435～436。

他想起了前不久在京城時候極力反對李光地在任守制之事，這件事情中，朝中少有大臣出面阻攔，他能夠聯合的也只有彭鵬一人，還很快被貶謫調任地方。李光地身爲文官，不屬於不可或缺的職位。他的在任守制行爲是對理學原則的強烈挑戰。理學的「理」就是天理，天理在地上表現爲禮儀的「禮」，修習理學者要遵守最起碼的禮儀、禮制。李光地在任守制受到了康熙皇帝的默許，竇克勤雖極力反對，由於人微言輕，並沒有達到應有的效果。〔註 146〕然而，當自己創辦書院並擔任山長後，竇克勤認爲這是自己影響區域社會的絕好時機。他給學子制定了一系列的規章、制度，甚至禮儀行爲規範，這些規範的內容就是對禮制的大幅照搬。只有日常生活中能夠做到長幼、尊卑有序，再加上長時間對學術的磨練與浸染，將來才有可能成爲對社稷的有用之才。

道德是竇克勤自從人生觀、價値觀形成以來最重要的堅守，也是他用來評判他者最重要的衡量標準。他死後，學生回憶其生前瑣事時提到，「江南學使者與先生有舊，一生挾八百金求通於學使。先生曰，以此濫入膠庠，奈屈抑寒素何？力絕之。崑山尚書徐公聞之曰：『眞古君子也，愛一言擲八百金，尙有別事可移其志操乎？』」〔註 147〕這是他本人對於道德固守的一件典型事例。所以在他對學生的要求中，也很看重道德操守的表現，因此才立下了許多規矩約束學生。朱陽書院創修的經歷前文已經述及，書院這一文化盛舉得到了家族、鄉里、官方的大力支持，進展順利，這也是戰亂之後社會百廢復興的一個側面。作爲山長，竇克勤籌措經費修建書院，大費周章。他不斷與周圍官員通信，希望他們能夠捐助俸祿，修建書院。在與按察使孟公的書信往來中，他就提到書院「近日來學者頗眾，齋房可以容膝，尙有講堂、藏書樓亟謀建修……」。〔註 148〕而按察使孟公對於這件文化盛事也表示出很大的興趣，本月二十日「按察使孟公紹孔書來，訂捐建講堂之費。」〔註 149〕

竇克勤四處籌措經費修建書院，他向有名望、地位的人發出邀約，而應約者也表現出積極的態度。因爲這樣的行爲是爲政者在已經獲得權力和財富

〔註 146〕關於李光地丁憂引起的爭論與清代丁憂制度，詳見：常建華，論清朝以孝治天下的政策與其歸宿〔M〕，清代的國家與社會，北京：人民出版社，2006：83。

〔註 147〕竇克勤，尋樂堂日錄，卷二十五，拾遺，歷代日記叢鈔〔M〕，北京：學苑出版社，2006：14 冊，233。

〔註 148〕竇克勤，尋樂堂日錄，卷十三，康熙三十五年，四月十七日，歷代日記叢鈔〔M〕，北京：學苑出版社，2006：12 冊，441。

〔註 149〕竇克勤，尋樂堂日錄，卷十三，康熙三十五年，四月二十日，歷代日記叢鈔〔M〕，北京：學苑出版社，2006：12 冊，442。

之後急需獲取社會聲望的手段，尤其是在異鄉爲官的要員，更希望以此行爲造福當地百姓，受到一方百姓的稱讚與愛戴。但是，竇克勤發出邀約時也要經過愼重的考量，對於捐助修建書院的財富也並非來者不拒。遠近官員絡繹不絕支持書院發展，竇克勤此時收到了各地集中來的大量錢款。五月三日，竇克勤收到的一筆來自歸德府知府的錢款二十四金，錢款數目雖小，但他卻堅決推辭不受。至於原因，他表述得很明確，此人：

> 時借助軍需之名苛徵里民七千金，眾苦之，紳士求予懇令宥免。令開免兩月餘……至是令復徵，聲言撫軍諭太守爲此舉，勢不能去。作威逼法，更益三千之數。予足病臥榻，令使人以利誘之。病瘉，令出郡侯所捐書院銀二十四金來視，實令金也，予辭之。〔註150〕

知縣假借知府的名頭來捐修書院，實爲一場賄賂的鬧劇。而對於前任知縣史鑒，因其操守清白，造福一方，所以竇克勤每每提及總以「父母」相稱，也表達了他對於固守道德的人士有特別的嘉許和讚揚。對於此時的縣令，竇克勤卻絲毫不留一點情面，被拒絕之後的第二天，縣令又來送錢，照樣被竇克勤堅決推辭。這樣的行爲，把他固守傳統道德底線的形象很清晰的刻畫了出來。

竇克勤的山長生活十分愜意，鄉居在家時，他的威望很高，又因爲從翰林院告病，所以有隨時返京身列要員的前景。這一階段是他人生得意之時，自己親手創辦了書院。在書院的主要內容是授課，將學生集中起來考試，在自己修建的園子當中避暑、讀書。這是竇克勤作爲鄉居士人的主要生活內容，他們家族的主要經濟來源是課農，並無其餘收入。這也使得竇克勤可以很自豪的認爲自己的生活中「利」的成分較少，僅土地收入便可維持家族生計。這是竇克勤固守傳統道德的經濟基礎，在「義」與「利」的關頭，竇往往選擇「義」。而一旦摻雜了「利」在其中，生活就不會如此坦然。竇克勤的生活中除了讀聖賢書外還常吟詩作對，他認爲這樣的生活雖非富貴，但他很知足。作爲山長，他並沒有額外收入，收穫更多的則是社會聲望以及學生對他的尊重。在溫飽問題得到解決後，社會對他的尊敬就是「義」的成分，而這樣的內容會使他更加肯定自己的事業與人生，對此更加滿足，這種滿足也會促使他繼續固化對於道德固守的認識。竇克勤的生命歷程是一條有去無回地自我認同、反覆強化的崎嶇之路。

作爲山長，竇克勤還會經常邀請當地或臨近地域的儒者來書院訪問和講

〔註150〕竇克勤，尋樂堂日錄，卷十三，康熙三十五年，五月三日，歷代日記叢鈔〔M〕，北京：學苑出版社，2006：12冊，445。

學。丁母憂結束的那一年，竇克勤前往江南遊覽，順便拜訪了張牖如先生，並攜先生北上朱陽書院講學，帶給了書院之中讀書的學子不同的學術見解。這是作爲士人的特權之一，士人以知識立身於社會當中，他們是當之無愧的知識階層。這種形式的來往，也是加強士人間聯繫的常見手段，這樣的學術活動往往持續時間較長。康熙三十五年秋，「李子金先生來視，講律曆之學。」〔註 151〕隨後「二十九日，子金先生辭歸。」〔註 152〕士人之間以學術活動爲主的交遊也是爲山長竇克勤顏面增色的大好時機。

康熙三十九年竇克勤前往京城同考庚辰會試，隨後作爲房師，被他推薦選中進士的門人開始逐一拜訪老師。雖然他們與竇克勤的結識並非通過書院，但師生情誼是一致的。其中中式門人徐永宣對老師的感激之情尤其真摯。竇克勤在京時，徐永宣經常通過漕運渠道向老師贈送果品、米糧等物。然而，這只是作爲個體之間最基本的交往，無法體現他對房師的眞摯情誼。讀書人之間的文化行爲是表現情誼的重要手段。在京城時，徐永宣就不斷請求將老師的四書文稿出版，書信往來之中不斷商討此事，徐永宣是有心之人，他很快將老師的書稿刊刻，「門人徐永宣刊予四書文稿成。」〔註 153〕門生爲老師刊刻書籍也對自己的聲望提升有利。在此類文化活動中我們可以看到，竇克勤在書院之中結識的後輩生童並無太多權勢，他們或是初具功名，抑或層次較低。他們與老師的交往僅限於一些初級學習的範疇，對老師的影響不大。而進京之後，由於已是進士層面的考試，所以中式門生的權勢增大，對於社會的影響力增強。門人徐永宣不但幫助貧困的老師渡過難關，還資助老師出版專著，並邀請知名學者爲書籍作序言，他的社會活動能力顯然是比較強的。

學生對老師的幫助除了經濟方面，還有其他選項。有學生幫助竇克勤尋找醫生，治療疾病。有學生爲其提供醫者信息，還有學生請醫者至竇的家中直接診療。學生與老師的交集主要仍在學術方面，竇克勤在書院之中，學生可以直接請教師長關於學術的問題，在外地可以書信來往間接商討學術問題。這些例子很多，如「答門人鄭祖期……家居曾接手翰，虛懷下問，

〔註 151〕竇克勤，尋樂堂日錄，卷十三，康熙三十五年，八月二十一日，歷代日記叢鈔〔M〕，北京：學苑出版社，2006：12 冊，482。

〔註 152〕竇克勤，尋樂堂日錄，卷十三，康熙三十五年，八月二十九日，歷代日記叢鈔〔M〕，北京：學苑出版社，2006：12 冊，482。

〔註 153〕竇克勤，尋樂堂日錄，卷十九，康熙四十一年，九月二十一日，歷代日記叢鈔〔M〕，北京：學苑出版社，2006：13 冊，392。

俱見道力弘毅允足，負荷遠大……今乘便用撮一言相商。竊以道在天下，任人取攜，視分量之淺深爲承受之多寡……」。〔註 154〕師生之間，遠隔千里，竇克勤對於此類書信總要認眞回覆，他認爲對這樣上進的青年俊才要倍加提攜。

作爲朱陽書院的山長，最大的權利或義務是督促自己家族的子侄進入書院讀書。竇克勤雖然對於書院的主講楊太和先生並不十分滿意，但相對於縣學而言，柘城有教學實力更強的朱陽書院，必然是子侄讀書進學的首選。況且，在書院之中，竇克勤可以親自督促子侄讀書課業，非常便利。竇克勤的努力付出沒有被辜負，家族之中的後輩在不同層次的科舉考試中屢獲佳績。竇克勤創辦了柘城第一所書院，他離世之後，兒子竇容邃接管書院數十年，使書院持續作爲柘城縣的文化中心。

第六節　病患

竇生長在理學昌盛的中原大地，自幼受到理學思想的薰染。他年輕時就結識了中州名儒耿介和湯斌，在與二先生的交往中，他的理學造詣迅速提升。竇的理學觀念可以用「居敬窮理、主敬存誠」數字概括，日常生活中他往往把各種問題與理學聯繫在一起。他還把志同道合的友人編入《同志譜》，認爲他們都是秉持理學的同志者。

推崇理學，批判心學和佛、道是竇的一貫立場。生活中他以理學爲正宗，認爲聰明用在佛教是誤用，「逸庵先生曰：『世間不乏才智之士，往往出其聰明用之於佛教，何也？』予曰：『只是忽視中庸爾，忽視中庸者，未曾深嘗正味，遂欲別尋一途以自處，彼不自知，其聰明之誤用也。』」〔註 155〕晚年的他仍絲毫不掩飾對佛、道的排斥，「門人問儒釋之異，訓之曰：『釋氏著落在心字，做來做去，止成一個寂滅之局……吾儒之學，就心字上，著落一個理字，卷之退藏於密，放之則彌六合。』」〔註 156〕同一天「門人有爲人求作三教堂文者，訓之曰：『釋道之異端如何與吾儒並駕，若以爲儒者堂，則文可作，以爲

〔註 154〕竇克勤，尋樂堂日錄，卷十七，康熙三十九年，十月六日，歷代日記叢鈔〔M〕，北京：學苑出版社，2006：13 冊，249。

〔註 155〕竇克勤，尋樂堂日錄，卷二，康熙十九年，八月十四日，歷代日記叢鈔〔M〕，北京：學苑出版社，2006：10 冊，527。

〔註 156〕竇克勤，尋樂堂日錄，卷二十三，康熙四十五年，十一月四日，歷代日記叢鈔〔M〕，北京：學苑出版社，2006：13 冊，673。

三教堂，則援儒入墨矣，吾未能化之，忍助之乎？」〔註 157〕。因此事竇屢「訓」弟子，足見他的立場堅定。

一、日常生活中的病痛與治療

根據現存的竇克勤《尋樂堂日錄》可知，竇克勤日常生活的內容豐富，主要由讀書、科考、訪友、宦遊、療病、主講書院等內容構成。其中療病的內容非常關鍵，竇因療病結交了不同的友人，與各色醫者密切來往，並形成了功能性的交際圈。爲方便檢閱，筆者現將日錄中所見竇的病痛與治療行爲匯成下表。

表 2　竇克勤《尋樂堂日錄》所見患病、治療年表

年　代	病痛時間、療病內容
十二年	九月病，十三年二月病癒。
十八年	四月十日病目，十九日目漸愈。五月二十六日目病。六月初十日足疾，二十一日愈。
二十年	七月十五日目病。十二月四日病目，十八日目疾愈。
二十一年	三月十一日足病，十五日愈。七月二十六日病，二十九日病劇，八月五日醫病，九月二十日愈。十一月二十四日脊骨病，二十五日病甚，二十六日後輕。
二十三年	四月三十日病，五月十一日愈。
二十四年	六月十六日右足疼，七月七日病臥二十天瘡足痛，十七日服藥酒。
二十五年	閏四月二十二日足疾，醫者調治三日，七月十七日右足病，八月五日足病。十二月十二日足病藥敷之，十三日愈。
二十六年	三月二日足病，五日足病甚。
二十七年	正月十四日左足痛，二十二日以後愈。二月二十六日右足微痛，二十九日足痛，三月十一日愈。
二十八年	二月五日病，十八日愈。六月朔左足痛，四日愈。七月十八日病。
二十九年	十二月十四日以後病，二十七日足病漸愈。
三十年	正月二十三日愈。六月四日足病甚，七月四日左足痛，七日愈。
三十一年	十一月二十二日膝痛，十一月二十九日脊骨痛。

〔註 157〕竇克勤，尋樂堂日錄，卷二十三，康熙四十五年，十一月四日，歷代日記叢鈔〔M〕，北京：學苑出版社，2006：13 冊，673。

三十二年	正月初一足病，二月三日左足病，十四日愈。七月十三日足病，二十日愈。八月二十六日足病，九月二十五日足微痛，二十七日足病，二十八日服藥後輕快。十月六日心中涼氣上衝，八日以後服補中益氣湯，二十日心神不寧，二十二日以後服八味地黃湯，二十五日愈。十一月二十七日氣滯痰盛，十二月四日氣暢。
三十三年	二月十二日左足病。六月九日中氣不足，急用參劑，十日病去。六月十二日氣不接。六月十五日足病，二十二日病甚，秋七月朔以後不服藥。七月三日左足痛服藥，七月二十四日足膝大病，八月六日痰盛氣滯。
三十四年	正月朔病，二月五日愈。四月六日微病，九日病，十五日病少愈。六月十六日右足病，二十九日愈。九月九日膝病，十月朔足病。十二月九日病，十四日病增，除夕猶未愈。
三十五年	正月五日病，二十八日數日來神氣不清、頭目眩暈，二十九日愈。三月二十三日病。四月二十五日足病，五月二日愈。七月十一日病重，七月十三日翻胃嘔吐。十月七日左足病，九日病甚，十四日送膏藥，二十日亳州請醫，二十二日病復作，二十六日亳州醫者用藥薰，十一月三日薰。十一月十四日右足痛，二十四日足又病，二十八日略愈，十二月二十二日愈。
三十六年	正月二日足病痊，十四日病。三月二十四日傷風，二十九日愈。閏三月二十四日足病，四月四日愈。五月十五日炙虎骨，六月十日病，十九日愈。六月二十四日左膝病，二十八日以後靜攝。七月十日病甚，八月朔足病，十四日以後薰洗，九月二日愈。九月八日病，十三日愈。十二月九日病。
三十七年	正月朔足痛，五日內養病，八日足痛止，頭暈。三月四日右足病，六日以後病甚，十五日以後病漸輕。四月二日兩足又病，三日右足又病，五日病。四月二十日足病，四月二十九日左膝痛，求藥膏，五月五日愈。六月十五日右足病，七月朔足疾，七月十二日晚間足猶痛，十四日從初一至此日始輕。七月十八日病痔，二十六日病，二十七日飲食如常。十月二十日自六月十五日病至是日愈。
三十八年	四月四日病，十九日愈。五月九日左膝痛，二十一日病癒。六月九日左膝病，二十九日足病，七月二日足痛甚，二十一日足病癒，二十二日病痢並痔。閏七月朔以後足痛，九月五日病，十一月二十八日足病，十二月二十七日族人因係世醫，服其藥調治。
三十九年	正月朔足病，二十六日漸愈。二月六日足痛，九日病痔，十五日痔愈。四月二十三日右足痛，五月三日愈。六月六日左手中大指腫痛，六月九日吐瀉病甚，十二日瀉止。六月十九日左手中指腫痛，二十一日診視服藥。六月二十九日手足並痛，七月二日左膝大痛，五日針治，十二日針治三次病稍輕，十六日病未去。八月二十九日右膝痛甚，九月七日足病癒，十月二十五日足疾愈。
四十年	正月二日足病，十六日足又病。正月二十三日到二十七日間來針治。二月十九日右脅痛，三月五日敷離宮錠，三月十九日足痛止。四月十九日足病癒。七月二十五日患痢，八月五日痢輕。八月九日目微病，八月十

	四日晚腹痛，八月十七日目疾愈。十八日痢止。八月二十二日足痛，九月七日醫者來，服其藥。十月朔病胃嘔吐，秋患痢。十月二日自九月二十一日以來服面藥酒，夜兩腿不寧。十月四日胸中氣散，五日氣弱，六日服地黃湯，十二月五日足疾愈。
四十一年	二月十九日左足病，二十七日足病癒。三月十一日足痛，三十日病癒。四月二十九日左中指腫痛。閏六月初一濟南看病，八月十四日骨蒸體倦。十二月二十七日病。
四十二年	正月朔腹痛不止，二日腹痛止，痔生，五日痔漸消。正月二十七日，去歲十二月二十七日病至今日愈。二月九日右手大指腫痛，十五日愈。三月二十九日病，四月二日愈。四月十四日晚膀痛，十六日痛止。五月六日病胃，八日愈。六月十日膝痛，十四日漸愈。七月三日左手指腫痛，七月十三日以後痢瀉痔下痰，二十四日就醫睢州，二十七日服止痢疾方，八月二日痢疾腹痛俱止。五日腿足微痛，六日左腿病，三十日以後服丸散藥，九月朔足疾愈。十二月九日病，二十九日病癒。
四十三年	正月八日病痔，十一日痔消。二月十五日足病，十九日學生請醫者治病，三月十三日愈。四月二十日足病，二十七日諸痛止。四月二十八日睢州看病，五月十六日足病癒。六月七日目病，七月二十日自十六日病痔至此略愈。七月二十八日足病，九月四日愈，九月二十九日右膝痛，十月八日足疾愈。
四十四年	正月十三日左手中指痛，十四日食指大指並腫痛，十七日指腫痛甚，二十三日指輕，右足痛，二十五日稍輕。三月二十日病，二十九日以上皆服藥，閏四月五日愈。五月十二日病，十八日愈。五月二十日頭眩暈，二十二日愈。十一月十三日病，二十九日風寒嘔吐、作痢，十二月七日愈。
四十五年	正月十四日手指腫痛，二月朔左足痛，二日右足痛。二月四日齒痛，六日諸病癒。二月二十六日左足痛，二十七日足痛止。四月八日足痛，十日足痛。五月五日痛，五月十二日疾未愈，二十九日服藥。六月二十九日患瀉病，七月二十四日自四月以來瀉症至是日愈。九月六日病，十月十六日右膝微痛，十七日右膝痛，十一月十五日足痛，十一月二十六日手足痛。
四十六年	正月九日病重，五月二十一日病瀉痢，二十九日瀉轉劇。六月十三日足病，七月二日病，七日膝痛，十八日左膝病，八月七日病漸愈。九月二十八日風寒。
四十七年	三月二十七日腹痛，二十八日養病。

竇逝世時年僅五十六歲，本不算高壽。而在這短暫的幾十年中，他被病痛不時困擾及四處求醫的歷程就顯得曠日持久。對於病痛的感受，竇並沒有逐日記錄。但從他筆端常常觸及纏綿許久的病痛終於得到醫治，我們就可以想像到在整日整月受病痛時作時愈的折磨中，他的生活是一種怎樣的狀態。作爲士人，竇克勤處於接近皇帝的高級階層，由上表可知，他對於病痛的認知仍顯得粗淺。

他經歷的病痛主要有脊骨病、目病、足痛、指腫痛、心神不寧、膝痛、病痔、氣不接、病痢、風寒、腹痛等等。他所接受的治療方法主要有服藥（包括湯、丸、散、參劑等）、貼膏藥、針灸、敷藥、炙烤等等。無論在鄉間居抑或四處宦遊，竇療病都以請醫者來家診視爲主，外出訪醫的機會較少。竇主要是通過親朋或弟子的推薦結識醫者，也有部分友人、族人本身亦儒亦醫。

二、理學觀念下的療病、生命觀

竇日常生活中病痛種類繁多，且曠日持久，這迫使他對於病因、病痛的治療等諸多相關問題進行深入的思考。由於他是一位理學家，所以對一切問題的思考都不可避免地打上了鮮明的理學觀念的烙印。

關於疾病如何產生，竇認爲，「古人云，『氣有時而衰，志無時而衰。』我輩病時皆氣不和爾，非志不適也。」〔註 158〕人體內血氣變化能夠引起軀體的變化，平日的血氣不和會引發疾病。所以君子需要養志氣，儘量不爲血氣所動，這樣才能保持身體健康。此外，竇「勉至書院講書，諸子謂病方愈，神氣未全，復止之。」〔註 159〕他也同意弟子的觀點，認爲身體中的神氣受損，所以產生病痛。

對於頭暈、足痛等由精神不適而引起的病痛，竇認爲讀理學經典著作或者採用靜修之法可以治療。頭暈時，竇「玩《近思錄》數行，神清氣爽，再玩幾章，心志收攝寧靜，昔謂讀書爲養心之方，今更知爲卻病之方矣。」〔註 160〕足痛時，竇「心存誠敬勝之……因於輾轉不寧痛極難忍之時，忽思程子於舟將覆時無懼，人問之、曰，『存誠敬爾』。夫舟將覆，死生在俄頃間，然尚以誠敬自信。今雖痛不可當，不過如覆舟時爾，其可懈此誠敬乎。因存誠敬勝之，痛可忍矣……」〔註 161〕竇認爲由理學的修養而達到內心平靜可以戰勝或減輕身體的痛楚。竇與田蘭芳〔註 162〕的信中也提到，「……近日得卻病良

〔註 158〕竇克勤，尋樂堂日錄，卷三，康熙二十四年，七月七日，歷代日記叢鈔〔M〕，北京：學苑出版社，2006：11 冊，140，此典出自朱熹，四書章句集注，論語集注：卷八。

〔註 159〕竇克勤，尋樂堂日錄，卷九，康熙三十一年，四月二十九日，歷代日記叢鈔〔M〕，北京：學苑出版社，2006：12 冊，137。

〔註 160〕竇克勤，尋樂堂日錄，卷十五，康熙三十七年，正月八日，歷代日記叢鈔〔M〕，北京：學苑出版社，2006：13 冊，1。

〔註 161〕竇克勤，尋樂堂日錄，卷十六，康熙三十八年，七月二日，歷代日記叢鈔〔M〕，北京：學苑出版社，2006：13 冊，137～138。

〔註 162〕田蘭芳，字梁紫，號簣山，清初中州名儒，河南睢州人。

方，早出暮歸書院中，嘗蔬食菜羹之味，大與貧骨相宜。」〔註 163〕他認爲勤奮讀書並養成清心寡欲的生活習慣，可以讓人精神振奮，從而促進身體健康。

關於養生，竇也有自己的獨特看法。他認爲內心愉悅表現在外部是一種和順氣象。「五月十九日接家報，見大人書字精神不懈，端楷凝靜，知其內志愉悅，故外而應之手者，自有和順氣象也……。」〔註 164〕所以養生要從「內志」下手，竇認爲讀書、靜修等行爲可以「養氣」，從而達到養生的目的。「晤陳玉立，道彼養血氣之功，予曰，『集義方爲養氣，君既從事於學，胡弗棄其所爲，一軌於正，不幾有歸宿處耶？』」〔註 165〕養志氣須以儒學的「義」爲基礎。他又寫道：

> 楊先生送紫金錠一，且以予疾爲慮，示以呼吸之法，爲養生之妙術，云學此便可無病。予曰，『予不能學此，但思孟子所云，仰不愧於天，俯不怍於人。……聖人亦不道便可不死，但有病來診脈用藥，不過如此而已。命之長短，聖人亦不能定也，聖人亦用養火之法，則無跡可見。所謂天德之剛是也，聖人養此天德之剛，不以一毫私欲害之，是何等火力。及說到死上，則曰死生有命，則曰修身以俟死。絕不聞有他道也，亦順受之而已矣。』〔註 166〕

竇認爲死生是命中注定的事情。在有限的生命中想要促進身體健康則需要養生。而養生應向聖人學習，注重內裏的修習，提高自身「天德」的修養。竇重視通過內心平靜的修習以及加強理學道德的修養達到養生的目的。在竇作《祝張母李氏八十壽序》中，他的養生觀念表現得更爲明確，「……總之人樸則嗜好淺，嗜好淺則精神固，精神固則福命長……」。〔註 167〕從日常行爲中的嗜好聯繫到精神意志，最終落腳點在福壽長存上。

〔註 163〕竇克勤，尋樂堂日錄，卷十六，康熙三十八年，四月二十六日，歷代日記叢鈔〔M〕，北京：學苑出版社，2006：13 冊，124。

〔註 164〕竇克勤，尋樂堂日錄，卷十，康熙三十二年，五月二十日，歷代日記叢鈔〔M〕，北京：學苑出版社，2006：12 冊，210～211。

〔註 165〕竇克勤，尋樂堂日錄，卷二十四，康熙四十六年，二月二十七日，歷代日記叢鈔〔M〕，北京：學苑出版社，2006：14 冊，7。

〔註 166〕竇克勤，尋樂堂日錄，卷十五，康熙三十七年，七月九日，歷代日記叢鈔〔M〕，北京：學苑出版社，2006：13 冊，51，按：「仰不愧於天，俯不怍於人」，語出《孟子・盡心上》。

〔註 167〕竇克勤，尋樂堂日錄，卷十五，康熙三十七年，八月二十七日，歷代日記叢鈔〔M〕，北京：學苑出版社，2006：13 冊，68。

關於病痛對人生的影響，與竇同在翰林院的鄭際泰認爲，「『病能成人，非以害人』……先生喜曰，『病體輕則道念重矣，人平居時，攖情宮室車馬，役志貨利聲名，種種妄想，再無盡休。一至大病狼狽，諸念盡絕，即父子兄弟、且不能相顧，此豈復作人世想？疾漸瘳，徐想世境，不覺淡焉視之矣。從此定其志，堅其操，不爲紛華靡麗所動，豈非天地間第一流人物，可見病非害人，適以成人爾。』」〔註 168〕竇也持同樣看法。竇還寫道：「……知病非困我，實成我也，並境遇亦非厲我，蓋試我也……」〔註 169〕病痛可以成就人生，處於病痛中是對個人意志的磨練，經歷過這樣的磨礪，個人的修爲將得到提升。

三、孝通神明，以孝代藥

在竇的日常生活中，由於療病產生的通神行爲，最典型的是李太孺人「刲股療姑」事件。竇第一次提到「刲股療姑」事件在順治十六年。當時他年僅七歲，顯然是後來補寫的日記。關於「刲股療姑」事件，可能他聽說的成分遠大於目睹。事情是這樣的：「祖母姚氏患痢，母李太孺人暗室焚禱，割左股，和湯羹以進，疾尋瘳。」〔註 170〕竇父大任再次提到刲股事件是在竇母剛去世時，他在妻子的行述中這樣描寫：

> 會先慈疾作，幾不起。大任醫禱遍境內，卒無一效。孺人痛不欲生，於暗室焚香告天，求以身代，遂刲股救變，忽爾沉屙大痊，得免危禍。當刲股時，家人無一知之者。既知，視其刀痕，並無點血。且此念初發，假寐若接神語，云時已至，言之者再，遂驚起盥洗、爲此舉。事亦異已，雖君子言，孝不及此類，然一念之誠，可以回天，亦惟此心自盡而已，他無所計也。後先慈棄世，適符一紀之數。〔註 171〕

行述對於此事描述有兩個要點，一是身處暗室，行爲發生時並無他人知曉。一是未留痕跡，沒有疤痕。闡述此事時姑已身亡，無旁證。從竇對幼年時期

〔註 168〕竇克勤，尋樂堂日錄，卷十一，康熙三十三年，六月七日，歷代日記叢鈔〔M〕，北京：學苑出版社，2006：12 冊，312。

〔註 169〕陳遷鶴撰，史鑒，康熙三十八年，柘城縣志，卷四，竇母李太孺人傳。

〔註 170〕竇克勤，尋樂堂日錄，卷一，順治十六年，歷代日記叢鈔〔M〕，北京：學苑出版社，2006：10 冊，388。

〔註 171〕竇克勤，尋樂堂日錄，卷六，康熙二十八年，十一月二十日，歷代日記叢鈔〔M〕，北京：學苑出版社，2006：11 冊，526～527，按：一紀時長爲十二年。

其母孝行的回憶到竇大任所作行述，這個故事在親友、鄉里間開始蔓延。

李太孺人去世後不久，竇的友人紛紛爲其立傳。陳遷鶴最先完成，內容大體與「行述」一致。他描述此事爲「刃不留、血不縷，若有陰相之者。」〔註172〕陳遷鶴是乙丑科進士，比竇早入翰林院三年。也許他們在之前的科考中就結識了，但二人正式交往應在二十七年竇進入翰林院之後。從日錄中看二人來往並不密切，所以傳記中陳著墨較少，介紹敘述皆點到爲止。

隨後竇的忘年友耿介也爲李太孺人立傳。內容突出了竇的理學家身份，將「刲股療姑」事件以「孝之至，通於神明」的立場大加讚揚。耿對於刲股故事的描述非常細緻，彷彿親臨現場。

不久田蘭芳也完成了李太孺人傳，他認爲「刲股療姑」事件中「余之所以大異乎太孺人者……太孺人之純孝發中也。不見有身，只知有姑，彷徨四顧，無可如何。不得已，而下從愚夫愚婦之所爲，以盡吾無可如何之摯愛……嗚呼！是非至易而至難者與？太孺人終身所爲，率皆人倫日用之常，而卒爲人所不能蹈。若太孺人者，亦可謂極高明、而道中庸矣，嗚呼懿哉。」〔註173〕他的看法與別人有微妙的區別，認爲太孺人是無可奈何仿傚「愚夫愚婦」的行爲。田儘量突出太孺人在日用倫常間表現出的純孝，而淡化其通神的魔力。劉榛〔註174〕作的傳記最晚完成，內容部分引用了耿介所作且敘述更加誇張，突出了太孺人上通神靈的超凡能力。

一年之後竇自己也撰寫了李太孺人的傳記，文中再次提到「刲股療姑」事件。他把這一事件建構得更加豐滿、完整，著力渲染其母因姑病百藥無效的痛楚與無助，以及上通神靈時豐富的心理活動。借友人之筆，李太孺人被描述成了上通神靈的純孝典範。對這樣一個近似神話的故事，友人因與竇的關係遠近不同而突出講述了故事的不同側面。病痛是個人生命中的大事，借助療病，以及如何療病的觀念，竇成功取得了家族、友人對竇母行爲的認可。隨後縣志也載入了李氏的孝行事蹟：

> 李氏，生員竇大任妻，庶常公克勤母也，性至孝……己亥秋，姑患痢，氏與大任日夜奉湯藥，衣不解帶。八月，病益劇，氏思，古有

〔註172〕竇克勤，尋樂堂日錄，卷六，康熙二十八年，十二月八日，歷代日記叢鈔〔M〕，北京：學苑出版社，2006：11冊，534。

〔註173〕竇克勤，尋樂堂日錄，卷七，康熙二十九年，八月一日，歷代日記叢鈔〔M〕，北京：學苑出版社，2006：11冊，582。

〔註174〕劉榛，字山蔚，清初中州名儒，河南商丘人。

割股愈親疾者，於是夜暗禱，欲質明割股以救。假寐時，若有神告之者曰，『時至矣，神鑒爾孝，延爾姑壽十二年。』遂驚起盥洗，焚香告天，引刀割左股……遂和羹以進，姑食之，沉屙一旦痊除。〔註 175〕

至此，因療病產生孝行，因孝行產生的通神行爲，通過政府的認可並刊入縣志，上升爲地區性的純孝典範。

整個事件中能夠療病的不是血肉混合著的藥物，而是由於純孝通神的精神力量使得普通的藥物具有了神奇的作用。描述孝行的神奇力量時已經不再關注病痛本身，而是著重展開對超出常理的特殊能力的塑造。此外，竇在爲族嫂李孺人作的祭文中也提到舅病重，李孺人「聞太行孫眞人祠靈應如響，不殫效愚婦所爲，一步一叩首，雖流血不恤也，赴神祠虔禱後，更單衣，縱嚴寒，不著棉絮，如是者三年，以祈神祐。舅自是病漸起，得免於難。」〔註 176〕此時，療病的主體已經變成純粹精神指引下的孝行，有沒有藥物，或者是何藥物已經不再重要。

四、實用主義的療病觀

竇在自己的作品《中翰崔公墓誌銘》〔註 177〕中提到，「康熙二十有八年己巳，予迎養兩大人於京師，先太孺人疾作，聞崔成軒中翰以儒術精岐黃，比叩所蘊、理精法殊、不類方術家言。」〔註 178〕，他認爲精通岐黃之術應以儒術爲基礎。他對「裝神弄鬼」的方術加以排斥而對於儒醫相通者給予肯定和敬重，但他日常生活中的行爲卻不完全與此吻合。

竇對其母「刲股療姑」的療病事件大加讚揚並傳頌，對於「異端」思想卻很排斥。竇因「醫生李以和血氣之方秘言之，甚誕、屏之。」〔註 179〕「和血氣之方」與「刲股療姑」看似同樣荒誕的療病手段，竇對它們的態度卻迥然不同。其母刲股事件可與《孝經》「孝悌之至，通於神明，光於四海，無所

〔註 175〕史鑒，康熙三十八年，柘城縣志，卷二，孝婦，李氏。

〔註 176〕竇克勤，尋樂堂日錄，卷二十二，康熙四十四年，二月九日，歷代日記叢鈔〔M〕，北京：學苑出版社，2006：13 冊，551。

〔註 177〕崔甲默，字認庵，號成軒，康熙二十一年進士，官至內閣中書舍人，河北安平人。

〔註 178〕竇克勤，尋樂堂日錄，卷十七，康熙三十九年，十月九日，歷代日記叢鈔〔M〕，北京：學苑出版社，2006：13 冊，251。

〔註 179〕竇克勤，尋樂堂日錄，卷十五，康熙三十七年，八月二十五日，歷代日記叢鈔〔M〕，北京：學苑出版社，2006：13 冊，67～68。

不通。」〔註180〕比對，進而塑造純孝的形象。而對於後者，竇卻以儒學所倡導的不語怪力亂神的觀念堅決摒棄。

竇偶而也會採取祝神的手段促進療病。十八年六月十六日竇母微有目疾，竇甚慮之。十七日竇：

> 夜半夢一婦來治，勤立親室外，見室內有燈光，不果進。少間，一女子從室內出，向勤云，爾與我叩頭云云……既睡，又於恍惚之頃，夢有云，可許願，遂警覺。勤思此一婦一女，或是神來調護，燈光或是於眼明光處無礙示，叩頭、又示許願，或教以祈禱虔祀也。勤素不邀鬼神，敬而遠之，不敢違先師言，吉凶禍福，一聽之，宜漠而自修，必欲有終無衍。今母疾，神其警我，勤即百叩伸謝，恐不盡也。謹於十八日晨初，盥櫛衣冠，焚香拜禱，祈神護祐。如令我母眼疾立愈，我實信汝。我於疾愈之明日，買金紙，潔備雞魚肉酒果菜以酬汝。我素不邀神，想爾神素知。今拜爾，許願於爾，爾獨不鑒我愚誠，令吾母立時無患，以昭爾明德於未休。我又禱爾，不知爾爲何許神。爾夢中亦皆託言警我，我於母愈之明日，亦即於夢中，與爾言之處祭爾。若不祐吾母眼疾，今日不瘳，我雖許願，亦不爾祭也，且終不爾信矣。惟冀神靈立時保祐，令吾母眼疾全愈，勤百拜申謝。〔註181〕

翌日竇因「母目疾愈，祭神。」〔註182〕竇的心情很複雜，他把夢中人物奉若神明，但礙於自身的理學立場，無法全身心的投入到信神、愉神的情境中去。他有求於未知的神明，但又以略帶要挾的口吻寫此《祝神文》。竇以世俗觀念把未知的神明想像成對於貢品貪婪渴求的等價交換者，他內心是輕視「鬼神」的。但這種觀念在遇到治療疾病時，尤其是關乎自身親人健康時卻可以破例。雖不信鬼神，但爲了母親的健康，爲了「孝」而祝神一次又何妨。

晚年竇克勤苦於足疾纏身，四處醫治無效。四十一年六月竇聽聞濟南有「新棲羽士」善於治療各種痼疾。他立刻動身趕往濟南，在狹窄巷子裏的關帝廟偶遇一個「野服頽顏」並聲稱治足疾藥到病除的人物。竇以治胃病試探，

〔註180〕孝經，感應章，第十六。

〔註181〕竇克勤，尋樂堂日錄，卷一，康熙十八年，六月十八日，歷代日記叢鈔〔M〕，北京：學苑出版社，2006：10冊，686～688。

〔註182〕竇克勤，尋樂堂日錄，卷一，康熙十八年，六月十九日，歷代日記叢鈔〔M〕，北京：學苑出版社，2006：10冊，488。

服藥後立刻感覺痊癒，而此人正是自己要尋訪的人。四日道士爲竇療足病，五日他便覺得「足輕便如常」。〔註 183〕十三日他感歎，「累日舉足輕快，三十年之沉屙信能驅除矣」〔註 184〕他回憶初識道士的情景，「言其師乃秦始皇時人，其形屢變，似人似鬼，不可識。今有同道友朱姓，居武夷山，已歷四百餘歲云云。」〔註 185〕因此竇更覺得此人蹊蹺，道士自述「二十歲南遊入山，今七十六歲，偶下山作濟人事，事完入山，不復再出。」〔註 186〕道士不貪利，不圖名，整件事情非常可疑。儘管如此，竇三十年的沉屙痊癒了，這一天他的心情很複雜，「跡其前後，荒唐殊甚，然用藥而能除病源，其功何可沒也。予志其有德於我者，至其荒誕不經、或愚人之術爾，必欲求其用藥何物，醫病何方，即予至今仍積疑不解，勿深論可也。」〔註 187〕

竇在濟南療病的過程較之「刲股療姑」來說，以常理似仍可理解。治療手段尋常，只是藥效出奇罷了。儘管竇的基本立場是對怪力亂神的「異端」行爲排斥和鄙夷，但面對難以醫治的痼疾，他還是抱著實用主義的態度出發了。結果可喜，但他的心情複雜。同樣是對超人類的外在神秘力量的借助，竇顯然更願意相信自己或親友可以通過理學提倡的孝行來治癒疾病。

五、討論

竇在日常生活的病痛與治療中重視內在的精神力量。從理學觀念出發，他認爲利用精神力量不但可以養生，還可以治療病痛，因而精神的修養不可有一時鬆懈。他死後，據弟子回憶他年輕時「家貧膏火不繼，時乘月坐讀。案下置石凳，橫足其上。嚴冬盛暑，不知風寒之浸入也。後十八九時，中足疾，時作時愈，爲終身沉屙。」〔註 188〕在條件極端惡劣的環境中，他依然刻

〔註 183〕竇克勤，尋樂堂日錄，卷十九，康熙四十一年，閏六月五日，歷代日記叢鈔〔M〕，北京：學苑出版社，2006：13 冊，382。

〔註 184〕竇克勤，尋樂堂日錄，卷十九，康熙四十一年，閏六月十三日，歷代日記叢鈔〔M〕，北京：學苑出版社，2006：13 冊，383。

〔註 185〕竇克勤，尋樂堂日錄，卷十九，康熙四十一年，閏六月十三日，歷代日記叢鈔〔M〕，北京：學苑出版社，2006：13 冊，384。

〔註 186〕竇克勤，尋樂堂日錄，卷十九，康熙四十一年，閏六月十三日，歷代日記叢鈔〔M〕，北京：學苑出版社，2006：13 冊，384。

〔註 187〕竇克勤，尋樂堂日錄，卷十九，康熙四十一年，閏六月十三日，歷代日記叢鈔〔M〕，北京：學苑出版社，2006：13 冊，384～385。

〔註 188〕竇克勤，尋樂堂日錄，卷二十五，康熙四十七年，拾遺，右李圖南記，歷代日記叢鈔〔M〕，北京：學苑出版社，2006：14 冊，221。

苦攻讀，時刻警醒、鞭策自己，用近似苦行僧式的方式磨礪自己，正是理學觀念賦予了他戰勝困難的強大動力。也許這種觀念成就了竇，他在與困難頑強鬥爭的過程中磨礪了意志，使其在精神修養以及學術上有所作爲，從而區別於一般的「愚夫愚婦」。如他自己所言，病非困擾我，實成就我。然而由於這種觀念引發的足疾又使得他在官場中進進出出，很大程度上影響了他的仕途和學術。理學觀念或許成就了竇，或許牽絆了竇，我們似無法簡單判定。但我們可以強烈感受到病痛、治療、生命觀及健康觀在當時社會中對士人的特殊意義。

理學的快速發展與隆盛與佛、道在中國的發展與傳播有著莫大的聯繫。竇出於自身的需要對外在的神秘力量進行排斥，或加以利用，他的生活中並非沒有佛道的元素，他因療病拜訪道士、與僧人交往，並以「靜庵」爲字等都充分說明在當時的社會背景下，他無法從自明末形成的三教合一潮流中抽身。

第二章　胡具慶的人生

胡具慶（1685～1749），字餘也，號弢峰，又號俟齋。祖籍直隸容城，後遷居河南杞縣。少時隨父四處宦遊。康熙五十九年順天鄉試中舉，後屢次赴京會試未果。胡長期在杞縣鄉居，生活內容以課農、宗族禮儀活動、學術修習爲主。乾隆十二年授陝西石泉知縣。在任期間體恤民情，受到百姓愛戴。乾隆十四年，胡具慶對爲官的現實與理想的矛盾頗感不適，毅然辭官歸里，隨即離世，有《甲初日記》、《庚復日記》等著作存世。

第一節　紳士

胡具慶家族世居直隸容城，直至他父親在河南爲官時，在杞縣購置大量田產並定居。少年時，胡具慶跟隨授業恩師李棟學習。十六歲時，他閱讀朱子《近思錄》時愛不釋手，並就書中的內容向先生求教。先生說「人之一生，以心爲主，故曰天君。吾子時時提醒此心，聲色貨利，毫不攖我方寸。萬事當前，天理澄湛，即此是道，即此是入道之方。」〔註1〕這句話對胡具慶影響非常深遠，乃至終其一生。

康熙五十三年二月胡具慶和四弟共同陪父親在天安門處抽籤，「父親秩滿應升，今赴天安門外掣簽，銓補廣東韶州府知府。」〔註2〕父親被授予廣東的官職之後，全家人開始準備前往廣東。這時候，胡具慶的妻子由於得了「潮

〔註1〕王鍾翰點校，清史列傳，卷六十七，北京：中華書局，1987：17冊，5362。

〔註2〕胡具慶，甲初日記，康熙五十三年，二月二十五日，歷代日記叢鈔〔M〕，北京：學苑出版社，2006：20冊，47～48。

熱之疾」，竟然很快在京師死去。返回容城祖宅辦理妻子後事之後，全家人分水陸兩批前往在漢陽當差的大兄署中。漢陽相聚後，胡具慶攜兒子前往浙江探望岳母一家。「入李氏宅中，見岳祖、岳母。岳祖年近八旬而喪子喪孫，內侄年方十一而無祖無父。岳母去歲哭兒，今歲哭女。兩世孀居三喪未舉，人生慘境，莫此爲甚，想見之際，不禁淒然。」〔註3〕此次他前往拜謁岳母等人的目的是慰藉長輩，妻子十四歲嫁到胡家以後就很少與岳母相見，如今正值青春，卻早早凋謝。探望岳母之餘，他還爲小兒種痘。胡具慶不知從何處聽聞南方有善種痘者，成功率高，種痘之後小兒就不會再出痘。他邀請當地醫者爲小兒種痘，隨後他還特地爲種痘避風百日。

百日期滿後他再次啓程出發前往廣東韶州府父親署中，經過杭州、衢州、南昌、南安、南雄等地最終抵達目的地。由於他正在努力考取舉人的功名，爲了鍛鍊他的能力，父親在英德縣觀風的生童試卷就由他來評閱。不僅如此，秋季父親考課韶州下屬六縣文童的試卷也全部由他評閱。對他來說這是很好的鍛鍊和學習機會。康熙五十六年，他啓程返回自己的籍貫所在地順天府參加鄉試。八月八日他參加順天府舉行的直隸鄉試，落第後返回容城。

康熙五十九年，又到了直隸舉行鄉試的時間，胡具慶五月末從杞縣出發前往京城參加直隸在京城舉行的鄉試。九月二十二日，已經返回杞縣的他得知「京報人到門報，稱予中式順天鄉試第三十八名舉人。」〔註4〕胡具慶前往京城辦理中舉後相關事務，恰逢丁母憂結束的父親返京等待授官，不料父親卻因病客死京城。康熙五十九年末，胡具慶護送父親的靈柩返回杞縣家中，十二月十一日他行進到黃河邊，發現河面冰凍，無法通行。第二天早晨冰層卻溶解出了一條通道。他認爲這是自己的孝順和父親的德行感動了上蒼。類似的記錄也出現在竇克勤的生活中。康熙二十八年末，竇克勤的母親客死京城，年底他護送母親的靈柩返鄉，同樣經過黃河時遇到了河面結冰的情形，竇克勤嚎啕大哭，感天動地，冰面居然消融出一條通道。二人的境遇如此相似，描述的內容也如此一致，都想借助外在神秘力量來誇張地表現自己的純孝和長輩的德行。

〔註3〕胡具慶，甲初日記，康熙五十三年，十月六日，歷代日記叢鈔〔M〕，北京：學苑出版社，2006：20冊，62～63。

〔註4〕胡具慶，甲初日記，康熙五十九年，九月二十二日，歷代日記叢鈔〔M〕，北京：學苑出版社，2006：20冊，188。

胡具慶的父親去世後，他非常悲痛，他認爲最重要的「孝」就是對父親視死如生。返回杞縣後，他在家中詳細閱讀古代的喪禮，並嚴格執行。他邀請自己的老師爲父親撰寫墓誌銘，他等待大哥從漢口鎮買槨運到杞縣後才開始四處尋找墳地。康熙六十年末他邀請睢州擅長堪輿之術的人協助買下了村子附近的一塊土地作爲父親的墳地。康熙六十一年，胡具慶繼續過著自己的守制生活，他是個刻板追逐古禮與學問的人，他在本年二月開始經營父親的墳地，「以所買蘇木崗西吉地爲先考新塋，今與劉少梁同至其地定向栽柏，定爲酉山卯向兼庚甲三分共栽柏一千四百餘株。」〔註5〕胡具慶操辦父親的身後之事，與生前並無二致的用心。隨後他「又與劉少梁及孔敬思至蘇木崗行視新塋，丈量地畝。以其地之西南隅建立守冢莊房，名之曰朝陽莊。」〔註6〕他在父親的墳地之中建立了簡陋僅可暫居的房屋，取名爲朝陽莊。在他爲父親舉行的禮儀當中，他不斷與古代禮制的記錄比對，他認爲當前的喪禮儀式過於繁瑣，淡化了本身憂傷的意味，他非常固執的堅持很多看來不合時宜的操作。不過他仍對於禮制在時代的進步給予充分肯定，「古之明器陶瓦竹木之功咸具，似未免過於繁費。今則以紙爲之象其器，而不適於用，正合於古者備物而不可用之意，而功力轉覺簡省……」〔註7〕胡具慶雖然對古禮有固執的堅守，但他認爲這樣的轉變並非沒有好處。他自己應該非常清楚，上古的禮制更適用於豪門貴族之家，而並不特別適用於中下層人士的日常生活。

雍正元年二月，胡具慶爲其父守制二十七月時間已滿，除服，他把自己父親的神主安放在祠堂當中。如依照《文公家禮》，自己的行爲並不符合規範，神主應在大祥之日就安放進入祠堂，但由於當時神主還未題寫，才一直拖延至今，這樣的變通也是情非得已。對於禮儀在一定程度的轉變胡具慶似乎可以接受，但對於學術問題則容不得半點偏頗。他思索關於五性、七情、五事、五論問題時，認爲要想做好這幾個方面的內容要注意慎獨，慎獨是一切問題最有效的解決手段，他認爲「若不從此處一一著實用功，而徒以保任一靈爲

〔註5〕胡具慶，甲初日記，康熙六十一年，二月七日，歷代日記叢鈔〔M〕，北京：學苑出版社，2006：20冊，210。

〔註6〕胡具慶，甲初日記，康熙六十一年，三月十七日，歷代日記叢鈔〔M〕，北京：學苑出版社，2006：20冊，210。

〔註7〕胡具慶，甲初日記，康熙六十一年，九月八日，歷代日記叢鈔〔M〕，北京：學苑出版社，2006：20冊，214。

愼獨，則恐流於二氏之弊，而非吾儒之實學矣。」〔註8〕在學問的層面上，他非常排斥佛教和道教的神秘主義思想，他認爲那些都是無稽之談，只能起到蠱惑人心的作用。想要向聖學前進，想要在生活之中處理好各種倫理關係，還需修習理學。

雍正元年，新皇帝登基，特設恩科考試以選拔天下士子。當年九月會試將在京城中舉行，七月二十五日，胡具慶告別母親，乘車北上。八月十四日，他到達京城廣寧門，住在報國寺的僧舍當中。京城的紛繁對他來說是一種巨大的誘惑，他需要頻繁的自我暗示來達到內心的平靜。他覺得：

> 使富貴不能爲之移，權勢不能爲之震，貨利不能爲之眩，聲色不能爲之迷，寵辱不能爲之驚，禍福不能爲之動，紛華靡麗不能爲之悦，機械變詐不能爲之誘，然後可以居此地而不失其所守。〔註9〕。

他努力使自己利用所具備的學問來應對紛繁的世界，做到心思常在。

對於那年的科考，胡具慶仍用簡單的記錄表達他沒有中式的結局。不過那一年他大哥卻受到了牽連而遭遇了巨大的劫難。前湖廣總督滿丕因案發被逮，刑訊之下居然供出清白的大兄，只因大兄借滿丕銀三千兩。胡具慶與大兄情急之下投奔保定的李巡撫處尋求幫助。他們在京城時遇到了家人，得知家中因大兄之事被吏部官員委派至杞縣衙門者騷擾之下的慘狀，三弟更因此而被杞縣衙門帶走。九月十八日，他前往保定府尋找自己內人的先祖陳公幫忙，但因門衛阻擋，未得見面。二十一日，他們見到了陳公，陳是胡父的舊同僚，也是自己外祖父的表弟，所以非常親切。陳建議大兄稱病不赴吏部，而後盡快將銀兩上交即可。由於此案關係甚大，審查者廉親王與阿貝勒命令大哥必須前往吏部報到之後再行審理。十一月，大兄決意前往吏部。胡具慶無奈只得在京城作久居的打算，三弟已返鄉侍奉母親，他可以放心照應大兄了。雍正二年二月底，阿貝勒開始錄口供之後就再無音信，胡具慶仍然按照吏部規定時間探望大兄。九月三十日，他得知滿丕已經死於獄中。雍正三年五月五日，胡具慶得知案件已經由刑部定稿並上奏，他與大兄在獄中酌酒相慶。很快大兄因刑部覆查無罪釋放，那一天胡具慶非常欣慰，他把幫助過自己的親朋、同年、老師等人的功績都記錄下來。他們二人在六月中旬返回了

〔註8〕胡具慶，甲初日記，雍正元年，四月二日，歷代日記叢鈔〔M〕，北京：學苑出版社，2006：20冊，226。

〔註9〕胡具慶，甲初日記，雍正元年，八月十四日，歷代日記叢鈔〔M〕，北京：學苑出版社，2006：20冊，237。

杞縣的家中，隨後大兄返回嘉興。

鄉居時，除了讀書課農之外，胡具慶的宗族禮儀活動頻繁，他把自家胡氏宗祠不斷擴建，並把父親的墳地仔細打理。無論在每月的朔望之日，還是在元旦、清明、端午、中秋等重大節日之中，他總忘不了前往祠堂行禮，並要對禮節的內容進行一番反思與評價。他提倡每日對自己的行爲與學問自省，但他認爲袁了凡創製的功過格並不能代表儒者的生活理念，那樣只是機械的照搬了佛道等宗教的神秘主義思想，而不是強調作爲一個儒者的愼獨與自持。

雍正五年二月，胡具慶再次啓程參加在京城舉辦的春闈。他參加會試的日子在三月十五日，那時候天氣還比較寒冷。那一日大風肆虐，飛沙走石，塵埃漫天，對於考取功名的士子來說是非常痛苦的經歷，而胡具慶卻認爲這樣的經歷有利於磨礪自己的意志。落第之後他返回杞縣的家中，首要之事便是到父親墳頭省墓，他把自己的經歷與收穫都講述給已經不在人世的父親。七月中旬，他得知三弟在京城被授予中城兵馬司正指揮的職務。雍正六年末胡具慶仿照朱子的社倉之法在村中設立義倉，隨後還設立義學。在他的理念當中，「三代井田、封建、肉刑不可復，而學校之制度則必當復。今之所以治不古若者，由於人才衰少；而天下鮮知道之士，則以學校不立，而上所以教之者，非其道也。」〔註 10〕這些行爲，無不彰顯他作爲一個士人的特殊身份，也是他對於鄉里的一種責任，更是作爲士人對鄉里的一種人文關懷。

雍正八年正月，胡具慶再次啓程前往京城參加三年一度的春闈。參加科考的結果仍然不甚理想，不過結果對他來說已無關緊要。除了考試之外，他還因母親的囑咐而尋求適合的配偶。胡具慶在康熙五十三年就失去了自己的結髮妻子，只留下了自己的兒子「驊兒」，他是一個固守傳統道德的儒者，出於對自己妻子的摯愛，更重要的因素是害怕別人說閒話，所以十六年他來一直沒有爲自己續弦。這一年，當他的母親多次催促他再娶時，他動搖了。他覺得母親年事已高，的確需要一個侍奉她的孝順媳婦。經過愼重考慮之後，他終於決定再婚。在京城三弟介紹之下，他迎娶了山東福山縣的一位十八歲的少女爲妻。返回杞縣家中之後，老母喜出望外，對他的行爲非常滿意，而他卻滿心擔憂旁人的議論。

雍正九年，胡具慶生活中的重要事件就是爲自己的兒子娶妻。在前一年

〔註 10〕王鍾翰點校，清史列傳，卷六十七，北京：中華書局，1987：17 冊，5362。

中他剛剛迎娶了一位比自己年輕許多的婦人入門，而今年他要爲自己的兒子尋覓一位賢良的妻子。二月一日，友人劉少梁做媒，驊兒與睢州王教存的三女兒定親。十一月底，胡具慶率領兒子前往睢州借房居住，準備迎娶新娘。十二月一日舉行了看似刻板而複雜的儀式後，翌日胡氏家族前往親迎。舉辦儀式無不參照朱子《家禮》的規范進行。多年後他在爲孫兒訂婚時仍遵行古代的禮儀而受到別人嘲笑，他認爲「古禮所以不復者，一人行古禮，則世俗共非笑之。人畏世非笑，所以憚於復古也，不知古禮乃天理之極則也。如古禮可不復，豈天理可不遵乎？況吾人行事只求一個是而已，世俗之非笑，又何足以奪吾之所是乎！今吾爲次孫納采皆依文公《家禮》，而行人之非笑與否皆不計也。」〔註11〕他認爲古禮雖然在當前顯得有些滯後，但正如天理不可動搖一樣，這樣的內容是永葆青春的，所以他固執的堅持朱子《家禮》中的內容，而不顧別人的譏笑。與竇克勤在考試前寫下誓言一樣被旁人不能理解，胡具慶也經常把這樣的內容記錄到日記當中，他們好像是在與自我對話，加強對自己堅守價值觀的認同，在反覆閱讀文本的過程中找到立身的存在價值。

雍正十年，胡具慶在杞縣家中營造的新祠堂完工，他題寫「容城胡氏宗祠」在門楣之上。他還參照朱子《家禮》對宗祠的陳設、禮儀等多方面的事務做了考據與認定。他認爲禮儀應當深入生活當中，應當成爲士人生活的重要組成部分，而禮儀本身也應當隨時代的轉變而改進。雍正十一年，前往京城參加會試的胡具慶照例下第了，更不幸的是，其母客死京城。接下來的一年當中，他的日記內容非常少。直到雍正十三年時，他才又開始在日記中記錄居喪禮節的討論內容。他覺得丁憂制度是士人的一種特殊行爲與操持，是無論爲官者或有身份的士人都應當恪守的禮儀，這一信條也是這一群體身份的彰顯。胡具慶不僅認爲丁憂制度有合理性與必要性，他還認爲守制日期不可過長，停柩不葬的行爲更是對先人的大逆不道，報滿就應當除服，期滿「一日不除則有戀喪之罪。」〔註12〕

〔註11〕胡具慶，庚復日記，乾隆五年，二月十三日，歷代日記叢鈔〔M〕，北京：學苑出版社，2006：24冊，35～36。

〔註12〕胡具慶，甲初日記，雍正十三年，八月二十七日，歷代日記叢鈔〔M〕，北京：學苑出版社，2006：20冊，461，又關於清代的停喪不葬與官制的關係問題，可參見：張傳勇，清代「停喪不得仕進」論探析——兼及清代國家治理「停喪不葬」問題的對策〔C〕，中國社會歷史評論第10卷，天津：天津古籍出版社，2009：281～298。

鄉居的日子中，他對於禮儀的揣摩、思考每日都在進行，他認爲中元節來源於唐代佛教，從那時起形成了祭奠習俗。而他自己在當下從事的禮俗活動是順應大眾，並非崇尚佛教。除了習俗之外，顯然胡具慶更關心學術，而談到學術，則免不了要討論朱子與陸、王的歧途。乾隆三年二月，胡具慶被河南巡撫尹公〔註 13〕邀請前往府中會面。他們二人的交談中，胡具慶強調無論朱子，無論陽明學問都是一體的，他們討論對於世界的觀念和學問是一致的，只不過切入點不盡相同而已，而巡撫則「未以爲然」。胡具慶批判毫無意義的討論與互相攻擊，更注重實踐的意義與價值。他與巡撫尹公討論這樣的詩句「鐘未撞時聲自在，鏡常磨處照無窮。」〔註 14〕他認爲前半句是王學的思維，而後半句則是朱子的觀念。

乾隆五年四月五日，胡具慶的侄子將要由杞縣返回浙江，此時他的大哥居住在嘉興，四弟在婁縣爲官，他們之間一直有書信往來。此次侄子返回浙江，需爲胡攜帶許多信件，一些是給自己親屬的，一些則是給朋友的。似乎有人懷疑他的動機，認爲他有四處結交、培植勢力的嫌疑，他覺得「兄弟、親戚、朋友久不相見，以書札通殷勤，此亦便見是天性相通處，勿僅以往還故套視之。」〔註 15〕生活中的點點細節他仍以學問指導，他認爲這是天性的表現，而天性正是理學的「禮」字所重視的內容。

胡具慶家居的日子當中，尤其在父母故去後，對於祭祀的禮儀更加重視。他不僅在杞縣的宅邸旁修建了新的宗祠，還返回容城修繕宗祠，以光耀門楣。幾乎每一年的四月底，胡具慶都會向自己的先祖供獻祭品，此時也許是本地特產櫻桃成熟、豐收的時節，他會「薦櫻桃於祠堂。」〔註 16〕秋日豐收的時刻他會供獻新收的麥子爲祭品，以此來表達對於自己先祖的一種取悅與寬慰。古人說視死如生，大概就是這樣的一種情懷。

當然，在生活中胡具慶會不斷思考儒學、理學與世俗之中流行宗教的區別。他也在努力踐行朱子提倡的半日讀書，半日靜坐的生活方式，不過他認

〔註 13〕尹會一（1691～1748），字元孚，號健餘。直隸博野人，雍正二年進士，乾隆二年被授河南巡撫。

〔註 14〕胡具慶，甲初日記，乾隆三年，二月十一日，歷代日記叢鈔〔M〕，北京：學苑出版社，2006：24 冊，496。

〔註 15〕胡具慶，庚復日記，乾隆五年，四月五日，歷代日記叢鈔〔M〕，北京：學苑出版社，2006：24 冊，68～69。

〔註 16〕胡具慶，庚復日記，乾隆五年，四月二十二日，歷代日記叢鈔〔M〕，北京：學苑出版社，2006：24 冊，80。

爲「吾儒靜坐與彼不同，蓋儒者之靜坐主於存養，釋家之靜坐淪於空寂，此中實有霄淵之別……」〔註 17〕

儒學誕生後，流傳到清代的正統學問是轉變而來的理學。無論朱子、還是陸、王，愼獨在這一學術脈絡當中佔據重要地位是毋庸置疑的。對於胡具慶來說，關於愼獨的修持是日日必備的功課。他認爲「夜氣澄定則旦氣必益清明，故宴息時不可不愼也。必於向晦宴息時，用愼獨工夫方可以培養夜氣。然已寐之後無可著力，著力處全在將寐。將寐之際，解衣就枕，須悚惕此心，收視返聽，回光內照，一意注在獨中。由此合眼睡去，即夢寐中亦只覺得心神凝聚於此獨體，不至昏散。如此則夜氣必亦澄定，旦氣必亦清明矣。」〔註 18〕他認爲做到愼獨，在白天並無難處，而重點在於夜間的愼獨。人在夜間睡眠狀態中無法保持愼獨，最關鍵的時段是將要入眠之時，此時段決定人晚間的夜氣是否澄定。想要保持夜氣的澄定，最好的辦法是注重將要睡眠時的愼獨。將要睡眠時提醒自己注意愼獨，進入睡眠狀態之後的精神才不至於散亂，會繼續保持到新的一天中使旦氣清明。白天的精神狀態好，則會延續保持愼獨狀態。愼獨的功能不僅在於養夜氣，使旦氣清明，還能達到提攝精神並養生的目的。傳統社會中士人在鄉里閒居時，他們有功名、身份在身，他們不願與自己眼中的「愚夫愚婦」爲伍而變得行爲庸碌，他們希望自己向聖人提倡「內聖外王」的目標前進。外出則仕，那是治理國家，造福蒼生的大事。當自己沒有機會仕進之時，首先要「退而獨善其身」。他們堅持被別人譏笑的理學，他們堅持被別人摒棄的古代禮儀，他們還要注意到自己精神方面的修養。

關於天地萬物的看法，尤其是天地萬物與個人的關係，胡具慶認爲，「我與天地萬物本來原是一體，只爲人有己私，遂於一體中橫生間隔。惟仁者無私，方能去其間而合爲一。及其合爲一也，非是以彼來與我合爲一，亦非是以我去與彼合爲一。只是復還其本來之獨體者，而原非有彼我之分也。」〔註 19〕愼獨有這樣的功用，通過愼獨達到「仁」的境界，則可以拋開私我的隔閡，與天地萬物合一。與天地萬物合一就相當於與天理合一，那麼一個人就能夠

〔註 17〕胡具慶，庚復日記，乾隆五年，五月三日，歷代日記叢鈔〔M〕，北京：學苑出版社，2006：24 冊，88。

〔註 18〕胡具慶，庚復日記，乾隆五年，六月十二日，歷代日記叢鈔〔M〕，北京：學苑出版社，2006：24 冊，114～115。

〔註 19〕胡具慶，庚復日記，乾隆五年，七月三日，歷代日記叢鈔〔M〕，北京：學苑出版社，2006：24 冊，116。

達到理學所追逐的最高境界了。

胡具慶在杞縣鄉居時日長久，而他們家族中的男性如大兄在嘉興居住，三弟在京城爲官，四弟在江南婁縣爲官，家中女性也大多出嫁外地。他們之間互通消息是必須面對的問題。當時社會中交通不便、出行費用較高，信息流通不暢，即便如此，親人之間也會在恰當的機會互通消息，促進情誼。乾隆五年七月二十二日，外甥自京城回杞縣帶到了八侄寄給自己的家信一封。二十六日外甥要返回商州大姐處，於是胡令外甥帶去白銀和絲綢等物件和家信一起送給自己的大姐。親屬之間的信件傳送通過年輕一輩的順帶，這是再常見不過的事了。八月二日，「有便人自松江來，帶到四弟寄余一信，又諸侄寄余一信。」〔註 20〕松江、杞縣兩地信件往來較少，四弟只得請一位恰巧前往杞縣辦事的人幫忙送信。在胡具慶的生活中，這樣扮演無名角色的人很多，但卻構成了兩地信息來往不可或缺的環節。九月七日濟源親屬的家丁又從嘉興帶來大兄的一封家書。相對於其他地區而言，京城的信息則相對易於獲取，本月六日，「縣丞衙役自京回杞，帶到三弟寄余家信一封。」〔註 21〕衙門之中的公務人員或前往省城，或前往京城辦事是經常性的定期行爲。此外，胡具慶收到親友信件有時也出於偶然，康熙五年十二月，「陶松友福建奉差進京，自京回杞，帶到八侄寄余一札。」〔註 22〕陶是在福建爲官的河南人，他因差事返京之後與胡具慶的三弟有來往，三弟得知陶將要返鄉，於是請他順帶書信交給自己的二哥。

信息傳遞是往還交互的，收到如此數量的信件，胡具慶必然也會想方設法回信。乾隆五年八月十六日這一天，他「寫寄三弟一信，遣李成送往省城，付提塘寄京。」〔註 23〕在清代，提塘主要是服務於政務、軍事信息的傳遞機構，對地區之間的信息交流起到了重要作用。胡具慶派自己的家丁前往距離不遠的省城送信，再通過提塘郵遞到京城。九月初，侄子決定前往四弟爲官的婁縣，胡具慶趕忙把數封寫給自己兄弟和子侄的信件委託帶走，還把寫給

〔註 20〕胡具慶，庚復日記，乾隆五年，八月二日，歷代日記叢鈔〔M〕，北京：學苑出版社，2006：24 冊，164。

〔註 21〕胡具慶，庚復日記，乾隆五年，八月六日，歷代日記叢鈔〔M〕，北京：學苑出版社，2006：24 冊，167。

〔註 22〕胡具慶，庚復日記，乾隆五年，十二月十六日，歷代日記叢鈔〔M〕，北京：學苑出版社，2006：24 冊，246。

〔註 23〕胡具慶，庚復日記，乾隆五年，八月十六日，歷代日記叢鈔〔M〕，北京：學苑出版社，2006：24 冊，173。

大兄的信件委託侄子轉交四弟再次設法郵寄嘉興。侄子的任務不止於此，還有更重要的事情，「因岳母之喪，奄柩未窆，今乘駒侄南行之便，措銀二十兩寄與內侄李廷言，並寄一札。囑駒侄到婁之後，遣人送至嘉興。託大兄面付廷言，令其速爲岳母營葬。」〔註 24〕侄子南下不僅需要帶去很多相關親人的信件和信息，還要處理如此複雜的事務。乾隆六年十二月六日，家人「馬千自婁縣回杞，帶到四弟及諸侄寄余四札，又大兄自嘉興寄余一札，又內侄李廷言自王店寄余一札，又軼坤大侄適自雲南來浙亦寄余一札，並贈普洱茶膏。」〔註 25〕家人自三弟處返回杞縣，所帶信件數量多，積攢相關信息豐富程度令人驚訝。

乾隆五年十一月初，胡具慶因鄰居有人前往嘉興而託付帶信一封。他也從省城報房收到了三弟從京城寄來的信件。在當時，並沒有便捷而廉價的專業郵遞機構，即便提塘也多被用於軍事或服務於政務，所以作爲一般人無法充分利用這樣的資源。如果鄰居中有誰前往某處也會提前詢問周邊的居民，順便捎帶信件等物品。十一月六日，胡具慶的侄婿派人從商丘來，「言十一月十七日伊將起身入都。」〔註 26〕他趕忙寫了寄給三弟的信託來者帶走。鄰居們有的前往都城、省城，或者南方等地都會前來告知，以便於順帶信件等物品。他們這樣互相幫助，除了出於雙方交往的情誼之外，也出於一種功利意義的互換。因爲區域之內，與外界有聯繫的人家並不在多數，他們之間維持良好的關係是一種降低郵遞成本的基本而有效的手段。

乾隆五年臘月末，除卻元旦佳節的繁忙之外，胡具慶也在思考關於古代禮制的問題。他認爲：

> 大氐古今之典禮原不必盡同，如孟子言周室爵祿之制、井田學校之制。亦只言其大略而潤澤之，則有待於人。故吾人行禮，固當遵古，亦不可泥古。要在得古人之意而善用之，固不必拘拘於其跡也。〔註 27〕

胡具慶認爲古代禮制當然需要遵守，但隨著時代的變遷，古代的禮制已經有許

〔註 24〕胡具慶，庚復日記，乾隆五年，九月五日，歷代日記叢鈔〔M〕，北京：學苑出版社，2006：24 冊，185。

〔註 25〕胡具慶，庚復日記，乾隆六年，十二月六日，歷代日記叢鈔〔M〕，北京：學苑出版社，2006：24 冊，466。

〔註 26〕胡具慶，庚復日記，乾隆五年，十一月六日，歷代日記叢鈔〔M〕，北京：學苑出版社，2006：24 冊，221。

〔註 27〕胡具慶，庚復日記，乾隆五年，十二月二十七日，歷代日記叢鈔〔M〕，北京：學苑出版社，2006：24 冊，252。

多內容不適合當前的社會。就像此前談到古代禮制關於祭祀器具的變化，到了宋代朱子創作《家禮》時已經有了明顯的轉變。關於禮制的內核他卻不敢變通，本年末的最後一天，他像周圍的每戶居民一樣，在家中供奉天地君師的牌位，然而對於這樣的行爲他也有自己的理解。「世俗於除夕、元旦無人不祭天地，相沿而不知其非，余則惟拜而不祭。蓋以祭則僭越逾分，故惟展拜以盡其敬而已。此余斟酌於禮俗之間而爲之者，不知知禮君子以此爲是否也。」〔註28〕祭祀有等級區分，而參拜則主要表達崇敬之意。胡具慶認爲周禮創制的等級禮制仍有一定意義，在一定範圍內給予肯定並尊崇。他覺得作爲普通人，對於神明應當以表達崇敬爲主，只有身份崇高的人才可以祭祀，只有他們可以作爲聖人、賢人後代的代表，對於神明才有祭祀的資格、職責和權力。

在平淡的歲月當中，他每日都在試圖遵循朱子倡導的生活方式行事，半日讀書，半日靜坐。他在一日之內思考最多的內容還是愼獨，以及愼獨帶來精神方面的改觀。他提醒自己不要因爲小小的進步就知足，也不要把目光停留在科考與功名之上，眞正的學者要在學術上有所作爲，修爲也要有相應的進展。即便到了歡度佳節的愉快時刻，他也不會忘記對於學術的思索。與胡具慶、李棠階、竇克勤等人類似的人群，他們的共同特徵是所謂「認死理」，對於道德的偏執。聖人提倡的內容他們不會輕易改變，而會努力遵從，他們會從各個方面告訴自己，那些道德的信條是經過千百年來考驗的萬分正確的內容。在日記的記錄與反覆的自我對話當中，更強化了他們這樣的看法。

胡具慶覺得朱子《家禮》中的內容也有値得商榷之處，「古者，祭之明日更有繹祭之禮，所以見孝子無己之思也。後世禮文缺略，即正祭尚莫之行，況繹祭乎？朱子《家禮》祭儀至徹餕而止，繹祭一節亦缺而不備。蓋古禮之不復也久矣，可勝慨哉！」〔註29〕他認爲繁複的儀節在《家禮》中缺略的內容至關重要。乾隆九年五月：

> 九侄騏自松江來，帶到大兄寄余一札，言大嫂顧氏於本年四月二十一日亥時長逝。嗟乎，數月之間，而邱嫂與弟婦相繼即世，何家門之不幸也，傷哉。喪事不敢不勉，正謂功緦之喪，人所易忽者爾。若父母之喪，則苟有人心者尚皆知勉，惟功緦之喪，人皆以其

〔註28〕胡具慶，庚復日記，乾隆五年，十二月三十日日，歷代日記叢鈔〔M〕，北京：學苑出版社，2006：24冊，254。

〔註29〕胡具慶，庚復日記，乾隆六年，二月五日，歷代日記叢鈔〔M〕，北京：學苑出版社，2006：24冊，281。

> 輕而忽之，則知勉者鮮矣。君子事事必盡吾誠，豈可以此爲人所易忽者，而我亦忽焉視之哉？〔註30〕

大嫂與弟妹死去，胡具慶也要「易服爲位哭之」，可見他對於禮儀的固執。

乾隆七年正月，胡具慶再次起身前往京城參加會試，他恐怕已經不記得自己是第幾次參加會試了，這樣的考試似乎已經融入他的生活當中。不過，當他在本月中旬前往父母墳前告別之後，還是受到鄉親們的隆重送別。雖然對於功名的追逐顯而易見是參加科考的直接動力，但他需要不停的告訴自己：

> 朱子曰『不是科舉累人，自是人累科舉。須知士人應舉乃是爲義而非爲利，爲道而非爲名。把一切名利心腸掃除淨盡，而惟行乎道義所當然，則自不爲科舉所累。』今慶北上公車，須以此自省，若稍有一點名利心洗滌未淨，則猶不免陷於世俗之情，而其爲累於科舉也深矣，戒之戒之。〔註31〕

國家設科取士，士子自當憑藉自己的才學應舉，這是出於天理的「義」，而世俗之情更多考慮的是獲取名聲與財富，作爲儒學者來說，似乎在追名逐利的過程中忘記了自己的出發點，忘記了自己的理想與追求。胡具慶在自己平日讀書與思考的基礎上，形成了這樣的世界觀，他認爲應當恪守理學的道德與價値觀念。他認爲一個儒學者應當畢生追逐「內聖外王」的終極目標，一方面提升自己的道德水準，另一方面造福蒼生。

乾隆七年春，胡具慶在京城參加三年一度的春闈。雖然他並不贊同佛、道等「怪力亂神」的世界觀，但這並不妨礙他與宗教人士密切往來。「過宏慈道院，晤周抱元道士。午間周抱元設清齋，邀余與安丘張孝廉，肅寧曹孝廉同飯。」〔註32〕他們不但熟識，還在一起共同宴飲，可見關係並不一般。乾隆十二年二月末，他再次前往京城時也與靜默寺的沛天和尙共進清齋。胡具慶對於這類宗教人士比較寬容，也願意同他們交往。應試的過程胡具慶早已熟知，他的日記中已經多次記錄這些內容。但在這次考試的尾聲還是遇到了一件令他驚奇的事情：

〔註30〕胡具慶，庚復日記，乾隆九年，五月二十一日，歷代日記叢鈔〔M〕，北京：學苑出版社，2006：25冊，476。

〔註31〕胡具慶，庚復日記，乾隆七年，一月十一日，歷代日記叢鈔〔M〕，北京：學苑出版社，2006：24冊，493。

〔註32〕胡具慶，庚復日記，乾隆七年，二月三日，歷代日記叢鈔〔M〕，北京：學苑出版社，2006：24冊，507。

午後，赴內城貢院，進第三場……有一年長者亦掀簾而出，問余姓氏里居，即云得非名具慶，字餘也者耶？余驚問其何以知之，因言癸巳秋闈與王舜臣與余同號，曾問姓字，故爾知之。計自癸巳至今已三十年，邂逅數語歷三十年而不忘，此君眞不可及也……〔註33〕

令人驚奇的並不僅僅是此人的記憶力，三十年過後還明確記得胡具慶的名和字，引起讀者注意的或許是另外的內容。此二人在三十年前共同參加了順天府鄉試，並在當時偶然同號而結識。沒曾料到，在三十年後的京城春闈再次相遇。想必他們二人的經歷是相似的，多次赴京應考未中。科舉考試，對於考中的士子來說無疑是巨大的益處與合理的社會階層流動機制，相較於清代中後期每次會試規模近萬人，只錄取三百人左右的比例，他們二人顯得異常悲劇，從少年時候開始參加科考，三十年之後居然還在爲這樣的功名奮鬥。這是科考磨滅人性的一個側面，但卻是當時士人生活必須面對的一部分。像胡具慶這樣固守傳統道德的人，像對方那樣記憶力超群的人都未能成功，可見科考的勝利者的確都身懷絕技，異於常人。

進京參加科考不但可以遇到自己熟識的人，還能夠聯想到些許往事。乾隆七年二月末，胡具慶在京城遇到了同樣參加科考的竇容邃，竇容邃是竇克勤的兒子。胡具慶與他熟識並有交情，見面之餘，他們談到了一件往事。胡具慶想起了：

康熙丁丑，余年方十三，太史竇靜庵先生訪先君於睢州署中，先君命余出見之。先生一見，即以太中公之有伊川相比評閱余文，以程朱之學相啓迪，殷殷期望之意至深且切也。自丁丑至今已四十六年，復與哲嗣聞子邂逅都門，而余皓首無成，於先達相期之至意慚負多矣。歸寓追思往事，爲之潸然涕下。〔註34〕

乾隆七年胡具慶再次參加京城科考，雖未中舉，但他中了明通榜。中此榜後，也可赴京等待吏部銓選，授予低級官職。由於胡具慶本身認爲此事過於功利，所以他並不急於赴京，以至於耽誤了選期而錯過了爲官的機會。乾隆十年，胡具慶再次赴京參加會試。他覺得：

〔註33〕胡具慶，庚復日記，乾隆七年，二月十一日，歷代日記叢鈔〔M〕，北京：學苑出版社，2006：24冊，513～514。

〔註34〕胡具慶，庚復日記，乾隆七年，二月二十二日，歷代日記叢鈔〔M〕，北京：學苑出版社，2006：24冊，521。

> 昔人有謂，盧溝橋上雖有千人萬人，其實只是兩人。一是爲名，一是爲利者爾。爲此語者亦眞説盡俗情矣，然未可以此輕量天下士也。假如有聖賢之徒在其中，其識高，其養邃，其於出處行藏之際，爲道而非爲名，爲義而非爲利。則今日計偕之行，猶孔子轍環之心也。焉可與紛紛庸衆同類而並譏之哉。〔註 35〕

世俗之人過於強調科考帶來的功名和實際利益，而較少的考慮到學問的「道」與「義」。並非所有人都是庸俗之輩，他要表達的正是自己並非爲名利而來。自己的確希望爲官，但爲官的目的是實踐自己主張的「道義」。

第二節　知縣

乾隆十年，胡具慶參加京城會試之後前往吏部參加選拔。四月二十三日，胡具慶得知直隸等省份有揀選舉人的條例，三科之後就可以參加選拔。胡具慶已經十次參加會試都未中式，在乾隆七年的那次考試中又耽誤了選期，所以他決定這次前往吏部參加銓選。二十四日他隨衆人一起前往吏部註冊，隨後他返回容城探望親友，一邊辦理吏部註冊手續，容城縣令王公爲他印發赴選文結，隨後他又返回京城。在漫長等待的日子當中，直隸總督也給他辦理了赴選的咨文，這樣他的手續就算全部辦理完畢，隨後他前往吏部文選司驗到。當年九月一日再次前往吏部文選司驗到之後，他就出京城返回了杞縣的家中居住，接下來的任務主要是等待。

乾隆十二年，在三弟的多次催促下，他再次返京等待吏部銓選。五月底，選官程序開始正式進行，胡具慶作爲擬備人員遵照慣例到吏部過堂。幾日之後，他再次「遵例赴太和門側上論館繕寫履歷奏摺，寫畢出，至午門前吏部朝房九卿驗看。」〔註 36〕五月三十日，「上駐蹕香山靜宜園，命吏部率五月選官及擬備之員赴行在引見，午刻出西直門……」〔註 37〕六月一日，備選的舉人再次集中到香山的勤政殿被皇帝召見。

距離銓選官職的日子越來越近，對於這一批被銓選的官員來説，大家最

〔註 35〕胡具慶，庚復日記，乾隆十年，二月二十八日，歷代日記叢鈔〔M〕，北京：學苑出版社，2006：26 冊，41～42。

〔註 36〕胡具慶，庚復日記，乾隆十二年，五月二十八日，歷代日記叢鈔〔M〕，北京：學苑出版社，2006：26 冊，523。

〔註 37〕胡具慶，庚復日記，乾隆十二年，五月三十日，歷代日記叢鈔〔M〕，北京：學苑出版社，2006：26 冊，525。

擔心的是自己被選中的地方貧瘠，所以都想盡辦法挑選富裕地區爲官，只有如此才可以獲得豐厚的回報。胡具慶卻認爲：

> 今之爲官者，往往計較地方之美惡，此大謬也。吾人出身而仕，只要盡乎性分之本然，職分之當然者耳。何地方美惡之足計哉，況今人所謂地方之美惡者，乃只論利益之有無，財賄之多寡耳，此是一團利心，其爲大謬更有甚焉者矣……〔註 38〕

胡具慶認爲在地方爲「父母官」，應當秉持天性而實行「仁義」之政，如果過分貪圖利益則誤入歧途。

乾隆十二年六月二十五日，胡具慶和秩滿應升遷的三弟共同前往天安門前的吏部朝房等待抽籤。結果胡具慶得到了陝西興安州石泉縣知縣的職位，而三弟得到了刑部山西司主事的職務。二十七日他再次前往太和門側上諭館中繕寫履歷奏摺，隨後又到午門外吏部朝房請九卿驗看。在胡具慶的生命中，他第一次得到了這樣的官職，他內心難掩激動，不過他用自己的學識告誡自己，不要患得患失，更不能隨意驕傲自滿。七月一日，胡具慶等人被通知皇帝要在圓明園召見他們，於是他和三弟共出西直門，前往圓明園處的慧福寺借宿在僧舍之中。七月二日，「丑刻同三弟自圓明園乘車西行過青龍橋，卯刻至鏡明園。辰刻隨吏部恭詣行殿引見，奉旨依擬用。午刻復至圓明園慧福寺小憩……」〔註 39〕大約在凌晨兩三點出發前往皇帝行宮等待被召見，這樣的場合中，莊重的儀式對各地區來的士子，在心靈上應當產生了不小的震動，他們不但會震撼於皇家的威儀與風範，也會對帝國的整個行政權力運作感到歎服。七月十二日，同時在六月被選官的二十多人在陶然亭集中團拜，胡具慶也參與其中。團拜不僅是一場宴席，也是一次重要的交際活動，他們出身相仿，官職接近，舉辦方還印刷了《同官錄》一冊，冊子中記載了爲官者的姓名、籍貫等詳細內容。

七月末，胡具慶「封發陝西各上官稟啓並實權吏役論帖，俱付提塘郵寄秦中。」〔註 40〕郵寄官書之後，七月二十六日由鴻臚寺卿帶領六月新授官員

〔註 38〕胡具慶，庚復日記，乾隆十二年，六月十七日，歷代日記叢鈔〔M〕，北京：學苑出版社，2006：26 冊，539～540。

〔註 39〕胡具慶，庚復日記，乾隆十二年，七月二日，歷代日記叢鈔〔M〕，北京：學苑出版社，2006：26 冊，550。

〔註 40〕胡具慶，庚復日記，乾隆十二年，七月二十四日，歷代日記叢鈔〔M〕，北京：學苑出版社，2006：26 冊，566。

在天安門前謝恩，二十九日吏部發給胡具慶上任文憑，限他在九月二十八日前到任。此時，他已經開始爲前往陝西上任做準備，他委託朋友到戶部陝西司查閱石泉縣的賦役狀況，以備今後參考。八月中旬他離開京城回到了自己的籍貫所在地容城拜見了當地的父母官並前往祖墳進行墓祭。他的選官，雖然職位卑微，但至少爲家族帶來了榮耀。經過保定、邯鄲、衛輝、開封等地，他在九月三日回到了家中。到祠堂祭拜後，他又開始了赴任的準備工作。他似乎不太擔心關於上任時間的限制，可能由於路途遙遠，交通不便，朝廷對此事要求並不十分嚴苛。九月十四日，胡具慶「作《聖諭十六條》跋語，又作朱子《白鹿洞規》跋語，付梓人刊刻，欲攜往石泉以化道士民。」〔註 41〕胡具慶深知自己並未賄賂吏部官員，得到的定是一個偏僻、貧瘠、民風強悍的縣域職務，他對於石泉縣的預想是貧窮而蠻荒的，所以他在出發前才會做出相應的準備。而實情也的確如此，據道光年間《石泉縣志》記載：

> 石泉縣在蜀之西北隅，世傳石紐神禹而其名大著。顧其境有江山之險，無物產之饒，又羌民雜處，易煽以變，自有明以來常爲用武之地。士大夫之官於此者，率皆郵傳視之，苟以覬秩滿之量調而已……〔註 42〕

本月末他「邀浙人陳松年爲石署幕賓。」〔註 43〕在前往父母墳前告別後，胡具慶在九月二十一日正式出發前往陝西石泉縣。

乾隆十二年秋，胡具慶從杞縣家中出發前往陝西石泉縣任上，向南經過本省的尉氏、許州、葉縣、南陽等地，經過新野來到了湖北襄陽地界。在樊城大碼頭古渡口買舟下水之後，他的船就逆漢水西行向目的地行駛。向西邊的山脈之中行進，人煙越來越稀少，而景致卻越來越壯麗。經過白果樹，來到白河縣，此縣人煙稀少，僅有百餘戶人家。經過吳家渡，來到化家潭則生態環境更加原始，他描述到，「自白河以西，民皆散居山谷，蚩蚩然與麋鹿爲群耳，將何以啓牖其心而弛教化哉。」〔註 44〕蚩蚩然是胡具慶用來形容當地居民的精神面貌，但透過他的描述我們也可以看到在清代中期，陝西南部的

〔註 41〕胡具慶，庚復日記，乾隆十二年，九月十四日，歷代日記叢鈔〔M〕，北京：學苑出版社，2006：26 冊，605。

〔註 42〕趙德林，道光十四年（1834）石泉縣志，卷一，石泉縣志序，1。

〔註 43〕胡具慶，庚復日記，乾隆十二年，九月二十日，歷代日記叢鈔〔M〕，北京：學苑出版社，2006：26 冊，610。

〔註 44〕胡具慶，庚復日記，乾隆十二年，十月十九日，歷代日記叢鈔〔M〕，北京：學苑出版社，2006：27 冊，21。

山區當中生態環境還保持較好的風貌。十月二十二日，胡具慶和家眷一起抵達了郡城興安州，他前往州府拜訪當地官員後，派遣家眷乘船繼續由水路向石泉縣進發，而他自己則在陸地改乘肩輿行進。興安州是軍事重鎮，朝廷屯集重兵於此，所以此地風氣尚武而輕文。上岸改用陸路前往石泉縣，他主要考慮到爲了迎合出城迎接的縣城衙役等人。經過漢陰縣，胡具慶二十五日到達石泉縣內，住在池河公館。十月二十六日，縣衙內的三班人馬前來迎接他，午刻一行人馬來到了城隍廟，這時已經距離吏部要求的最晚期限推遲了一個月時間。

乾隆十二年十月末，胡具慶經過艱辛的跋涉終於來到了石泉縣內，他首先在城隍廟內拜祭。他拿出早已創作好的誓文令禮生朗誦於廟前，大概內容爲「吾平日之學以愼獨爲宗旨，以復性爲要歸。窺見吾性蘊於獨知即天地民物之性，皆統括於其中。必使吾民皆有，以遂其生而全其性。然後於吾之獨知爲無愧，而於吾之眞性爲無虧……」〔註 45〕雖然此地被他認爲民風淳樸，不知禮儀，但他還是把這樣艱澀的內容朗讀給居民聽，他對於學術的執著可見一斑。剛剛上任的縣令，強調的內容居然是大家不甚明白的學術內容，想必這是一個不諳世事的書生所爲。二十七日舊令派人前來送印，隨後他「午刻朝服上任，祭儀門行四拜禮，拜印行四拜禮，望闕行三跪九叩頭禮，入內署……」〔註 46〕在這樣的禮儀當中，他不斷強化對於朝廷的忠心，他認爲應當竭盡全力爲朝廷效力，並造福一方百姓。

剛上任，胡具慶逐一參拜縣城之中的關帝廟等神明之所，並關注巡查社倉等公共設施。他在明倫堂前、城隍廟內不同的區域宣講皇帝頒佈的《聖諭十六條》等教化內容，希望能夠起到穩定社會治安並勸民向善的目的。他把自己在杞縣刊刻的《白鹿洞規》分發給學子，命他們認眞研讀。他對百姓的愛護很快就表現出來，升堂之時他嚴格監督衙役的到崗情況。他「親至寶豐倉收各鄉民人還倉稻穀，嚴飭倉書斗級量斛，須要公平，毋得多收顆粒。」〔註 47〕十一月十六日，胡具慶祭祀庫房，開始徵收錢糧。他了解到石泉縣的正項地丁銀兩缺額每年都在百兩之外，所以本縣招來佃戶在南北兩山之前的荒地

〔註 45〕胡具慶，庚復日記，乾隆十二年，十月二十六日，歷代日記叢鈔〔M〕，北京：學苑出版社，2006：27 冊，27～28。
〔註 46〕胡具慶，庚復日記，乾隆十二年，十月二十七日，歷代日記叢鈔〔M〕，北京：學苑出版社，2006：27 冊，29。
〔註 47〕胡具慶，庚復日記，乾隆十二年，十一月二日，歷代日記叢鈔〔M〕，北京：學苑出版社，2006：27 冊，34。

耕種，用來補足正項地丁銀錢的不足。據他所知，正項耗羨定例增加百分之十五，而這種地課則增加到了百分之二十。他認爲這樣是不合理的，他把這項耗羨也減少到百分之十五。他雖然無法把耗羨徵收停止，但至少努力做到公平，這樣可以減少佃戶的負擔。不僅如此，他還時刻爲百姓考量，「去年，陝西通省錢糧已蒙恩旨蠲免，而耗羨不在蠲免之內。故去年地課、耗羨，前令亦出差催徵。余思此時冬殘歲盡，既徵本年地課，又徵去年耗羨，民力幾何焉能堪此。因出示曉諭，將去年地課、耗羨緩至明年秋後待徵。」〔註 48〕胡具慶想到這個巧妙的辦法，雖然他無法阻止徵收耗羨銀，但可以拖延時日徵收，隨後他再設法將這筆銀錢填補，同時出示曉諭百姓不再徵收，這樣既無停征耗羨的口實，也不必壓榨百姓，一舉兩得。如此行事，苦的只能是自己這個一縣之中的「父母」。不過他倒樂意如此，他在寫給兒子驊兒的家信當中說，「古人言，『從宦者貧之不能存是好消息。若資貨充足，衣馬輕肥，此惡消息。』」〔註 49〕他的觀念根深蒂固的來自於古代聖賢的經典作品或語錄，他恪守這樣的信條並努力實踐。

乾隆十二年在石泉縣爲官的胡具慶，不僅在施行仁政方面恪守古訓，尊行自己的學術素養，在禮儀方面也非常愼重。本年冬至時，他率領全城中的文武職員共同前往龍亭朝拜，行三跪九叩的禮節。他覺得特別是這樣偏遠的地區，才更應當注重儀節，正如理學提倡的在家孝親，出仕則忠君一樣，這是他生命中的重要內容。向皇帝表達敬意當然是最基本的忠君體現，而到了本月二十五日皇太后的生日，他也同樣銘記，並再次帶領城中文武職員前往龍亭行三跪九叩之禮。本月二十六日，胡具慶迅速將百姓控告私賣官地一案的嫌犯拘捕，並在當日查明處理發落。他認爲向百姓催徵應當緩行，而這類和百姓利益休戚相關的案件則應當迅速處置，好讓有罪之人早日受到懲罰，清白之人早日返家營生。他最不願意看到因微小案件而長期拖累一家人的生計。不但如此，他還規定公用物品須照價從商戶處購買，爲了防止胥吏壓迫商戶，他還派人詳細逐個詢問。他對於百姓的體恤不僅表現於此，他把雜亂的稅收能夠減少的都概行減少，能按照最低標準徵收的都按照最低標準徵收，並不急於催促辦理。

〔註 48〕胡具慶，庚復日記，乾隆十二年，十一月十八日，歷代日記叢鈔〔M〕，北京：學苑出版社，2006：27 冊，46～47。

〔註 49〕胡具慶，庚復日記，乾隆十二年，十一月二十日，歷代日記叢鈔〔M〕，北京：學苑出版社，2006：27 冊，48。

乾隆十二年末放假前，胡具慶逐一查看了先農壇、風雲雷雨壇及縣城之中的救火器具。這些地點都是他認爲關乎民生的重要場所，縣域之中的居民以務農爲主，而風調雨順則至關重要。他認爲通過對此類祭祀的強化，可以促進作物的豐收，對居民生計是有好處的，救火器具的完備對於居民的生命、財產安全更具重要性。用「父母官」概括一縣的長官非常準確，一位勤政愛民的縣令要處理的事務非常繁雜。石泉本來是偏僻小縣，但仍然有很多事務需要處理。聽聞土匪在縣域中爲害，他即刻派人前往擒拿。本年底，州牧委派官員前來共同拆櫃，而後開徵錢糧，近年來縣令多私自拆櫃而不經上級監察。雖然被譏笑，他仍然堅持自己的行爲。爲了防止被層層盤剝，他還親自把銀兩發放到縣衙的各個雜役手中。「徵完地丁糧銀，其缺額之數，除地課抵補外，實缺八十餘兩，即以冬季養廉銀之資如數賠補」〔註 50〕他用自己的養廉銀來補足百姓無法及時繳納的地丁銀兩，這樣的舉動當然是出於春秋大義。不僅如此，在第二日他又「徵完去年地丁耗羨，其地課耗銀未徵，亦如數賠解藩庫。」〔註 51〕對於此事，無論百姓感激與否，胡具慶都有自己的看法。他覺得這些錢糧本來就是朝廷從普通百姓中徵收而來，自己如果以這些錢糧來減輕他們的負擔，當然是值得的。如果自己有博取百姓歡心並賺取聲譽的念頭，那樣就私心太重了。他提醒自己要記住公與私的分別，這樣的行爲是坦蕩的爲民謀利，而非爲己。快到年底，縣衙需封印放假，胡具慶擔心無賴賭博生事，特地把各個鄉約、地方集中起來展開專項整治活動，可謂用心良苦。他的行爲基本不受上級監督，原本可以「爲所欲爲」，但他卻選擇了從自己的家世、學術背景出發實行「仁政」。本年之末，他帶著自己的孫子在外宦遊，本當考慮些思親、思鄉之事，而他卻回顧起了自己的經歷，他想起了自己十次參加科考的情形，面對現實，他想起了在石泉縣從政的五個難點，想到此處，他更加珍惜報效朝廷的機會。

乾隆十三年正月初一，胡具慶率領城內文武職員共同到龍亭朝拜。隨後他自己又到各個廟宇上香。他在本地施行仁政需要付出昂貴的代價，首先自己生活的開支就受到了很大的影響。正月四日他寫信給兒子，希望從家中籌措銀兩趕快寄來使用。縣域之內不斷發生各種案件，病死者由官府出錢處理

〔註 50〕胡具慶，庚復日記，乾隆十二年，十二月十七日，歷代日記叢鈔〔M〕，北京：學苑出版社，2006：27 冊，69～70。

〔註 51〕胡具慶，庚復日記，乾隆十二年，十二月十八日，歷代日記叢鈔〔M〕，北京：學苑出版社，2006：27 冊，70。

後事，兇殺案件他也一一親自前往偵破，連臨縣流亡而來的流民也盡力周濟，這些都是他竭盡心力去做的造福百姓之事。對於他來說，最重要的任務仍然是減輕鄉民負擔，「去臘爲地課一項詳請免民升科，爲署州牧所駁，今再具文詳議，以免民升科爲請」，〔註52〕不僅如此，他還在本年四月「革除茶課、畜稅、牙稅、重耗之弊」，〔註53〕這些舉措是胡具慶樂爲的。對於縣域當中公共設施的修繕與維護也是他願意促成之事。本月末的生童考試中，一名生童雇人替考事發，這名生童承諾爲縣城修建一座新的文昌閣，欲以此換取進入縣學之內學習的生員身份，縣衙之內許多人都願意促成此事，卻被胡具慶堅意否決了。這樣的行爲是出於「義」，還是出於「利」呢？「若假借崇禮文昌以爲義舉，則出資者得以入籍非理甚矣，恐文昌君亦不之許也。若諸生藉此謀利，則徇利之事，余豈肯從眾而爲之乎。文昌閣寧可終古不修，而義利之辯不可一日不明……」〔註54〕對於此類公用建築，一旦有機會，他會想方設法建設或修繕，本年七月他審結一件侵佔土地案件，判罰理虧的一方修繕「崇聖祠山牆」，他覺得這樣的行爲一舉兩得，既是對聖賢的尊崇，同時也用實際行動警醒、啓迪世人。

勤政、愛民的石泉縣「父母官」胡具慶在任期間竭盡全力，想方設法爲鄉民減輕各種經濟負擔，以施行「仁政」。〔註55〕他爲官的點滴無不出於天理，無不統歸於一個「義」字之上。然而，乾隆十三年八月初，由於興安州知州壽辰臨近，下屬各地官員紛紛前往州府拜壽，胡具慶卻爲難了。他無力反對也只得跟隨前往，在他的世界觀當中，忠君孝親是一項核心的內容，他覺得爲皇帝祝壽是理所當然的，但爲一個上級官員祝壽卻有諂媚的嫌疑。他雖然也共同前去拜壽，但他這樣安慰自己，「然同僚相拉同往，只得隨眾而行，第使我無求媚之心，則亦不失事上之義……」〔註56〕在傳統社會當中君臣、父子、夫妻等五種慣常熟悉的倫理範圍之內，並沒有如何處理上下級關係的具

〔註52〕胡具慶，庚復日記，乾隆十三年，二月十七日，歷代日記叢鈔〔M〕，北京：學苑出版社，2006：27冊，118。

〔註53〕胡具慶，庚復日記，乾隆十三年，四月十三日，歷代日記叢鈔〔M〕，北京：學苑出版社，2006：27冊，164。

〔註54〕胡具慶，庚復日記，乾隆十三年，四月二十五日，歷代日記叢鈔〔M〕，北京：學苑出版社，2006：27冊，176。

〔註55〕關於清朝「勤政愛民」問題，詳見：常建華，清代的國家與社會研究〔M〕，北京：人民出版社，2006：1～70。

〔註56〕胡具慶，庚復日記，乾隆十三年，八月七日，歷代日記叢鈔〔M〕，北京：學苑出版社，2006：27冊，283～284。

體行爲守則，這時胡具慶用「義」來衡量他與上級之間的關係。

大小金川問題是困擾清代前中期的重要問題，雖然相對於中央朝廷來說，叛亂者偏安西南一隅，人口兵力有限，但清廷前後派兵數萬，持續數年才將叛亂徹底鎮壓，雖然平定大小金川叛亂被認爲是乾隆皇帝的十大武功之一，但是準備戰爭對於區域社會的全面動員，以及戰爭給社會帶來的創傷卻較少被提及。「第一次金川之役從乾隆十二年二月開始至乾隆十四年正月結束，歷時近三年時間。」〔註 57〕胡具慶在陝西石泉爲官時，正是由於對大小金川用兵的需要，興安州的軍事地位方才凸顯。而他自身，也在經歷著整個社會戰爭境遇下的全面動員，只不過他扮演的是一個小角色，且內心複雜而矛盾。乾隆十三年十一月九日，胡具慶得知「忽有插翼軍書言，興安官兵一千八百名赴金川出征，需用兵米馬草甚多，即僉差爲之備辦。」〔註 58〕這是他第一次得知軍隊動員需要地方預備周旋。他雖然感到難以接受，但還是很快差遣辦事人員協助辦理。戰爭即將給他帶來更多痛苦。十一月十日是胡具慶父親的忌日，他帶著自己的孫子在後堂祭拜表達哀思。這樣悲痛的場景本不該被打擾，然而他的幕賓卻收到了軍隊寄來的插翼書信，要求盡快尋覓五十匹騾馬赴褒城聽候調遣。這樣火急的軍事命令讓幕賓無所適從，所以打斷了胡具慶在後堂的哀思。胡具慶非常生氣，他認爲即便再急的軍令緩行半日也無妨，而自己父親的忌日哀思不夠則會造成終身遺憾。他不僅責備幕賓，也埋怨軍事行動。關於軍事行動的後勤保障飛書隨即紛至沓來，要求他盡快準備兵米、馬匹糧草等。十二日州府來的書信要求速速準備豌豆，以備十五日馬匹經過時使用。石泉縣並不生產此物，胡具慶趕忙派人四處高價購買。本縣童生到州府參加考試也需要騾馬，一時間他被折磨得焦頭爛額。這月中旬，他終於四處尋覓到了五十匹騾馬，並派遣手下運送至褒城。十六日胡具慶又被通知豌豆無需準備，他已經出離憤怒了。

很快，更糟的事情發生了，軍隊經過縣城境內，由於紀律差，所以對居民侵擾嚴重。此時他也只能感歎，「以文武不相統轄，欲禁之而竟不能也。」〔註 59〕十一月二十日他再次收到軍書，命令尋找民夫拖拽運送軍品的十數艘

〔註 57〕齊德舜，清乾隆攻打川西北大小金川戰役研究〔D〕，蘭州：蘭州大學民族學研究院，2007：13。

〔註 58〕胡具慶，庚復日記，乾隆十三年，十一月九日，歷代日記叢鈔〔M〕，北京：學苑出版社，2006：27 冊，359。

〔註 59〕胡具慶，庚復日記，乾隆十三年，十一月十八日，歷代日記叢鈔〔M〕，北京：學苑出版社，2006：27 冊，367。

船隻。他愛護的人民已經被陸地軍隊摧殘，現在又要被水路折磨。當他得知本縣提供軍隊的騾馬應爲四十匹，多出的十匹居然是由於筆誤造成的，他已經無力憤怒。即便在這樣艱難的情形之下，他仍然想盡辦法幫助鄉民渡過難關，本月末他「遣張替赴省領冬季養廉銀兩，以爲賠補軍需之用。」〔註 60〕隨後的煩心事接踵而至，軍隊需要遞送馬兩匹，而本縣僅有兩匹，胡具慶盡力設法滿足軍方需求。本地耕牛數量稀少，山地多而平地少，大量馬匹被強行徵用，勢必會影響來年春天的耕種，想到此處胡具慶憂心忡忡。

乾隆十三年臨近除夕的夜晚，胡具慶開始靜下心來仔細思索。自己在這一年的執政中到底是否本著天理爲蒼生考量。他想起了本朝李襄水先生的事蹟，與他此時的處境類似。李先生曾經也困擾於這樣的處境，感到無法保全地方，拯救黎民。李就此問題向湯斌求教，湯的回答是爲政者應當迎難而上設法幫助百姓渡過難關，這是上策。如果覺得爲難，不如退而保全自身，此是下策。胡具慶並不多麼在意自己的仕進出路與財富收入，對於一個年過花甲的人來說早已看的淡薄。他把自己的俸祿貼補縣域之內的百姓，他處處爲黎民設想，努力減輕他們的負擔。連續的兵荒馬亂和來自軍隊、上級的壓力讓他無所適從，他只有招架之力。他不願勞煩百姓，這才是他最爲矛盾和痛苦之處。想到此處，他已經萌生了辭官的念頭，既然無法保全黎民，那麼退出這場混亂的局面是最好的抉擇。

乾隆十四年正月初四日，胡具慶進行了仔細的考量：

> 自獻歲以後病骨支離，益覺狼狽。兼以軍需重疊，供億浩繁，前奉本州箚諭，令派里民幫貼，余決意不肯奉行。已拂州憲之意，今復奉箚，令於前馬五十匹外再解馬七八十匹。噫！是必空石泉之馬而後可也。況今春作方興，耕犁正動，豈可奪民耕犁之具，以應無已之需耶？當此之際，爲國爲民萬難兩全，惟當奉身而退以遂初志。〔註 61〕

他的學術背景和世界觀告訴他要注意內聖外王的結合，不但注重自我的修養，一旦爲官，還要在忠君愛民上下工夫。不過，現在的問題似乎有些難以解開，似乎故事從發生起就是一場悖論。爲君王應當去做的事情就會變成擾

〔註 60〕胡具慶，庚復日記，乾隆十三年，十一月二十日，歷代日記叢鈔〔M〕，北京：學苑出版社，2006：27 冊，370。

〔註 61〕胡具慶，庚復日記，乾隆十四年，一月四日，歷代日記叢鈔〔M〕，北京：學苑出版社，2006：27 冊，409～410。

民的行爲。胡具慶一面做退出官場的打算，一面與上級和軍隊盤旋，他儘量少爲軍隊提供馬匹而多留在縣城之中爲鄉民耕種之需。

乾隆十四年二月，胡具慶苦於理想與現實之間的差距過大，對於忠君與愛民之間的矛盾感到無所適從，於是他選擇了逃避，向陝西巡撫辭職。巡撫很快答覆了胡，稱其人「居心純厚，學術醇正」，應當繼續好好爲官。此時胡具慶咳嗽、目疾等多病纏身，加上氣血兩虛，他辭官的主意已定。本年四月八日，在交代完畢工作，並派驛兒前往拜謁州牧之後，他啓程返回杞縣。他對於縣域當中的百姓是深愛的，而「石學諸生及商客居民俱置酒祖道於東門之外。」〔註 62〕他並未過多描述送行時的場面，在舟中旅行的他只覺得愧對百姓，自己的怯懦導致應當施行的仁政沒有完成，面對困難自己沒有迎難而上而是選擇了逃避。與上任時候的路途相似，他乘舟前往樊城，隨後改行陸路，最終在五月八日回到杞縣的家中。很快他又恢復了讀書、靜思的生活，只是身體更加虛弱，本年八月四日胡具慶在杞縣家中病逝，時年六十四歲。

〔註 62〕胡具慶，庚復日記，乾隆十四年，四月八日，歷代日記叢鈔〔M〕，北京：學苑出版社，2006：27 冊，494。

第三章　李棠階的人生

李棠階〔註1〕（1798～1865），字文園，河南河內人。「道光二年進士，改翰林院庶吉士。三年，散館，授編修。五年，充四川鄉試正考官，提督雲南學政。十一年，充順天鄉試同考官。十三年，升國子監司業。十五年擢詹事府右春坊右中允。尋丁父憂，十九年，補原官。二十年五月，遷翰林院侍講。七月，充山西鄉試正考官。八月，轉侍讀。二十一年，充署日講起居注官。」〔註2〕「二十二年，督廣東學政，擢太常寺少卿。會巡撫黃恩彤奏請予鄉試年老武生職銜，嚴旨責譴，棠階亦因違例送考，議降三級調用，遂引疾家居。」〔註3〕鄉居時李棠階應邀擔任河朔書院主講十三年。期間他讀書課業，關心國事，賑濟鄉里，組織鄉民抗擊匪徒。同治元年，朝廷下令啓用舊臣，李棠階應召至京，入職軍機處。同治四年卒於京師，有《李文清公日記》等著作存世。

第一節　翰林

李棠階出生在清中葉，恰逢清朝由盛轉衰，他的生活處處打上了動盪的時代烙印。李棠階與前述二者家世並不相同，前兩者耕讀傳家，具有一定的

〔註1〕目前學界關於此人的研究成果較少，如：蘇全有，黃亞楠，晚清重臣李棠階與道咸政局——論李棠階的爲官親民之道〔J〕，焦作大學學報，2012（2）：20～22，劉乾，李棠階詩文手稿〔J〕，平原大學學報，2006（3）：63～65。

〔註2〕王鍾翰點校，清史列傳，卷四十七，北京：中華書局，1987：12冊，3694。

〔註3〕趙爾巽等，清史稿，卷391，列傳178，李棠階傳，北京：中華書局，1976：第38冊，11738。

學術淵源與基礎，而李棠階的身世背景非常平凡。他的仕進之路主要依靠自己的努力進取，他年輕時候的貧苦與經歷常常可以在中年後的日記中讀到，「夜與家人說貧苦時遇凶歲、斷炊，思父母艱難，泣不能忍，因勸以節儉。」〔註4〕雖然李棠階並無詩書傳家的良好出身，但他經過後天的自我習得也獲取了較高的社會地位與財富。李棠階生活的巨大改觀幾乎完全取決於科舉考試，通過科考他的命運發生了巨大的轉變。獲取功名之後，李棠階並未從鄉村中的祖宅中遷移，他不像竇克勤與胡具慶那樣擁有大量田產並居住在城鎮當中。即便鄉居之時，李棠階也以書院主講爲業，反映出李氏家族持有的田產不能充分供養其日常生活開支。

李棠階於道光二年獲取進士功名，道光朝實錄中有明確記錄：

> 引見新科進士。得旨、一甲三名、戴蘭芬、鄭秉恬、羅文俊、業經授職外。陳嘉樹、曾元海、翁心存……李棠階、宗室恩桂、葉桂、陶青芝、繼志、王藻、豫益、況澄、張洵、溫葆淳、舒夢齡、徐思莊、馬方鈺、許冠瀛、赫特赫訥、宗室受慶、陳熙健、俱著改爲翰林院庶吉士。〔註5〕

想必李棠階屬於天資聰穎而又肯用功讀書的士子，很快他就在庶吉士散館的考核中被授予翰林院編修的職位，「引見壬午科散館及補行散館人員。得旨、此次翰林散館之修撰戴蘭芬、編修羅文俊、業經授職。其清書二甲庶吉士蔡賡揚、李菡、曾元海、漢書二甲庶吉士翁心存、易曰廉、馮贊勳、陳憲曾、李儒郊、徐述虔、葛天柱、王煜、江於泗、陳嘉樹、李棠階、豫益、繼志、陸建瀛、岳鎮南、曾望顏、文慶、恩桂、方傳穆、俱著授爲編修。」〔註6〕道光五年，他還以翰林院編修的身份參與同考了四川省鄉試，「上御勤政殿聽政。以翰林院編修張日晸、爲湖南鄉試正考官。內閣中書石綸、爲副考官。翰林院編修李棠階、爲四川鄉試正考官。兵部員外郎周炳緒、爲副考官。」〔註7〕道光五年李棠階以翰林院侍讀身份被授予雲南學政一職，不過很快他又返回京城翰林院爲官。

李棠階日記的開端始於對自己日間行爲的記錄與反思，這幾乎是他每日

〔註4〕李棠階著，穆易校點，李文清公日記〔M〕，道光二十六年，十二月二十一日，長沙：嶽麓書社，2010：564。

〔註5〕宣宗成皇帝實錄，卷三十三，道光二年，壬午，夏，四月，戊申。

〔註6〕宣宗成皇帝實錄，卷五十一，道光三年，癸未，夏，四月，戊午。

〔註7〕宣宗成皇帝實錄，卷八十二，道光五年，乙酉，五月，壬子。

的必修課。從內容與形式來看也非常嚴格，大到國家社稷的祭祀之時，小到如廁時的言行都要詳細記錄並加以檢討。道光十四年，李棠階在京城翰林院供職，這是他日記的開端。在京城中，李棠階的生活以履行翰林職責，與京城官員交往，休閒娛樂等內容爲主。

一、文人

身爲翰林的李棠階在生活中首先要不斷自我警示，以保持思想與行爲的純潔性。「巳初三刻記。初記有二雜念。巳正，飯。頃覺散漫，至午初三閒話、閒步，戲念三。焚香獨坐。一二刻，昏睡。三刻後會客，一色幾，一馳念。四五刻，雜念十。六刻以後至未正，芾村前輩來，談及做官好而用財無度者，或至於累，則人將指以爲戒，不肯向好處做，亦近理。送客後，有茫蕩處。」〔註 8〕開始記錄日記的第一天，李棠階詳細的描繪了自己精神活動的內容。他無時不刻在與各種戲念、雜念等鬥爭，但這些不好的念頭又隨時可能迸發出來。李棠階仔細記錄這些念頭的目的是爲了鞭策自己上進，每日都能有更大的收穫，能夠像他自己所期冀的保持精神「不放」。其實，我們今日也有相似的感受，如果思維一直處於清晰而活躍的狀態，並能夠對問題有所思考，這或許可以接近李氏所認爲的「不放」狀態。在京城生活的日日夜夜，李棠階無論居官工作還是閑暇時刻，都在思慮這樣的內容。

身爲翰林的李棠階久居京城，與同在朝廷爲官大臣交往密切。這樣的人群也往往是文人群體，他們之間的活動帶有顯著的文人特徵。李棠階每日都會集中精力寫字，字數不等，內容以前朝儒者的作品居多。道光十四年十一月，他整日都在抄寫《周禮》中《地官》部分的內容，他每日抄寫二百字到四百字不等，循序漸進。這樣作既可以使自己的書法造詣得到持續訓練，也可以順便溫習儒學經典，一舉兩得。抄寫《周禮》的工程龐大，他從本年十一月八日開始一直持續到來年一月二十日才結束。古代社會中士人的基本才能或素養可以用「琴棋書畫」四字概括，李棠階的書法藝術在當時的京城想必屬於上乘者，在他的生活中，不斷爲別人書寫條幅、扇面並題畫。在這樣的文學活動當中，他的藝術造詣

〔註 8〕李棠階著，穆易校點，李文清公日記〔M〕，道光十四年，二月二十五日，長沙：嶽麓書社，2010：1。

不斷提升，社會地位被持續強化。

傳統社會中，由於氣溫控制技術的局限，當天氣炎熱時人們就需要使用扇子等對象消暑。不同形制的扇子在我國歷史上早已產生。〔註 9〕扇子的消暑功能本身並不顯著，但擴展而來的裝飾功能卻成了扇子向不同形狀、材質、外觀豐富拓展的有力助推。扇子本身的形狀、樣式、扇子骨架的材質以及扇子弔飾的製作與傳統等都是重要的手工業活動。扇子既然被有身份地位的士人持有，那麼他們必然會深刻打上屬於自己獨特的文化烙印，這不僅表現在扇面的書畫風格，更表現在書寫的內容上。社會中有人看重扇子的裝飾功能，從而傳遞某種審美的情趣。李棠階和友人持有並流通扇面則更欲表達某些文化意蘊。

由於李棠階的書法造詣不凡，被很多人邀請書寫了大量扇面。在京時，他常常一日書寫數幅扇面，有團扇、摺扇等多種樣式。當扇子的實用功能降低，身份、品味含義上升時，扇子的核心功用就發生了轉變。在炎熱的夏日，李棠階不間斷的爲友人書寫扇面。已是冬日的京城中，士人們仍在進行書寫扇面的活動，「寫扇子三柄，用雙江先生語，少雜念。」〔註 10〕此時扇子的消暑功能已經處於次要地位。李棠階常常記錄書寫扇面的內容，也顯示出他爲別人書寫扇面的用意。他使用王陽明弟子聶雙江（聶豹，字雙江）的句子寫在扇面上，並以此勉勵年輕人或同齡人在修行中奮力前行，達到更高的境界。他曾在給別人書寫扇面時就明確表達了自己希望以這些名言督促他們上進的用意，「寫朱子語三百字。終日爲人寫扇子，均用朱子語，意欲藉以收心，並以勸人。然己先不免草率，總不免戲言、戲動。理不勝欲，志不勝氣，非強勉何益。」〔註 11〕閑暇時候的寫字工夫，他以朱子語作爲開端，意在與自己的欲念鬥爭，保持志氣的旺盛。本日他書寫的扇面數量龐大，他把自己精心挑選出的朱子語句寫在扇面之上，正如自己所言爲了勸人收心，同時也警示自我。一年四季當中都在不斷書寫的扇子已經超出了消暑的基本功能，而成爲一種供士人群體品鑒、炫耀、饋贈的禮物。

〔註 9〕可參考楊祥民，扇子的故事——傳統造物的禮儀性與審美性蠡測〔D〕，南京：南京師範大學美術學院，2011。

〔註 10〕李棠階著，穆易校點，李文清公日記〔M〕，道光十四年十一月十八日，長沙：嶽麓書社，2010：79。

〔註 11〕李棠階著，穆易校點，李文清公日記〔M〕，道光十五年四月八日，長沙：嶽麓書社，2010：101～102。

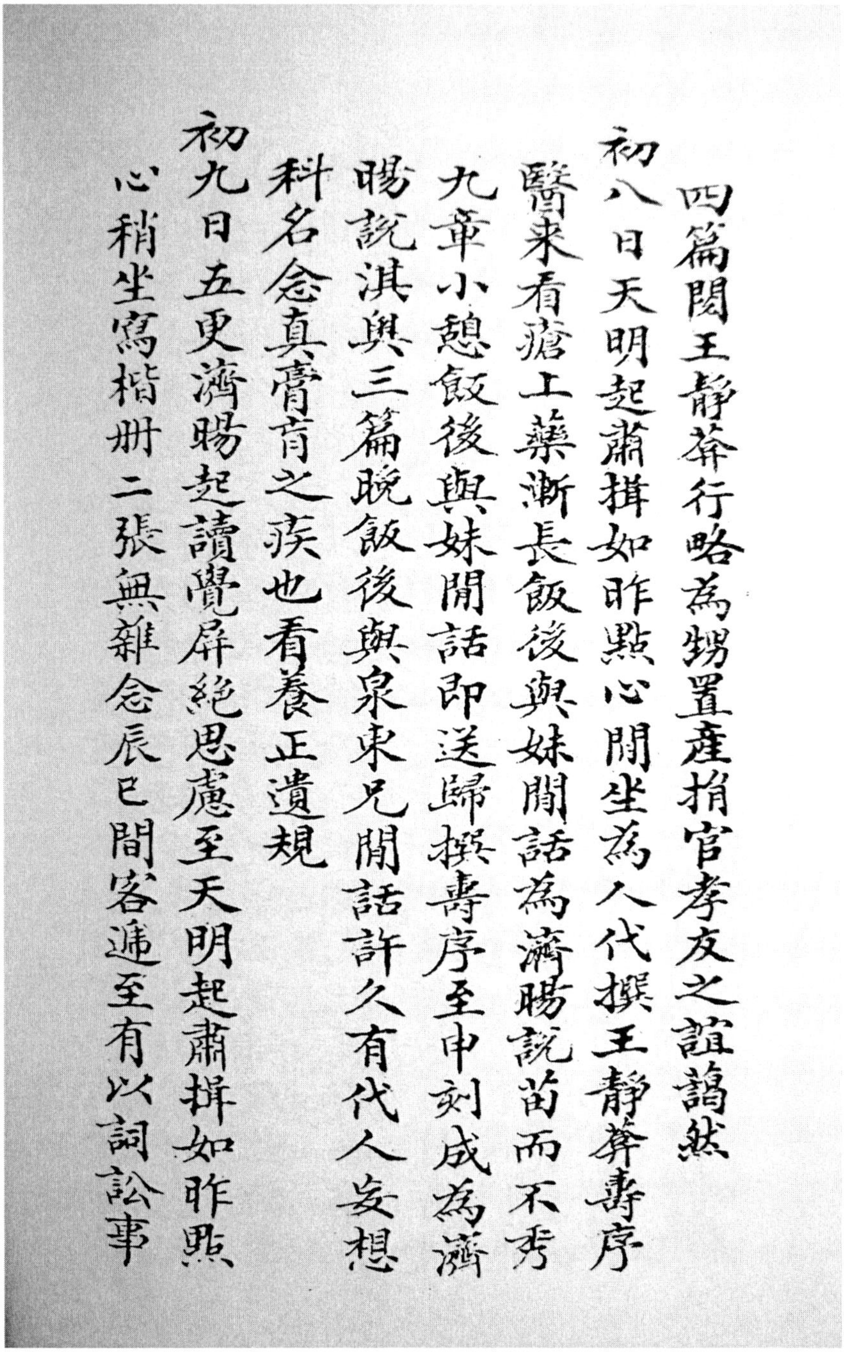

四篇閱王靜莽行略為甥置產捐官孝友之誼藹然
初八日天明起肅揖如昨點心間坐為人代撰王靜莽壽序
醫來看瘡上藥漸長飯後與妹閒話為濟暘說苗而不秀
九章小憩飯後與妹閒話即送歸撰壽序至申刻成為濟
暘說淇奧三篇晚飯後與泉東兄閒話許久有代人妄想
科名念真膏肓之疾也看養正遺規
初九日五更濟暘起讀覺屏絕思慮至天明起肅揖如昨點
心稍坐寫楷冊二張無雜念辰巳間客遝至有以詞訟事

圖 1　《李文清公日記》手稿〔註 12〕

〔註 12〕此圖係《李文清公日記》手稿影印版照片。

李棠階當然也接受過別人贈送或者書寫的扇子。道光十五年四月底，倭仁〔註13〕爲他題寫扇面，「終日在世情上著腳，煞是可懼。此關不破，總不出鄉愿窠臼。究其根只是理不敵欲，情面太軟，遂此牽彼制，立腳不定。旨哉言乎，可不戒哉。」〔註14〕倭仁在日記中被李棠階以其字艮峰相稱，從他的行事風格來看，似乎更加固執，他是清末反對洋務運動的著名保守派，他與李通過扇子這一媒介，交流對於事態、道德的直接觀感，並以此從對方獲得認同。如同他們隔幾日就聚集一處會課，並交流自己書寫的日記，甚至互相批評、學習一樣，這樣的行爲無非是爲了加強作爲一種群體的特徵，並保持下去。在類似的行爲中，他們的道德認同感得到深化，直至成爲「偏見」。「書唐仲敬扇云：凡古今格言，須自己身心體驗一番方有味，不然，雖左右箴銘，只作一場好話看，於己何與？」〔註15〕

二、職責

道光十四年五月中旬李棠階「即赴署恭謁文廟……看四庫館違礙書目」〔註16〕每月的朔望日翰林都要集中於翰林院中舉行莊重的祭祀孔子儀式，這一天李棠階還閱讀了四庫全書的擬禁燬書目。這是翰林的職責之一，他們挑選出此類書目，並再次閱讀確認，反覆斟酌，最終確定處理意見。同月，李「丑初起，赴園述職，以昨值日期滿，教習程祚蕃引見，以知縣用也。」〔註17〕在翰林院內值班也是一項重要的工作內容，他還負責引薦文職官員。皇帝親自主持的重大祭祀儀式中，他也需要陪同。道光十四年底，李棠階「爲蒙古司業挑蒙古學生」〔註18〕。從以上活動來看，他的工作職責以文職爲主，生活中也以學術活動爲中心，較少涉獵其他事務。當然，替社稷考察人才，並向朝廷推薦也是他的分內責任。此外，李棠階還不時參加皇帝主持的考試，

〔註13〕倭仁（1804～1871），字艮峰，晚清名臣，理學家。道光九年進士。

〔註14〕李棠階著，穆易校點，李文清公日記〔M〕，道光十五年四月二十二日，長沙：嶽麓書社，2010：103。

〔註15〕李棠階著，穆易校點，李文清公日記〔M〕，道光十五年，六月十七日，長沙：嶽麓書社，2010：111。

〔註16〕李棠階著，穆易校點，李文清公日記〔M〕，道光十四年，五月十五日，長沙：嶽麓書社，2010：26。

〔註17〕李棠階著，穆易校點，李文清公日記〔M〕，道光十四年，五月十五日，長沙：嶽麓書社，2010：26。

〔註18〕李棠階著，穆易校點，李文清公日記〔M〕，道光十四年十二月一日，長沙：嶽麓書社，2010：82。

皇帝主持這類考試意在考察翰林的學問、修養，也是與漢臣拉近距離的一種手段，「正大光明殿考試差，《四書》題『恭敬而無失，君子不可虛拘』，經題『白圭之玷尚可磨也，斯言之玷不可爲也』，賦得『如石投水』得『逢』字，酉正完卷。」〔註19〕

作爲翰林的李棠階職責重大，所以在生活中，他非常注重學問的積累，他常常整日讀書寫字。讀書內容又與施政、地理、氣象等學問相關，這些內容都可以幫助他更好的履行職責。他在道光十五年初堅持每日書寫數百字的《考工記》就是對先秦手工業描述備至的一部著作，閱讀並抄寫此書的目的顯然是爲了幫助自己更好的理解歷史與社會。這是李棠階對於爲官技術性知識儲備的行爲，作爲一個儒士，聖學顯得更加不可須臾遠離。道光十四年七月十三日，李棠階在宅內休息，此日他大量閱讀各種書籍，「至午初三刻，閒話、閒步，看《儒門法語》。王少湖先生論學，語歸於眞見眞得，大本明白，主宰定，涵養深，語甚明透……又閱羅文恭公《致良知書》、《答論學書》，明白顯切。《陽明祠記》以龍場爲動忍之資，是陽明一生得力處，尤切。」〔註20〕經典的儒學著作是李不可忽視的內容，他也會集中精力閱讀前朝儒者的論著，他對陽明學的態度比較寬容。這一天中，除了上述的書籍之外，他還閱讀了《女小兒語》《會語》《識人說》《示兒貼》等著作或章節。在清代官刻、書院刻等眾多官方組織的促進下，書籍刊刻、流轉比前代更加頻繁。不僅如此，民間刊刻也異常繁榮，「清代中前期是我國民間刻書的巔峰時期……私宅刻書的內容主要集中於名人學者的自撰著作、前賢詩文、校勘考據類著作和巨室大族的譜牒；坊肆刻書的內容主要集中於文教科舉、日常生活、詩文選本和宗教迷信類著作。」〔註21〕日常生活中，普通人尤其是士人進行大量的閱讀已經成爲習慣和必要，不僅因科舉考試的仕進難度增加，還由於在當時的社會環境下有豐富的前代儒學著作，大量的技術類、文學類作品在市面流轉。

除了儒學著作和天文、地理類基礎知識的作品外，對於如何居官的書籍，

〔註19〕李棠階著，穆易校點，李文清公日記〔M〕，道光十五年，五月十六日，長沙：嶽麓書社，2010：107。

〔註20〕李棠階著，穆易校點，李文清公日記〔M〕，道光十四年，七月十三日，長沙：嶽麓書社，2010：43。

〔註21〕潘文年，清代中前期的民間刻書及其文化貢獻〔J〕，安徽大學學報（哲學社會科學版），2008，32（2）：142～148.142。

此時期也較爲豐富。〔註 22〕日常生活之中，普通人或身份較低的人可能更加注重自己的善行與報應，他們或利用《功過格》等善書來增強規範自己的行爲。對於士人來說，久經儒學考驗，對於居官的技巧可能並不擅長。「官箴書」一類的文本就成了指導士人爲官的重要行事依據。李棠階在道光十四年八月閱讀「《居官必覽》，事使功過，格於事理物情，委折詳盡，今日州縣之藥石也。」〔註 23〕這本書是清代金庸齋所著，以事使、操持、興革、教化、刑獄、賦稅等幾個方面展開介紹爲官者應如何行事。此類官箴書對於促進提高清代官員的施政水平起著重要作用。官箴書從技術層面把此前從政的專業技能普及開來，提高了帝國官員的行政效率。〔註 24〕也有學者注意到此類官箴書對於基層官員道德的約束力量。〔註 25〕總之，這類書籍的創作與流通，正說明清代吏治的規範不僅來自於上層的管理，也來自於全社會的共同約束。

在京城生活的李棠階，生活中總有別與其他地區之處。三年舉行一次的會試，及隨後的殿試，都是京城特有的文化活動。作爲翰林院的官員，他總會有各種機會處理關於科舉考試的事務。正是由於科舉考試的需求，各省通過鄉試的舉人都要進京參加會試，所以會館場所興盛。會館的功能主要是爲來京的商旅提供食宿，而旅客中很大一部分就是進京參加科考的士子。會館的建設與運營離不開已經在京久居的同鄉，尤其像李棠階這樣或有權勢，或有財富的人物。他在日記中多次提到經營同鄉會館，道光十五年四月，他「與六皆商會館事」〔註 26〕，在京城他就不斷與同鄉士人商量會館的運營，經費的籌措，待到返鄉之後，他還在設法催促本地富商大賈爲本鄉京城會館出力。當然，由於科考引起生活中的變化並不僅限於此，生活中的內容也會因此豐富起來，同月二十四日，李棠階「卯初起，隨大人進內看傳臚。」〔註 27〕在

〔註 22〕如《牧令書》《賑荒簡要》《圖民錄》等，可參考岑大利，清代官箴書的社會史資料價值〔J〕，文化學刊，2010（4）：154～156。

〔註 23〕李棠階著，穆易校點，李文清公日記〔M〕，道光十四年，八月八日，長沙：嶽麓書社，2010：51。

〔註 24〕可參考〔法〕魏玉信著，李伯重譯，明清時期的官箴書與中國行政文化〔J〕，清史研究，1999（1）：3～20。

〔註 25〕可參考岑大利，古代官場文化中的官德教育——古代官箴書初探〔J〕，科學社會主義，2013（4）：88～91。

〔註 26〕李棠階著，穆易校點，李文清公日記〔M〕，道光十五年，四月十三日，長沙：嶽麓書社，2010：102。

〔註 27〕李棠階著，穆易校點，李文清公日記〔M〕，道光十五年，四月二十四日，長沙：嶽麓書社，2010：104。

京城的生活中，作爲文職人員的李棠階，能夠更加充分的利用豐富的文化資源，他的父母也可以根據這些經歷在返鄉之後爲附近鄉民講述精彩的故事，從而提高自身的地位，使自己更有獲得感。李的子侄也有機會在這樣的盛大場面之下，自幼就深刻的瞭解科舉考試爲家族帶來無上光榮的故事，也可以作爲自己人生成長經歷的一種寶貴財富。地區生活的資源差異造成了士人及其家人生活的差異，對每個人的影響都非常深遠。

李棠階除了以不同程度參與三年一度在京城舉行的會試之外，自己也多次被派去擔任不同地區的鄉試主考官員。道光二十年秋李棠階被以翰林院侍講學士的身份派往擔任山西省鄉試主考，副考官爲戶部郎中有慶。〔註 28〕參與主考不同級別的科舉考試是身爲翰林的特權，也是眾人嚮往的美差。我們由李棠階和竇克勤等人關於日記內容的記錄可以得知，他們記錄事件基本能做到有據可依，這不僅與皇帝的實錄文獻契合，也與正史中人物傳記的內容相對應。道光二十年秋七月甲午日，李棠階被授予主考差事。第二天，消息就經由報房到達李處，他隨後前往拜訪了副考官，「報放山西正考官。禁馳騖。理雜事，至巳初。謁各老師，拜副考官有餘齋。」〔註 29〕七月九日，李棠階赴午門處聽宣旨之後就回家了。副考官「有餘齋先生攜試差事宜單商諸事：第一要嚴約束家人，沿路須同住；第二中卷無分界線。」〔註 30〕對於這樣的內容，他深表贊同，與李棠階互相閱讀批註日記的王子潔也在旁邊空白處批註：「此等處才徵工夫。」〔註 31〕

李棠階開始著手準備應差的工作，他首先詳細閱讀試差事宜單，並選擇其中重要的內容詳加記錄。試差事宜單從字面意思來理解，似乎是官方爲了便於指導官員工作而制定的一種備忘錄或規範性質的文件，副考官有慶也持有此物，且二人常以此互相商討差事。二人商議共同啓程，並與轎夫約定出行時間。隨後翰林院「衙門送印領，給以諭送俸米、銀帖。」〔註 32〕這段時

〔註 28〕詳見宣宗成皇帝實錄，卷三百三十六，道光二十年，秋，七月，甲午。

〔註 29〕李棠階著，穆易校點，李文清公日記〔M〕，道光二十年，七月八日，長沙：嶽麓書社，2010：288。

〔註 30〕李棠階著，穆易校點，李文清公日記〔M〕，道光二十年，七月九日，長沙：嶽麓書社，2010：289。

〔註 31〕李棠階著，穆易校點，李文清公日記〔M〕，道光二十年，七月九日，長沙：嶽麓書社，2010：289。

〔註 32〕李棠階著，穆易校點，李文清公日記〔M〕，道光二十年，七月十一日，長沙：嶽麓書社，2010：289。

間，李棠階購買出行物件，打點行裝準備動身。七月十七日，李棠階出發前往山西主持本年鄉試，經過良鄉縣、涿州、定興縣等地於月底到達目的地。八月初，他與副考官有慶開始準備鄉試事宜，他們共同抽籤分房並擬定考題。八月八日，依照山西慣例祭祀文昌帝君之後鄉試開始。八月十二日之後眾考官開始評閱試卷，李認為「校閱求詳審，各房考亦皆盡心。」〔註 33〕直至九月六日發榜之後，他仍然忙碌於與當地官員及新中舉人的應酬，四天之後才啓程返京。

道光十五年末，李棠階的父母客死京城，隨後他開始了自己的丁優生活。丁憂結束後李棠階再次返京，他很快又融入了交際圈當中。他們共同生活、一起工作。「酉刻，偕艮峰、春湖赴太常寺救護月食，自戌正二刻起至亥正三刻復圓。欲致其誠敬以交神明，而思慮究未盡整齊。與艮峰言通書誠幾義。既思此時當專心救護，多言雖正，亦不一，然後更有甚於此者。」〔註 34〕「即赴禮部救護日食。巳初到，獨坐二三刻，尚整齊，後閒話，多習語。巳正三刻食始，未初二刻復圓。與靜山、艮峰同跪、同坐，亦不精一。」〔註 35〕在這樣的場合中，他們必然明白無論月食還是日食，最終都會復圓。即便如此，李棠階認為仍需要主敬存誠。雖然自己與朋友交談的內容都以天理的學術為主，但仍無法避免言語過多而不「敬」的嫌疑。不久後，他通過閱讀邸報得知自己被升職為翰林院侍讀學士，他所從事的工作內容卻基本沒有變化。道光二十年四月下旬，他集中校對《錦州志》，隨後又校對、標注《吉林誌》、《涇州志》等文本。他把這些文本從衙門中領取，帶回家中進行考較。他也間或會被派往參與主持一定級別的科舉考試，這是他非常願意接受的差事。

李棠階與友人對日記行為非常推崇。他們時常組織共同的會課，並攜帶日記相互交流、批示。這樣做的主要目的是督促大家保持自我檢討。道光二十年八月十日，李棠階在日記中記錄了如下的內容，「卯初起，盥洗。偕余齋兄共食，勸以寬心耐事，不必鬱鬱。蓋兩人意計，總不向此涉想，以為出題決不至誤。滿則招損，此病根也。然動心忍性，亦正用力之端。小懲大戒，

〔註 33〕李棠階著，穆易校點，李文清公日記〔M〕，道光二十年，八月十一日，長沙：嶽麓書社，2010：291。

〔註 34〕李棠階著，穆易校點，李文清公日記〔M〕，道光二十年，正月十五日，長沙：嶽麓書社，2010：210。

〔註 35〕李棠階著，穆易校點，李文清公日記〔M〕，道光二十年，二月一日，長沙：嶽麓書社，2010：219。

宜無負玉成之恩。辰巳間寫二場題紙。」〔註 36〕友人訥齋在「滿則招損，此病根也」數字之下標示著重符號，並在日記旁的空白處寫下「經一番挫折長一番學問」〔註 37〕幾個字。十月中旬，他在日記中記錄「田夫之色動，由身歷之也。」〔註 38〕友人王子潔則在一旁寫下了「身歷而後知，當下可驗。」〔註 39〕這樣的內容比比皆是，是他們之間互相交流修行心得與經驗的一種形式。儒學自從產生以來一直以學術的面目流行於世，但是在晚明三教合一的趨勢加強後，在清代的士人生活當中，結合了其他宗教關於修行的模式之後，不但開始轉向宗教化，也開始轉向世俗化。儒學向儒教的發展，本身就受到宗教中的修持行爲影響。到了清代，這樣的行爲越加明顯了。雖然無論竇克勤、胡具慶、李棠階等人，他們對於儒學內的不同派別有不同的見解與觀念，但是他們對於佛、道等宗教卻採取相同的排斥觀念。他們強調儒學靜坐與佛教等打坐有很大的區分，但是在旁人眼中，這些卻是十分相似的行爲。

李棠階的生活中，焚香是一種常見的行爲。焚香並靜坐，是從朱子提倡的士人生活「半日讀書，半日靜坐」中衍生而來的。焚香的起源應當是對於佛教、道教等偶像崇拜開始的。在他的生活中，焚香具有兩個功能，一爲時間的刻度，李棠階利用焚香來控制自己靜坐的時間，在書齋之內展開自我修行的靜坐活動。二來焚香也爲了提神，靜坐之中容易變成疲勞的修養，如何保持清醒就成了重要課題，所以他利用這種社會公共場中所熟悉的味道提神。「至午正二刻，然香默坐，前二刻昏，後稍清，亦不甚湛然。接然一香，寫對子條幅等，坐時不過少半香。寫《天官》百餘字，意象尚好。晚默坐一香，余稍凝定，間有昏幾，勉強提醒。」〔註 40〕「香」無論在傳統社會的整個國度當中，還是在士人生活的私我領域內，都具有重要的作用，甚至達到了須臾不可離的地步。究其原因，除了焚香帶來對時間尺度的把握之外，還

〔註 36〕李棠階著，穆易校點，李文清公日記〔M〕，道光二十年，八月十日，長沙：嶽麓書社，2010：291。

〔註 37〕李棠階著，穆易校點，李文清公日記〔M〕，道光二十年，八月十日，長沙：嶽麓書社，2010：291。

〔註 38〕李棠階著，穆易校點，李文清公日記〔M〕，道光二十年，十月十五日，長沙：嶽麓書社，2010：294。

〔註 39〕李棠階著，穆易校點，李文清公日記〔M〕，道光二十年，十月十五日，長沙：嶽麓書社，2010：294。

〔註 40〕李棠階著，穆易校點，李文清公日記〔M〕，道光十四年，十月二十三日，長沙：嶽麓書社，2010：72。

有一層敬天的意思。儘管傳統社會的士人在生活中盡力摒棄怪力亂神的思想，理學秉持者對於佛道的觀念更是嗤之以鼻，但是他們的生活中卻處處充滿宗教的「因素」，焚香就是很好的體現。在青煙繚繞的書齋之內，在檀香焚燒中帶有的特殊香氣之中，士人也在幻化著想像身處公共場域的空間之內，彷彿自己也隨聖人一起得「道」、知「道」而達到了修養的至高境界。這是儒學宗教化在士人生活中的一類行爲表徵。

道光二十年，西方列強用戰爭的手段強制打開中國的市場。這一年，李棠階正在京城任職，天朝被「蠻夷」欺辱是天崩地裂的大事，身爲有擔當的臣子，在京城的每一刻都如坐針氈，他四處打聽，或常常在無意間聽聞關於「英逆」之事。道光二十年六月李棠階就得知英國侵犯我天朝的消息，「何小笠來，說英逆事三四刻。」〔註41〕二人對於鴉片戰爭之事談論了許久，使李深受震動。隨後他「至晚，查地理及緬甸、江浙各圖。晚飯後閒步許久，心牽英逆事。」〔註42〕身爲翰林院的文臣，似乎對此事也束手無策，只能儘量對海疆多做瞭解，以期有助於朝廷。這樣的事情經常攪擾李棠階，以至於他無法安然入眠。日常生活中他開始留心收集關於海防的信息，「聞狄生榮冕說海防，江蘇以崇明爲要，浙江以定海爲要。」〔註43〕他不僅聽人訴說並記錄此類關於海防的內容，還不斷的搜尋海防的信息。他查閱《江南志・海防》《測海集・施琅傳》《洋防輯要圖》《洋防經制》《直隸沿海輿地考》等書籍，他花費大量時間去瞭解從北到南各個省份的沿海地理情況。他很贊同「照團練鄉勇法，募集沿海漁人蛋戶，使游手有所歸而不至復爲寇用。」〔註44〕對於社稷的安危他如此用心，他可能不會料想到，自己即將前往那個在戰爭之中處於危難的省份。

三、休閒活動

閑暇時李棠階也在京城及周邊遊覽，「申刻，復閒遊。徘徊慈祐寺旁土阜間，遠望西山，如在目前，宮館玲瓏，煙樹香靄，一望無際，宛然圖

〔註41〕李棠階著，穆易校點，李文清公日記〔M〕，道光二十年，六月二十七日，長沙：嶽麓書社，2010：285。

〔註42〕李棠階著，穆易校點，李文清公日記〔M〕，道光二十年，六月二十七日，長沙：嶽麓書社，2010：285。

〔註43〕李棠階著，穆易校點，李文清公日記〔M〕，道光二十年，七月四日，長沙：嶽麓書社，2010：287。

〔註44〕李棠階著，穆易校點，李文清公日記〔M〕，道光二十年，七月七日，長沙：嶽麓書社，2010：288。

畫。」〔註 45〕士人文學造詣多不俗，經常出遊，能夠將當時景致描述的惟妙惟肖，並在隨後自我閱讀時回味並陶醉其間。居住在京城之中，這樣的遊覽經常進行，同月二十日，李就再次與友人一同前往京畿遊覽：

> 辰刻，齊瑟如、魚汀、寶儒邀出城遊覽，遂共出南西門，赴三官廟。地甚清遠，隔斷塵囂，令人徘徊不忍去。壁間書《胎息經》。遂至『小有餘芳』小酌。午後往豐臺看芍藥。環繞十數村，皆藝花爲業，羅漢松、刺柏等皆成林，芍藥如種五穀，皆以畝計，紅白燦爛，一望無際，眞大觀也。沿籬落村墟，青翠罨藹，殊覺可人。惜風伯妒人，未免煞風景耳。旋遊岱嶽廟而歸。抵寓，已酉刻矣。諸友復共飯而散。晚早寢。〔註 46〕

這是李棠階在京城一日的活動，恰逢友人同日休閒，他們共同前往京郊遊覽，好不暢快。

即便在閑暇時刻的遊覽中，也往往能夠彰顯出士人群體的正統觀念，同年五月他「未申間偕諸友人遊法源寺，屢遇婦女於廟中。此風殊傷雅道。」〔註 47〕他認爲在這樣的場所中，女性應該迴避。不僅如此，他還贊同制止女性在此類公共場合活動，「飯後閒話許久，遂共往聖廟，看祭器、祭品及純皇帝所頒十種彝器。有婦女在廟遊觀，滿祭酒善溥泉飭令驅出，甚是。」〔註 48〕李棠階一貫對女性活動於此類神聖的公共場合表示出偏見的不滿，所以對於官員行使職權將女性從廟宇中驅趕出去，表示十分贊同。雖然在生活中，他特別提倡對父母，尤其是母親的孝順，強調對於母親的服從與關愛，從這點來說，長輩女性的地位在家中是崇高而不可動搖的。但對於同輩女性來說，特別是自己的妻子，則強調對自己的絕對服從與跟隨。他甚至在日記中很少提到自己的妻子，僅有的記錄也多爲零散瑣事，且從未提及妻子的姓名。

在京城生活時，李棠階也會參與一些看似休閒卻並不放鬆的活動。本年度他第一次提到參加消寒會時就頗感無奈，「拜客，遂赴王春嵓消寒會。此局

〔註 45〕李棠階著，穆易校點，李文清公日記〔M〕，道光十四年，五月二十三日，長沙：嶽麓書社，2010：28。

〔註 46〕李棠階著，穆易校點，李文清公日記〔M〕，道光十四年，四月十七日，長沙：嶽麓書社，2010：17。

〔註 47〕李棠階著，穆易校點，李文清公日記〔M〕，道光十四年，五月五日，長沙：嶽麓書社，2010：22。

〔註 48〕李棠階著，穆易校點，李文清公日記〔M〕，道光十五年，二月七日，長沙：嶽麓書社，2010：92。

甚無謂，而牽於情面，不能自主。」〔註 49〕令他無奈的消寒會在京城的士人交際圈中卻在進入臘月後異常頻繁，這是一種交際的習慣與藉口。李棠階並不願意過度參與此事，但他還是在十二月五日主持了在自家舉行的消寒會，他的父親也陪同參加。此後，每隔幾日他就會前往參與不同的消寒會，從他的描述中我們可知，消寒會大抵是以消寒爲名目的宴飲聚會，並伴有文學活動。李棠階對此事感到疲憊而無意義，一日「辰初起，寫字辭消寒會。大人怒責之，遂復將前字追回。」〔註 50〕這種社交活動的重要性可見一斑，李棠階雖屬礙於情面難以抽身，而其父卻對此事的認識頗爲準確，相較李棠階的固執，其父則非常靈活。隨後的數次消寒會中，經常會看到李與其父共同出席的場景。

李棠階在京城的生活中，總少不了請客或出席被邀請的宴會，宴會之中除了用餐、飲酒之外，最重要的內容就是觀劇了。清代嘉慶、道光朝北京城中的宮廷演劇，民間因迎神賽會、娶親嫁女等在鄉村開展演劇，以及佛寺、道觀之中的儀式性演劇都熱鬧非凡。「不過，這都遠不如城裏茶園高雅和有趣，京城裏有很多定點兒定戲碼兒定位子的茶園，特別是城南，這裡上場的是有名有姓有頭臉的角兒，加上有名堂有內容的戲碼兒，連來看戲的，不光是平頭百姓，還有好多文人雅士、達官貴人，從乾隆年間起，彷彿和『盛世』相應，這種茶園戲劇演出就開始興盛起來。」〔註 51〕城市中的演劇活動大抵與其中生活的士人以及商賈有密切的關聯，無論是他們舉行群體性的儀式，或是對於戲劇本身的鑒賞都構成了京城休閒生活的豐富內容。在一年之中，他經常觀劇，地點大多集中在奢華的飯館當中。他習慣於把這樣的行爲記錄下來，有時候也會略加點評。道光十五年李「拜客，赴錢冬士諸友戲酒局，多馳騖念。」〔註 52〕對於這樣的觀劇行爲，也許因爲人群不一，他的記錄也有很大不同。有時他只以「觀劇」二字記錄，並無過多描述，有時則記錄爲「赴音樽之約」，顯然後者相對較爲正式。

〔註 49〕李棠階著，穆易校點，李文清公日記〔M〕，道光十四年，十一月二十八日，長沙：嶽麓書社，2010：81。

〔註 50〕李棠階著，穆易校點，李文清公日記〔M〕，道光十四年，十二月三日，長沙：嶽麓書社，2010：83。

〔註 51〕葛兆光，不意於胡京復見漢威儀——清代道光年間朝鮮使者對北京演戲的觀察與想像〔J〕，北京大學學報（哲學社會科學版），2010，47（1）：84～92.84。

〔註 52〕李棠階著，穆易校點，李文清公日記〔M〕，道光十五年，四月五日，長沙：嶽麓書社，2010：101。

公共場合的群體性娛樂在清代的發展已經比較完備〔註53〕，有各種層面的娛樂場所，充斥著對於不同社交層次需求的人士。然而，在自己家中進行的娛樂活動卻較少見到描述，我們在傳統社會的記錄之中多見到關於兒童娛樂活動的描寫與介紹，卻少見到成年人的活動蹤跡。道光十五年正月前後李棠階就經常在家中牌戲娛樂，且往往在夜間進行。李對此種遊戲非常迷戀，一月之內竟然數次打牌。這樣的行爲對於堅持內心修行的他來說，是非常危險的，不僅他這樣認爲，他「往魚汀處拜鳳池大兄，談故舊近況許久。戒予勿牌戲。」〔註54〕友人也對其進行勸阻，不過這種娛樂活動深入人心，難以割捨。李棠階生日的那天，他「同人邀隨大人聽戲……戌刻散。又牌戲。溺心負友，總是自欺。」〔註55〕對於個人來說，生日總是重要的一天。選擇如何慶祝與休閒則是很關鍵的內容，在白天公共場合，他選擇陪父親聽戲來自我娛樂。雖然被朋友多次勸阻，但在夜晚來臨之際，空閒時間多，又無所事事的情況之下，他又開始牌戲了。臨睡之前，在書寫日記的時候，他開始自我反省，白天這些活動太墮落，一定要克制，可一旦再有機會，他又開始牌戲，而忽視了自律。

李棠階在京城的生活之中，經常與友人在晚間宴飲。不過，多數時間，他的飲食則不會如此奢侈與豐富，畢竟傳統社會中技術與物流的限制，食物根據季節的變化而相對單調。一日之內重要的早餐，李棠階以點心爲主，且幾乎日日如此。「卯正二刻起，坐至辰初三刻。盥洗，食點心，多含混，且有二戲言。」〔註56〕點心這一食物並不僅局限於早餐食用，在一天之中的任何時間之內，無論午後或者傍晚，只要覺得飢餓，就可以食用充饑。「至申初二刻，食點心，記昨日及本日事。」〔註57〕如果需要早起到翰林院工作或者隨皇帝舉行各種儀式，他就可能受到賞賜而參加共同的宴飲。他也可能在赴職

〔註53〕可參考馮爾康，常建華，清人社會生活〔M〕，天津：天津人民出版社，1990：第八章　娛樂生活，趙世瑜，腐朽與神奇——清代城市生活長卷〔M〕，長沙：湖南人民出版社，2006：第五章　既平靜也喧囂。

〔註54〕李棠階著，穆易校點，李文清公日記〔M〕，道光十五年，二月十五日，長沙：嶽麓書社，2010：94。

〔註55〕李棠階著，穆易校點，李文清公日記〔M〕，道光十五年，二月十七日，長沙：嶽麓書社，2010：94。

〔註56〕李棠階著，穆易校點，李文清公日記〔M〕，道光十四年，十月二十七日，長沙：嶽麓書社，2010：73。

〔註57〕李棠階著，穆易校點，李文清公日記〔M〕，道光十四年，十月二十九日，長沙：嶽麓書社，2010：74。

途中的同事家用餐，隨後共同赴任。但大多數時間，他都在家中，由自家的廚子準備餐食，供全家人食用。

眾所周知，清朝建立初期，中原大地的漢民，對於邊陲來的異族統治者普遍懷有敵意。作爲最典型的服飾與髮型的差異，對於統治者而言就是棘手的統治障礙，所以雙方展開了關於「留髮留頭」的激烈鬥爭。待到政權穩定後，我們所熟悉的前半部頭髮剃光，後半部蓄髮並編成辮子的形象在清代是極爲普遍的，這樣的髮型尤其表明了個人對政權的態度。清代中後期，這樣的髮型已經成爲固定的傳統，士人對於滿族皇帝的統治多抱有好感，並從內心臣服，李棠階就是其中的一員。縱觀李氏一生，無論在京城的日子，或是在各地爲官，也可能鄉居在家，他都保持有相隔幾日便剃髮的習慣。從李對於剃髮的詳細記錄來看，他最頻繁時可能每隔三四日就剃髮一次。如此頻繁的剃髮正是對髮型的一種保持，保持前半部額頭的光亮、整潔，也是士人對於朝廷效忠、臣服的一種起碼態度。

四、丁憂

一切娛樂活動都是建立在物質豐裕，精神閒散的基礎之上的。一旦沒有了這些條件，生活就會發生很大轉變。道光十五年中，李棠階的父母都開始生病，在今天看來，痢疾、腹痛、牙疼之類的病痛實屬常見，而這樣的病痛卻奪走了他們的生命。這段時間，他的休閒活動大大減少，醫療活動卻異常頻繁。道光十五年七月「大人自昨患腹脹，今早又瀉數次，服霍香正氣丸。」〔註 58〕隨後幾日，他開始請醫者診斷病情，父親腹脹稍好之後又患痔。正值李棠階又有繁忙公事在身，他一邊工作，一邊不停的爲其父四處求醫診視。由於父親的病情一直不見徹底好轉，所以他陪父親在十月「赴藥行看病。」〔註 59〕父親前往藥行在坐診醫者處看病後，也許是爲了便於診視，「父親晚宿藥行」。〔註 60〕父親不僅住在藥行，還在藥行用早餐。藥行提供的服務已經接近今日的醫院了。隨後李父又患足、股腫痛，醫生診治多次，不見好轉，不久

〔註 58〕李棠階著，穆易校點，李文清公日記〔M〕，道光十五年，七月初十，長沙：嶽麓書社，2010：118。

〔註 59〕李棠階著，穆易校點，李文清公日記〔M〕，道光十五年，十月六日，長沙：嶽麓書社，2010：131。

〔註 60〕李棠階著，穆易校點，李文清公日記〔M〕，道光十五年，十月七日，長沙：嶽麓書社，2010：131。

李棠階的父母竟然相繼離世了。

道光十七年到十九年初，李棠階在家中丁憂，他的心境有了很大的轉變。雖然每日的生活也算充實，但相較京城來說，顯然散漫了一些。這是京城生活與鄉村生活的巨大差異之一。在京城時，那裡的活動更加強調職業性，他自己在政權之中扮演的是一個不可缺少的環節，對於統一、協調集體行動來說，時間至關重要。群體性活動增多，就要設定統一的標準，又由於生活節奏加快，所以對於時間尺度的控制與把握就更加細緻。在京城中，李棠階一日的生活非常規律：

> 辰初起，至辰正，盥洗，食點心，與母親閒話，甚樂。至巳正，寫《天官》『大府』等職三百餘字，不敢放。至午正二刻，飯後母親前嬉戲，甚樂。至申正，接然二香。一香魚汀來，談許久，尚屬收斂；二香昏睡三刻，余較清明。至酉初，飯後閒話。至亥初，接然二香。第一香尚好，二香後半昏甚，不能自持，強勉之，仍不清，遂寢，奈何。〔註61〕

一日之內，他對於時間的把握已經十分細緻，這不僅說明在他的生活中能夠隨時觀察時間的刻度，他也習慣於把一日之內的時間細緻地劃分成各個階段，從而提高日間時間的利用率。李棠階習慣在夜晚睡覺前記錄日記，他對於日間的行爲記憶甚詳，並以時間段進行區分首先就是重視時間尺度的一種表現。當然，日記作爲依照不同時日記錄事件的一種文體，直到明清之際才在社會中廣泛流行，應與整個社會對於時間尺度的把握與管控有內在的邏輯聯繫，也應與個人對時間的認知更加細緻有直接關聯。

道光十七年，丁憂時期的李棠階在鄉村的家中閒住。相對於京城來說，他的時間觀念略顯淡薄。他按照黎明、午間、晚間等概念對一日之內的時間加以區分，遠沒有在京城那麼細緻。在鄉村之中生活的他，除了宗族活動之外，其餘的職業群體活動較少。宗族活動多在私人的領域內進行，而非公眾場合，對於時間觀念也無需過度強調。如果家族之中聚會，只需要明確在何日即可。雖然他此時也在家中授課，但無論自己還是學生大多時間都居住在宅院當中，往往聞雞起舞，勤奮讀書，到了夜間趁早就寢。由於李棠階生活在縣城附近的鄉村中，所以他來往的區域，大多也在鄉村之中，尤其是四鄰

〔註61〕李棠階著，穆易校點，李文清公日記〔M〕，道光十四年，十月二十八日，長沙：嶽麓書社，2010：73～74。

的村莊，這些村莊之中準確計量時間的工具與水平都十分有限。外出旅行時，觀察一日之內的時刻，往往以太陽爲準。縣域、鄉村之中的生活整體表現出一種閒適的狀態，他們的生活不需要飛速的節奏，所以對把握時間尺度的技術掌握也不成熟。李棠階賦閒在鄉，並無公職在身，相對於公的領域中的職業化、標準化、時效化等多種特色而言，私我場域中的特徵就是閒散化、自由化等內容。

鄉居時，李棠階主要與家族的親屬展開交際活動。李氏家族屬於大家望族，身份非同一般，他們商討的事務也非同尋常「午後與直勉之共話，言村中設義學，講鄉約事。最好久久行之，亦當有益。」〔註 62〕村中的大小事務都與他們相關，這是士人的特殊地位與身份。然而，在鄉村之中居住不可比擬京城，京城之中高官雲集，眾多趕考士子定期匯聚，全城之中充滿了對於文化的敬畏，並因此形成良性循環。在鄉里，李棠階經常聽聞因爲在家中讀理學書籍而被嘲笑的事件，「徐家裕弟來談，言其二母舅看理學書，人皆笑之，可爲太息。」〔註 63〕理學本是當朝的根本指導思想，也是士子仕進的必經之路，在文化貧瘠的鄉村之中，竟然因爲讀理學書籍而被嘲笑，李棠階心中倍感焦慮。

在京城生活中的點滴，都可以體現出李棠階對父母的孝順。他出身並不顯赫，只是普通的從事農業勞動家庭的後代，在他身處京城爲官時經常回憶起少時的艱苦歲月，甚至於情到深處使得老淚縱橫。對於自己父母的孝順是作爲士人尤其需要強調的品行，如果不孝順父母，則像他自己常說的「直禽獸爾」。政權設計的正統價值觀念，以孝爲基礎，擴大到朝廷之中就是「忠」。這在他的丁優生活當中都非常明顯，他不斷的反思此事，聽聞別人在丁憂期間不飲酒食肉等行爲，自己慚愧不已。甚至在讀書時看到與此相關的內容，他仍要記錄下來並自我鞭策一番。「看《洛學編》徐涵齋居喪不妄言笑，予忘哀抱愧多矣。」〔註 64〕當然，這些行爲的「孝」已經是身後之事，是作爲個人遺憾爲之的內容。

〔註 62〕李棠階著，穆易校點，李文清公日記〔M〕，道光十七年，九月二十一日，長沙：嶽麓書社，2010：144。

〔註 63〕李棠階著，穆易校點，李文清公日記〔M〕，道光十七年，九月二十七日，長沙：嶽麓書社，2010：145。

〔註 64〕李棠階著，穆易校點，李文清公日記〔M〕，道光十七年，十月七日，長沙：嶽麓書社，2010：147。

古人云：「樹欲靜而風不止，子欲養而親不待。」這句話意在提醒個人要盡早行孝，而作爲士人則更強調父母生前應盡的孝行。在父母生病時候，盡力邀請醫者進行診視，或儘量選擇上好的藥材與理療手段治療這是基本的孝行。生活之中「孝」的內容豐富，李棠階對於父母的關懷已經達到無微不至的地步，「將寢，母親在前院說話，恐來遲被父親罵，又恐不得早寢，遂覺煩悶，可惡也。」〔註 65〕身爲接近皇帝的翰林京官，對於文化程度低，社會地位一般的父親，也只能害怕，在日記中記錄此事的目的，還是爲了警示自己，侍奉父母，不應有私心。在京的生活中，每日晚間睡前陪父母閒話是李棠階的必修課程，他用「侍」來表述。當親人年長後，兒女對父母的陪伴與心靈溝通就成爲一種基本的孝行，對於這些不經意的日常瑣事，他幾乎每次都詳加記錄，也充分說明了此事在他心中的位置。對於父親的行蹤，他也要詳加記錄，「父親赴王大爺處飲，子刻歸寢。」〔註 66〕，在他的生活中，父母的行蹤瞭如指掌，在出席朋友的宴會時，父親也往往同在，此時他會記錄「隨父親往」何處小酌。在他的眼中，父親是天，以至於當他覺得冬季的消寒會過於消耗精力而無實際意義打算推辭時，父親大人生氣不准，他也只能聽從。對於固執的李棠階來說，這是多麼難得的事情，如果出於「孝」的原因，則義無反顧的聽從，「孝」本來就是不太講道理的。

身爲兄長，李棠階不僅自己踐行孝道，也有義務約束家中的其他成員，「勸三弟安分，言之流涕，而聽者未必動。可歎也，不能曲體親心，致母親不悅，尚不能婉轉求樂。」〔註 67〕雖然，母親的不悅並非由自己引起，但對於此事，他認爲仍有自己的責任。一次對父親的不敬舉動，讓他非常愧疚，「晚歸，父親與劉耀宗下棋，余攜銀至。耀宗站起，余意共看銀色，遂放之棋盤上，荒唐極矣，悔恨莫追。侍親閒話許久。亥初寢，久不成寐。」〔註 68〕對於晚間發生的事情追悔莫及，他竟然久不成寐，想必此事對他心靈的衝擊多麼巨大。在常人看來，這屬於不起眼的一件小事，至多攪擾了父親大人下棋的雅興。倘若對父

〔註 65〕李棠階著，穆易校點，李文清公日記〔M〕，道光十四年，八月十四日，長沙：嶽麓書社，2010：53。

〔註 66〕李棠階著，穆易校點，李文清公日記〔M〕，道光十四年，九月十五日，長沙：嶽麓書社，2010：61。

〔註 67〕李棠階著，穆易校點，李文清公日記〔M〕，道光十四年，九月二十一日，長沙：嶽麓書社，2010：62。

〔註 68〕李棠階著，穆易校點，李文清公日記〔M〕，道光十四年，九月二十五日，長沙：嶽麓書社，2010：64。

親的棋局沒有影響，更不必過多自責，但他卻因此久不成寐，可見「孝」字在他心中的地位。他因爲父親、母親的快樂而高興，又會因他們生氣而悲傷甚至自責。他在雙親入眠後常常數次前往探視睡眠情況，也會在第二天因父母睡眠質量良好，自己的心情也變得更加愉悅。這是傳統社會中，士人生活的重要特徵，他們從小受到儒學觀念的強烈影響，在成長的過程中逐一加以實踐，並以此來影響自己的後人，形成了前後賡續傳遞的牢固觀念。

婚喪嫁娶是人生之中的重大事件，對於個人來說，這類事件幾乎不具備日常屬性，其中的每一件大事在個人生活中多只經歷一回。但個人是身處社會之中的，家族內、友人中舉辦上述儀式時，作爲個人也會深入的參與其中。在李棠階的生活中，或者在京城，抑或在鄉里閒居時，親朋死後，除了要表達哀思之外，則要準備「奠儀」銀兩。道光十七年他在鄉閒居時「將各信飭黃聰往送並送范方湖（四兩）、郭君迪（二千）奠儀。」〔註69〕派遣家人前往送奠儀，金額差別卻不小，這樣的差異來自與本人的親疏及對方社會地位的高低。在京城時，李的一位老師去世，他毫不吝嗇的奉上數十兩奠儀。關於此次家人送奠儀，還發生了一段小插曲，「黃聰歸，送范、郭奠儀，竟互錯，仍是己有疏處，未極詳審。」〔註70〕他也沒有親自參加這兩場喪禮，表明對方的社會地位低或關係不甚緊密。儘管如此，看似一件微乎其微的小事，二者之間仍有親疏的區分，如果達不到體面的數額則會破壞他們之間的情誼。二者的奠儀金額送錯，對於數額較小的朋友來說並無影響，而對於本該比較體面的朋友卻影響頗大。除了爲別人送去的奠儀，還有人登門拜訪索取奠儀，「徐沛霖來，伊將葬其祖父母、父及其妻、弟妻喪，賻儀四千文。」〔註71〕雖然來拜訪他的朋友遭遇悲慘，但李對其幫助仍然有限，相對其他正常的社交活動，這份銀錢他是不打算收回的。

在京城的冬日生活中，同事們共同舉行消寒會，宴飲作樂之餘還不斷進行觀劇、牌戲等娛樂活動。鄉居時則以家族活動居多，由於地處相對偏僻的鄉村，李棠階的日常生活中較少出現娛樂活動而多爲親屬間的往來。傳統社會中，由

〔註69〕李棠階著，穆易校點，李文清公日記〔M〕，道光十七年，十月十四日，長沙：嶽麓書社，2010：148。
〔註70〕李棠階著，穆易校點，李文清公日記〔M〕，道光十七年，十月十七日，長沙：嶽麓書社，2010：149。
〔註71〕李棠階著，穆易校點，李文清公日記〔M〕，道光十七年，十一月十六日，長沙：嶽麓書社，2010：152。

於交通不甚便捷，不在確有所需或萬不得已時，出遠門旅行是一件痛苦且盡可能避免的事情。我們可以想像胡具慶在乾隆年間任職陝西石泉縣知縣時，前往省城西安辦事，歷時一月餘翻越秦嶺，在路途中受盡艱苦，與車夫共同跋涉的艱辛場景。這種社會條件下，也促進了宗族組織的地域化發展，他們往往集中在同一區域之內居住，這樣彼此方便照應，也容易形成牢固的血緣和利益團體。我們可以看到在遠離家鄉的京城生活時，血緣關係被打破，很快士人們就重新組合了地緣關係爲主的同鄉組織，與在鄉里的親屬群體中生活有巨大差異。

李棠階在道光十七年末的生活中沒有記錄任何娛樂活動，這與他在京城的活動形成了巨大的反差。在鄉里居住，娛樂場所欠缺，也無位高而權重的友人可以互訪。於是他融入到自己的家族中，開展親族間的交際活動。本月四日，「往平皋爲侄女探姻事。」〔註 72〕本月六日「午刻侯子聲四叔來談，至夜分去。」〔註 73〕十日他「午後與本家伯母閒話。」〔註 74〕十一日「往南湖看妹，忘告神主，不孝。」〔註 75〕十六日「爲沄說小學，爲漢階說『助我』二章，於孝字反覆勸諭之，又爲說《人譜》力學事，說陰騭文詩，有計利念。」〔註 76〕第二天「母舅來，言爲表弟定姻事，助以銀，然利念不能灑脫。」〔註 77〕此時臨近元旦，他生活中娛樂的內容甚少，他的中心活動在家族中，在本地。他不再忙於公事，不再忙於紛繁無謂的應酬，在臘月末時仍有時間不斷讀書、寫字。他的活動範圍並未減小，他前往鄰村看望自己的兄長與親屬。在元旦過後的來年，他的日記甚至長期中斷記錄，大抵因沉浸在親屬間同賀新春佳節的快樂之中，不能自拔。在宴飲與親友的會面中，他感受到更多的

〔註 72〕李棠階著，穆易校點，李文清公日記〔M〕，道光十七年，十二月四日，長沙：嶽麓書社，2010：154。

〔註 73〕李棠階著，穆易校點，李文清公日記〔M〕，道光十七年，十二月六日，長沙：嶽麓書社，2010：155。

〔註 74〕李棠階著，穆易校點，李文清公日記〔M〕，道光十七年，十二月十日，長沙：嶽麓書社，2010：155。

〔註 75〕李棠階著，穆易校點，李文清公日記〔M〕，道光十七年，十二月十一日，長沙：嶽麓書社，2010：155。

〔註 76〕李棠階著，穆易校點，李文清公日記〔M〕，道光十七年，十二月十六日，長沙：嶽麓書社，2010：156，又，《人譜》爲明儒劉宗周撰，是修養善行之書，有文專門討論：王汎森，明末清初的人譜與省過會〔C〕，中央研究院歷史語言研究所集刊，1993.63（3）：679～712。

〔註 77〕李棠階著，穆易校點，李文清公日記〔M〕，道光十七年，十二月十七日，長沙：嶽麓書社，2010：156。

是一種發自內心的快樂。他不需要身處遠方而不斷的關注本鄉的事務，他不需要再懷念家鄉熟悉的味道，因爲此刻他正身處其間。

丁憂階段給李棠階生活帶來的巨大變化不僅表現在居住區域的差異，也表現在生活內容的轉變。這樣的轉變是傳統社會當中作爲士人的心結，他們重視血緣關係，希望以此結成的紐帶越加牢固而不可破滅，無論身處何方的士人，普遍有一種回歸故里的念頭。故土之中的鄉親既然大部分是有血緣關係的親屬或本家，身爲士人，在自我約束與修習的過程中還應當注意對鄉民的約束與培養。從道光十八年正月二十日開始，似乎是接到了上級命令，李棠階開始爲鄉民宣講聖諭，「夜偕直勉之並邀泉東兄與鄉人講聖諭。」〔註 78〕自家兄弟一起爲鄉民宣講聖諭，一方面是政治統治的教化民眾之需，另一方面也便於聽眾理解與溝通。

對於自己精神層面的修養，李棠階主要依靠記錄日記，並不斷自省來完成。對於如何養生，他開始嘗試練習十二段錦功。相當長的一段時間內，他清晨起床後的第一件事就是練功，「五更起默坐，行十二段錦功，雜念五。」〔註 79〕在沒有職務打擾，沒有社會事務繁忙的時光中，李棠階這樣安排他的日常生活。他強調以內心的平靜來應對外界的煩擾，這是儒學中的一個重要傳統。李棠階正是以這樣的形式在紛繁、世俗的社會中，暫別官場的時段來完成他心中對於理想之地的嚮往。練功、讀書、寫字、靜思，這一切都遠離塵世的攪擾，使得他沉浸其中，無法抽身。

丁憂階段的最後一年中，李棠階的家中事務繁忙。家人不斷患病，需要不斷邀請醫者前來診視，幸好並無大礙。因妻子生病，他「寫信與寶儒，邀來診病。」〔註 80〕然而，李認爲妻子生病是有原因的，所以他「反覆勸妻斂志氣、習柔順。」〔註 81〕他認爲妻子生病的原因是志氣太盛，不懂得柔順，而這些脾氣正是作爲一名女子絕不該有的脾性。不過，事情已無法挽回，他的妻子很快就去世了，年僅二十四歲。對於四十歲的丈夫來說，妻子顯得十

〔註 78〕李棠階著，穆易校點，李文清公日記〔M〕，道光十八年，二月五日，長沙：嶽麓書社，2010：160。

〔註 79〕李棠階著，穆易校點，李文清公日記〔M〕，道光十八年，二月二十四日，長沙：嶽麓書社，2010：162。

〔註 80〕李棠階著，穆易校點，李文清公日記〔M〕，道光十八年，六月二十四日，長沙：嶽麓書社，2010：179。

〔註 81〕李棠階著，穆易校點，李文清公日記〔M〕，道光十八年，七月初六，長沙：嶽麓書社，2010：181。

分幼稚，所以他們並無過多的情感溝通，而更像家長與孩子的關係。這層關係也提高了作爲男性家長地位的權威。在這一年內，家中不僅有多人生病，妻子也離開了自己，他還聽說侄子因爲出痘而夭折，這些病痛彷彿無法抵禦。不過，隨著技術的革新，帶來新的對抗痘症的手段，拯救了李棠階家族的幼兒，也促進了本區域人口的迅速擴張。

返鄉居住的李棠階已經再次融入了鄉里的世界中。平日裏不斷有人邀請他題字，撰寫屏幅，題寫神主或出席不同場合的重要儀式，他還經常替別人題寫扇面。當他醉心於此的時候，已經有人替他規劃未來，泉東兄、叔父等人多次談及赴京與否之事，李棠階從利義觀念出發認爲赴京是出於想要得到「利」，而不赴京則保住了「義」。儘管出於多重考量，他很糾結，但最終他選擇了返京之路。他還年輕，正處於可以爲國家建功立業的年紀。也許是無法抵擋利益的誘惑，他出發了。

第二節　學政

道光二十一年，李棠階在朝廷中的權勢進一步提升，皇帝下詔：「以翰林院侍讀李棠階、署日講起居注官。」〔註 82〕道光二十二年二月「上詣綺春園問皇太后安。命翰林院侍讀李棠階、提督廣東學政。」〔註 83〕李棠階以翰林院侍讀學士的身份被選中授予提督廣東學政的職位，從此開啓了他在南國生活的篇章。清代的學政全稱爲「提督某省學政」，一般由翰林院中的翰林派出，他們在各省主持院試級別的科舉考試，也監管低級教職官員的行爲，如縣級教諭、訓導等人員。在省城廣州的時日中，他的活動主要集中在考課學生、督促教習。他把在京城之中記錄日記的習慣帶到了嶺南，他督促自己的學生每日記錄日記，並以此向自己心中的敵「寇」宣戰。雖然身處嶺南之地，並無龐大的士人交際圈存在，他也無法以日記的自省功能與他者互動，但他儘量督促學生模仿自己的行爲，並常常翻看、批閱學生的日記。對於他認爲優秀的要加以獎勵，對於他認爲不足的還要提出來，勉勵學生改進。對學生進行日常的考課也是他的主要工作之一。此外，生活在廣東省鄉試的舉行地省府廣州，李棠階作爲一省學政，京城派來主持鄉試的主考官也需要他接待並陪同。

〔註82〕宣宗成皇帝實錄，卷三百六十一，道光二十一年，十一月，癸丑。
〔註83〕宣宗成皇帝實錄，卷三百六十八，道光二十二年，壬寅，二月。

在廣州，李棠階住所附近，清晨報時的方式比較特殊，居民依靠「明炮」計時。李棠階每日聽到明炮後，方才起床，開展日間的各項活動。「明炮方起，命沄講書，爲復說之。」〔註 84〕也許這是他深處學政衙門的特殊職責，爲了提醒學生早起而專門設置的一種報時方式，今日我們無法準確掌握這種「明炮」的具體情形，但應該與常見的鳴鐘、敲鼓報時的形式不同，也許這樣的安排正是爲了彰顯學政衙門的特殊地位。由於職責所在，李棠階作爲一省學政需要經常出差在外，不斷地往來於全省各地。這種工作性質，外出時對於時間刻度的把握就比較模糊，他出行時以走水路爲主，身處江河湖海之上，辨別時間，只能依照觀察太陽而得出早、中、晚的概念。當時出現的新式計時設備沙漏或是傳統的日晷等其他計時裝置，在外出行船時，攜帶既不方便，也毫無任何必要。當時的社會中，交通工具運行效率低下，也造成時間觀念的淡薄，交通工具簡陋，通行時間無法確定，受到氣候等突發事件影響較大，即便執行公務，也無法準確定時、定點。試觀今日東京城市軌道交通，前後銜接和車距異常精準，到站與發車時間可以精確到秒，據說東京職員如果因軌道交通故障而導致遲到的，可以憑證明免於公司處罰，可見今日各大都市之中，對於個人而言，時間尺度的把握與管控精確到了何種地步。

一省學政的核心任務是要定期前往各府、州主持院試，道光二十四年正月二十二日，李棠階自省城出發，走水路經由佛山、三水等地抵達肇慶府，在肇慶府的院試被他詳細記錄下來，「未刻謁先師廟，敬行禮於臥碑前，諸生講『子謂子賤』及『子游爲武城宰』二章，爲復說之。就考試實地示以不由徑之事，就學課社會示以取友成德、不干外務之實功……明日考生童、經古各學卷冊，至四更始齊，均記過示懲……」〔註 85〕這些都是李棠階在考試前一天要做的準備工作，他不僅要按照慣例祭拜孔子，還要給考前的生童做動員工作，對於聖學的闡發可謂用心良苦。翌日「考經古，卯刻點名。搜出懷挾甚多，均即逐出；歸號後有亂走者，立即逐出。以後肅然。至酉刻淨場，生員二百餘人，童生八百餘人。」〔註 86〕隨後他又考察了陽江、新興、陽春、

〔註 84〕李棠階著，穆易校點，李文清公日記〔M〕，道光二十三年，九月十八日，長沙：嶽麓書社，2010：451。

〔註 85〕李棠階著，穆易校點，李文清公日記〔M〕，道光二十四年，正月二十四日，長沙：嶽麓書社，2010：480。

〔註 86〕李棠階著，穆易校點，李文清公日記〔M〕，道光二十四年，正月二十五日，長沙：嶽麓書社，2010：480。

高明、德慶、廣寧、四會、恩平等地的文童，並對他們進行了不同程度的獎勵和懲罰。這樣的工作持續到了二月十日，雖然李棠階已經非常疲勞，但他仍需要在十二日至十七日對武童生的馬、步、射等科目進行考察。直到二月十九日，他才「恭率新進謝恩，謁廟簪花，一等前三名及優生均獎以《法語》《鄉禮》各一本，餘一等各與《法語》，二等均與《勸士條約》及韻文。散貧生燈油銀……。」〔註 87〕《儒門法語》《泰泉鄉禮》《勸士條約》這幾本在清末廣泛流行的儒學規範典籍，李棠階在擔任主考的過程中經常贈送給學生，他希望考生能夠讀到以上書籍並收到益處，促進他們向聖學奮進，此外，由他代表朝廷對貧困學生的救濟行爲也在持續進行。

他的工作內容繁雜，責任重大，僅靠一人無法獨立完成，全省之內僅有一名學政，經濟發達地區人口密集，生員眾多，單靠一名官員實現對遼闊地域的管理是不現實的。張研對於縣級政權的行政狀況有比較深入的闡述，認爲其中存在內與外的兩套班子共同作用並互相牽制。〔註 88〕道光二十四年十月他記錄到「寫關書、送束脩，延請幕友共九位矣。」〔註 89〕雖然李棠階對此類人士並不重視，也極少在日記中提到關於他們的信息，但我們確實也可以發現一些蛛絲馬蹟。延請幕友的功用他並未具體說明，但從聘請幕友的規模我們可以得知，幕友是他正常開展工作的必要補充。從他的語氣中我們也可以推測，由於資金等限制，他可能並不想聘請數量龐大的幕友隊伍，但在公務繁忙，無法抽身的情況下不得已而只能增加人數，他用「矣」字作結尾來表達自己的無奈。聘來的幕友主要從事什麼樣的工作呢？我們大體可以推斷，在前往全省各地主持的院試時，李棠階不可能在極短的時間內評閱數量繁多的試卷，他經常提到的考試動輒有千餘名生童參加，所以幕友的職責首先應當是共同閱卷，提供評卷結果的參考意見。當他居住在省城，並形成以自己爲中心的學政衙門後，這些幕賓的功用應爲輔助學政教育、管理生童。

由於工作需要，李棠階從帝國的北方來到嶺南，巨大的地域差異爲他帶來開闊的全新視野。「卯初開船，約百數里抵肇慶府，放舟竟過。楊慰農太守

〔註 87〕李棠階著，穆易校點，李文清公日記〔M〕，道光二十四年，二月十九日，長沙：嶽麓書社，2010：482。

〔註 88〕請參閱張研，清代縣級政權控制鄉村的具體考察——以同治年間廣寧知縣杜鳳治日記爲中心〔M〕，鄭州：大象出版社，2011。

〔註 89〕李棠階著，穆易校點，李文清公日記〔M〕，道光二十四年，十月十四日，長沙：嶽麓書社，2010：506。

邀王柳溪觀察偕來，將爲頂湖之遊。傍晚繫纜羅隱湧，入頂湖之路也。讀淡泉詩，始而僉然，繼而奮然……」〔註 90〕宦遊生活雖有艱辛之處，但這樣的職業生涯爲李棠階提供了難得的機遇，他可以藉此機會遊覽祖國大好河山，尤其是他從北國來到遙遠的嶺南，氣候、文化、語音等多方面的差異碰撞對他的價值觀產生了巨大的影響。他來往於京城與家鄉時，以陸路乘車爲主，而在廣東爲官時，前往各地主持考試則以乘船爲主。道光二十四年十一月，在外出差的李棠階恰逢冬至日，此日天氣晴朗，溫度適宜，他站在船頭，心情愉悅，他想起了北國的冬天，那裡經常上演寒風甚至暴雪，對比之下此地是多麼異樣的景觀，於是他創作了一首詩：

> 冬至天猶似暮春，暄風暖日滿江濱。便教萬古春常在，都作羲皇以上人。〔註 91〕

他在旅行途中創作了大量描寫景物的詩歌：

> 傍晚至悦城下水，有月，遂夜行。前來時至沙壩，口占小詩，附記於此。『沙壩前頭一水環，數家村落四圍山。田園竹樹歡無極，犢背兒童笑往還。』『炊煙起處又前村，雞犬熙熙自繞門。始信太平多福地，人間隨處有桃源。』〔註 92〕

李棠階正處在春風得意之時，身處寧靜而秀麗之地，他竟感歎這樣的太平景象，相對於大城市被洋人蹂躪，山寨中匪徒出沒，這確實是他人生中難得短暫的安寧。

鴉片戰爭後的嶺南，尤其是廣州一帶，治安已經開始惡化。李棠階身爲朝廷命官，本應對此反應最爲遲鈍。但在他的記錄與聽聞中，這些末世的景象卻顯得那麼眞切。「聞南海、順德、鶴山之交有大雁山，中有賊巢嘯聚數千人，劫掠爲害。」〔註 93〕傳聞中的事情異常驚悚，發生在身邊的事情更讓人戰慄。「又聞昨夜東門外有二百餘匪搶劫，當店失火，亦有係匪徒所放，以冀

〔註 90〕李棠階著，穆易校點，李文清公日記〔M〕，道光二十四年，三月九日，長沙：嶽麓書社，2010：484。

〔註 91〕李棠階著，穆易校點，李文清公日記〔M〕，道光二十四年，十一月二日，長沙：嶽麓書社，2010：510。

〔註 92〕李棠階著，穆易校點，李文清公日記〔M〕，道光二十四年，三月七日，長沙：嶽麓書社，2010：483。

〔註 93〕李棠階著，穆易校點，李文清公日記〔M〕，道光二十三年，閏七月九日，長沙：嶽麓書社，2010：439。

乘機劫掠者。盜賊公行無忌，良可慨已。」〔註 94〕二百餘匪徒公然四處放火劫掠，可謂肆無忌憚，足見當時社會秩序混亂。

第三節　鄉紳

道光二十五年初，李棠階因在廣東鄉試中為年老武生違例送考，被降三級調用，學政生涯戛然而止，他的日記也從當年四月開始暫停。直至道光二十六年中，也許是因為心境有了較大的轉變，才又開始堅持記錄日記。鄉居的十幾年當中，前幾年他比較閒散，出於對宦途的「絕望」，生活反倒顯得比較閒適、愉快。雖然對於宦途似乎已經釋然，但他仍免不了有所期冀，「二更歸寢，夢入仕途。膏肓之疾非苦手不拔，小子勉之。」〔註 95〕居然夢中都對仕途有所期待，可見他心中的不甘，但對於這種願望，理性告訴他應當盡力摒棄。

李棠階身處的鄉村之中商品經濟活動比較頻繁，他經常在外用餐，「早在飯鋪食不節，遂覺滯。」〔註 96〕飯店的存在本屬常見現象，他們承擔著社會分工或為旅行者提供服務的功能。早飯的提供說明餐飲行業的專業化發展，此地的商品經濟較為發達，除卻自用糧食之外仍能有大量糧食在市場中流通。李棠階生活中經常提及的地名如「鹽店」、「布莊」等，或為店鋪名稱，或為村落名稱，地區的命名往往與商品經濟相關。與李棠階交往的朋友也多兼營商業，「巳刻漁汀來，遂同赴郡，路上散漫。傍晚到郡，在漁汀藥店共飯。」〔註 97〕齊漁汀是李的朋友，是溫縣縣城中的名望大族。商品經濟的洪流下，財富獲取的形式逐漸多樣，社會威望與地位的取得也有了相應的轉變，所以整個時代以耕讀傳家為主業的士人便有所不適。

剛剛返鄉的李棠階嘗試在自己家中坐館，以此維持生計。作為在鄉的紳士，他的影響力十足，所以對於鄉里的許多事務，他也要嘗試干涉。「少息，李永善諸人來。馬頭行戶因汛兵訛詐誣控，武陟令入汛官之言，飭令行戶概

〔註 94〕李棠階著，穆易校點，李文清公日記〔M〕，道光二十三年，九月七日，長沙：嶽麓書社，2010：449。

〔註 95〕李棠階著，穆易校點，李文清公日記〔M〕，道光二十六年，六月十二日，長沙：嶽麓書社，2010：526。

〔註 96〕李棠階著，穆易校點，李文清公日記〔M〕，道光二十六年，六月二十二日，長沙：嶽麓書社，2010：528。

〔註 97〕李棠階著，穆易校點，李文清公日記〔M〕，道光二十六年，九月二十二日，長沙：嶽麓書社，2010：546。

行歇業，總以損壞堤工爲詞。馬頭轉運糧食，關係數縣民食，窮民藉以糊口者更多。因與武陟令素昧平生，轉囑旭初爲言之。此事關係甚大，不容己也。」〔註98〕因爲一件小小的糾紛就影響整個行業的運作，不顧生民的死活，可見官府施政的粗暴。李棠階作爲鄉里有威望的人士，他極想干預此事，無奈自己與縣令並不相識。

此外，他還非常關注整個地區的狀況，「遞聞鄰村有賊拒傷事主，並有殺死者。賊盜橫行至此，有司尚不嚴治，奈何？夜北場乘涼，共說年歲荒歉，時事可慮。」〔註99〕村民口耳相傳中關於時局的內容令他擔憂，他不僅擔憂自身的安危，還在爲社稷操心，他認爲都是當權者不作爲的結果，身處廟堂高處的他未必能夠深刻體會到這些內容。回想在京城時，身爲翰林，即便深知時局動盪，也不需要文官顧慮。況且，在京城並不能感受到眞正的時局，也不會比在地方更深刻，年景的豐歉並不會過度影響他的生活，畢竟他是鄉里的大家族，對於災害的抗擊能力更強。

一、抗旱

返鄉之後的李棠階已過不惑之年，漸知天命。道光二十六年，他所居住的區域遭遇一場旱災，從夏季一直持續到秋季。身爲「父母」的地方官卻對百姓不加愛護，「接濂堂信，說汪太守欲令寫信與藩臺，說旱災情形，即復辭之。有司貪利不顧，竟以七八分年歲上報；又風聞太守反覆無常，催令開徵，而令予陳旱災於藩臺，安能使信予而不信其屬耶？太守禱雨責己，而停征之示未見，救荒之策無聞，有責己之言，無便民之實，何益？」〔註100〕雖然李棠階並未寫信給藩臺，但他的確十分關注整個事件，他只能痛心疾首的惋惜，而沒有權力對現狀加以改變。也許在鄉里見到此類景象越多，越能夠促使他想要返回京城去，唯有如此才有可能造福大眾。就目前的境況而言，他也沒有有效的對策，他告訴三弟漢階，「備荒只有苦儉而已」。他在給妻子、侄子等家人的訓話中也經常強調在這樣的年歲中「家計非苦儉不可」。

〔註98〕李棠階著，穆易校點，李文清公日記〔M〕，道光二十六年，六月二十七日，長沙：嶽麓書社，2010：530。

〔註99〕李棠階著，穆易校點，李文清公日記〔M〕，道光二十六年，七月八日，長沙：嶽麓書社，2010：533。

〔註100〕李棠階著，穆易校點，李文清公日記〔M〕，道光二十六年，九月四日，長沙：嶽麓書社，2010：542。

鄉居時李棠階仍然堅持每日讀書、寫字，這是士人身份的象徵。他閱讀的內容除了經典儒學著作之外，還有前朝的理學書籍。中州大地的儒學傳統是公認的，且一脈相承。在閱讀這些學案的文章或生平時，他往往會移情其中，進行自我對照，並以他們爲榜樣努力踐行。作爲鄉紳，只關心自我的命運是無法達到聖賢提倡下「內聖外王」的境界。他努力關懷視野範圍之內的民間疾苦，並以此爲己任，他不僅因此與當權者交涉，閑暇時候還用大量時間閱讀《荒政輯要》。這本書是關於如何救荒、救災的上乘之作，本應爲當權者重視並採納，只可惜其中的內容往往只有李棠階這樣的鄉紳才會更加重視。也許是注意到了民間的災荒與動盪的聯繫，他也開始閱讀《守城救命書》一類的書籍，「看呂新吾先生《守城救命書》一冊。年饑民窮，災禍不遠，官如傳舍，誰念及此乎……聞搶截漸多，而不爲區處，奈何。夜再看《守城書》，令四鄉人盡搬入城，恐城中不容如何。」〔註101〕他首先想到了守城，防賊。他的社稷觀念告訴他，不應只顧及自己的私人利益，他是一位士人，太平時期應當努力踐行成就內聖人格的目標，一旦國家有難，則需要他挺身而出與朝廷共同擔當。

道光二十六年，李棠階所處的河南省黃河以北地區因旱災受到了嚴重的影響，四周的鄉民都因年歲歉收而嗷嗷待哺。身爲鄉紳，他開始想方設法賑濟鄉民。十二月二日他「赴南棱謁玉輝先生，歸乃遇諸涂，略言捐錢恤鄰事。」〔註102〕本月五日，他開始統計本村需要周濟的人家，「夜共計本村極貧戶口，擬加周恤，每日大口一合，小口一合，至明年四月止，所及有限，盡己之力而已。」〔註103〕這樣慌亂的年景中，李棠階努力踐行一個儒者的道德追求，他聽說武陟縣城的「朱公辦賑項少人多，審查又不實，恐難妥協。」〔註104〕他吸取了朱的教訓，找來本村的地保，共同統計本村中的極貧者，將賑濟對象的總數進行增補，以期達到最好的賑濟效果。十一日他正式開始「散本村貧戶米，巳刻畢。又續許多。請地保添造戶口冊，寧濫毋遺。午前後皆有客，

〔註101〕李棠階著，穆易校點，李文清公日記〔M〕，道光二十六年，十一月二十七日，長沙：嶽麓書社，2010：560。

〔註102〕李棠階著，穆易校點，李文清公日記〔M〕，道光二十六年，十二月二日，長沙：嶽麓書社，2010：561。

〔註103〕李棠階著，穆易校點，李文清公日記〔M〕，道光二十六年，十二月五日，長沙：嶽麓書社，2010：562。

〔註104〕李棠階著，穆易校點，李文清公日記〔M〕，道光二十六年，十二月七日，長沙：嶽麓書社，2010：562。

皆求助者，酌量應之。未申間散續添貧戶米。」〔註 105〕他以一己之力展開對本村人的賑濟。賑濟的內容是發放大米，而不是麵食，本地以種麥爲主，水稻種植較少，這也表明本地商品流轉暢通，不同種類的食品易於獲取。

身爲儒士的李棠階，身處如此動盪的局面，在鄉村社會中展開面對災害的自救，幫助本村的數百戶貧苦人家。他一邊還四處打聽關於英國人侵略之事，他天眞的以爲英國人只是在大洋之中有堅船利炮，避開他們的鋒芒，等到敵人上岸後就可以獲勝了。內憂外患的形勢下，他依然著力堅持自己對學術以及道德的修養。他每日早飯後都要散米給貧苦之人，並計劃一直將賑濟活動持續到來年四月。他每日監督散米，對於家境尚可而強行領米的人嚴令制止。對於他所知道非常貧困，但不肯前來領米的，親自安排家人送米到戶。四百二十多人日日來家中領米，內憂外患，時局動盪，災害頻發，我們可以設想當時的李棠階對人生的種種感觸，或許正如他得知新登基的皇帝下詔啓用舊臣時所記錄的心態那樣，他認爲自己無意於仕途，希望在鄉中多磨礪幾年。

已近年關，李棠階在鄉里照舊過著慣常的生活。教授子侄讀書，自己則每日堅持讀書、寫字，記錄日記。不過，他讀書的重點內容卻放在了關於如何預防戰亂之上，如《百金方》《營陣說》等，這是對自己爲官素養的一種鍛鍊，也是他對於社稷命運的一種本能關懷。雖然身爲文臣，抑或扮演沒有官職的鄉紳，李棠階未必能對海防和國家外部的事務有所助益，但他仍舊試圖全面瞭解相關的情況。

道光二十七年正月，李棠階遵照舊例舉行年節禮儀，他早早起床，盥洗完畢後獨自進行祭拜活動，自從他的父母離世後，他就是一家之主。他首先前往院子當中祭拜天地，「天地」造化的魅力最吸引人，也最值得個人崇拜。他站在院子中間，仰望天空，似乎想要創作些詩文。在這樣的凶年之中，他仍然能夠平安的度過，完全歸功於他在理學之上的造詣與進取，這些都是聖賢賜予的生活，應當努力珍惜。所以他幾乎每到重要的時日裏，總會前往聖人的塑像前靜靜的祭拜一陣，不僅爲了感激，也爲了能夠讓自己內心多一些平靜。

正月初一的祭祀內容非常豐富，他祭祀了家中重要的灶神，才開始在祠堂中祭祀自己的先祖。元旦的首要內容是感謝天地萬物的造化，其次感謝祖

〔註 105〕李棠階著，穆易校點，李文清公日記〔M〕，道光二十六年，十二月十一日，長沙：嶽麓書社，2010：562。

先創造自我，隨後才開始人間的活動。他整日都在接待拜年的親友，非常疲憊。雖然年歲兇險，但在李棠階的生活中似乎看不到凶年帶來的太多陰影，正月初八日，村中舉行火神會，他覺得「鐃鼓喧闐，不覺歲凶。」〔註 106〕然而，自去年他開啓本村的賑濟以來，乾旱一直持續到現在，並無點雨落下。眼見滴水不落，村民們開始努力設法取水，他們首先想到向神明祈禱，「劉村取水於沁，邀本村迎神，聞金鼓，不覺泣下。小民無奈，爲祈禱之計，不知神果哀之否。」〔註 107〕士人眼中的「愚夫愚婦」雖然行爲愚昧，但畢竟是值得同情與憐憫的。而乾旱，最終傷害的是整個社會最底層的普通勞動人民。他自己也對此很是擔心，因爲乾旱已經持續八個月之久了。各地急公好義之士來找李商議開沁水河堤灌溉田地之事，他拜訪了居住在縣城之中的好友齊漁汀，齊也贊成開堤灌溉。正月二十八日，鄰村的鄉民紳士都來到了一處河堤之上討論開堤放水灌溉之事。由於堤壩過高水勢難以被控制，眾人主意未定之時，善臺村的村民趕來。該村居民因聽聞眾人欲開堤引河水灌溉田地一事，前來阻撓，善臺村所處地勢低窪，極易被水災破壞，開堤一事因此耽擱了下來。

旱災持續時間過長，整個區域社會都陷入恐慌當中。居民對於雨水的期盼非常強烈，道光二十七年二月七日夜間終於盼來了久違的雨水，李棠階非常高興。第二天早晨竟然下起了小雪，並逐漸轉大，他喜出望外，沈寂許久難以抑制自己內心的歡快，「瑞雪驅旱魃，膏澤起枯槁。從此藝秋禾，未獲已先飽。」〔註 108〕春播還未進行，只因爲有雨水灌溉與滋潤，李棠階居然已經開始展望秋日收穫的場景，這是希望的力量。八日晚間雪停了，天氣開始轉晴，這樣的降水對於旱情的緩解十分有限。三月十八日，也許是因爲旱情逐漸好轉，他向村民宣佈第二天開始停止散米。隨後並未見到更多的村民前來借糧，也未見到他本人再談及此事，總之散米之事就此停止了。

道光二十七年六月，仍未見有多少降水，乾旱已經持續一年了。天氣越來越炎熱，想盡一切辦法後依然手足無措的村民盡力挖掘深水井來灌溉莊

〔註 106〕李棠階著，穆易校點，李文清公日記〔M〕，道光二十七年，正月八日，長沙：嶽麓書社，2010：566。

〔註 107〕李棠階著，穆易校點，李文清公日記〔M〕，道光二十七年，正月二十日，長沙：嶽麓書社，2010：567。

〔註 108〕李棠階著，穆易校點，李文清公日記〔M〕，道光二十七年，正月八日，長沙：嶽麓書社，2010：570。

稼。麥子的成色並不好，不過由於最近下了幾場雨而不至於顆粒無收。六月上旬是麥子成長的關鍵階段，村民打井之後整日整夜在取水灌溉，轆轤轉動的聲音使李棠階無法專心入眠。他的睡眠質量一貫良好，即便遭受了官場失意仍然安之若素，但這些日夜裏他卻無法安然入睡。村民的動靜很大，而令他無法入睡的原因是擔憂，這樣的年景，這種持續的災荒，等到秋收之後，冬季又會怎樣，社會是否會更加動盪不安。而他最爲痛心之處莫過於當權者的不作爲，在他眼中無論天災人禍，在一定程度上是可以避免的。

氣候並不以個人或者群體的意志爲轉移，她有自身運轉的規律。所謂的豐年與荒年，無非是區域之中的個人對於不同的氣候現象以自我角度出發的審視罷了。本月之中，氣候炎熱，如果遇到雨水多的年頭，這是莊稼生長的絕佳時機，甚至可以在陽光照射的田地裏聽到水稻生長發出的拔節聲，不過這一年就只剩下炎熱與乾旱了。進入六月之後，李棠階經常前往打麥場乘涼，並與鄰居們閒話，這個時候他似乎放下了自己的特殊身份，與「愚夫愚婦」共同享受一時的清涼。李棠階居然也在午睡時脫去了長衫。這樣的故事很容易讓人聯想到生活在清初的竇克勤，他描述自己祖父在明末亂世，文教不盛時仍著長衫在田間勞動。天氣的炎熱，氣候的乾旱，生存的艱難已經足以讓人放棄那些身外的尊嚴。然而，儘管在這樣兇險的環境之下，他仍然不能忘記對於身份的彰顯，外出時無論天氣多麼炎熱，他也會身穿著長衫。

天氣乾旱已經直接造成村民的死亡，「連日酷暑，鄉民晝夜澆灌，腹不得飽，外受暑氣，本村遂死二人，」〔註 109〕但仍未見有降水的跡象。李棠階認爲祈求神明幫助一般是「愚夫愚婦」的行爲，與己無關。不過到了這樣的兇險情境之下，他也開始考慮祈雨之事了。六月底他聽說「趙堡有商往修武山中白龍潭禱雨者，初聞其費用甚巨，疑之。夜與泉東兄商定，自往乞雨，不必照伊處舊例。」〔註 110〕李棠階開始每日在自己的齋房中祈雨，同時周圍的村莊開始商量共同乞雨之事，大家決定前往山中祈雨。二十三日，稟告父母等先祖的神主後，李棠階出發了，當日經過青龍鎮，到達萬花莊，住在青龍宮內，眾村紳士開始商量祈雨儀式。二十四日，再次前行約六十里地，二十

〔註 109〕李棠階著，穆易校點，李文清公日記〔M〕，道光二十七年，六月十三日，長沙：嶽麓書社，2010：591。

〔註 110〕李棠階著，穆易校點，李文清公日記〔M〕，道光二十七年，六月二十日，長沙：嶽麓書社，2010：593。

五日終於到達山口，由於山路崎嶇，馬車已經不能行進，大家開始徒步前行。進山之後三十里地，眾人一起到達梨樹莊，前行五里來到山谷中，此時距離山洞還有五里地，眾人把足部洗淨後開始登山。傍晚終於抵達洞口，他們在山崖附近宿營，「山腰泉聲泠泠，味極甘洌。」〔註111〕特殊的災害產生在特定的年份，對於造化特別的理解又造就了他獨特的人生經歷，此次隨眾人一同赴山中祈雨，露宿於群山之中，李棠階一定終身難忘。

六月二十六日黎明，祈雨儀式正式開始。此次前來祈雨是由周邊各個村莊的鄉紳組成，大家把帶頭的稱爲會首。黎明時，用牛羊等牲畜祭祀神明後眾人入洞中取水。鄰村萬花莊的會首高姓二人帶頭手持蠟燭走在前面，其餘人也手持蠟燭跟隨走入山洞之中。大家隨手把蠟燭插入縫隙中，用來照明。隨會首一同向前行走數十步，眾人來到山洞深處，把事先準備好的瓶子擺在一塊高地上。大家一起向山洞中泉水的出處叩頭，前後二十四次才停止。會首用紙放入帶來的乾瓶子當中，以濕潤的程度來判斷到底能否成功祈禱降雨，可惜前後嘗試三次都失敗了。看到祈禱幾近失敗，大家把進洞時貼在自己嘴上的黃紙揭了下來，原本這樣做是爲了防止有人亂說話而驚動了神明，現在這些黃紙阻止了大家的祈禱，大家一陣祈禱後，會首認爲神明准許降雨三分，於是紛紛叩謝神明，出了山洞按照原路返回。二十八日眾人回到本村，安神之後，方才解散。李棠階在進山祈雨時雖然不是會首，但請神出山後，安神的地點卻在本村，他乾脆住在了神廟中，虔誠的供奉神明，他每日堅持不停的爲神明上香。幾日內仍未見降雨，僅三十日降雨數點，他非常自責，認爲是自己的德行不夠，無法感動神明幫助苦難中的百姓。

七月一日，李棠階終於在無奈之下，撤掉了祈雨的神壇，他盡力阻止自己去埋怨神明不對百姓加以體恤。乾旱持續時間已經超過一年，穀子、棉花等作物都枯死了。糧價暴漲，整個地區都陷入了非常嚴重的悲慘氛圍當中，大家彷彿看不到生的希望。即便在這樣的境況之下，生活仍要繼續，李棠階幾乎日日前往村子北邊打麥場的空地乘涼，一邊觀察星象，希望能夠看出即將降水的某種跡象。隨著擔憂的升級，鄰村的民眾都已經走投無路。七月底已經是準備種植冬小麥的時節了，但沒有雨水，一切都是枉然。八月九日終

〔註111〕李棠階著，穆易校點，李文清公日記〔M〕，道光二十七年，六月二十五日，長沙：嶽麓書社，2010：593。

於等到降雨，他描述到「辰刻雨，至夜未止。雨不大而甚平穩，高下皆宜。」〔註 112〕遲到的雨水終於降下來了，並且下了整整一日，他把下雨的好消息記錄在自己寫給朋友的信中，讓京城的同鄉也知道來自家鄉的喜訊。八月十七日再次降雨，很快他的日記當中就不再出現愁苦的情緒了，充滿了對於未來生活的希望。然而天公不作美，大雨持續下到了二十二日，這時候李棠階又開始擔心過度的雨水會導致晚穀的損失。

雨水總算正常，村民也開始逐漸回歸正常的生活。然而天災剛過，人禍又至，身處鄉里的李棠階「聞捉船往清江接運米石以平糶，本爲善政，乃船戶既受累，糧價亦增長，利未及民而害先至矣，可歎。」〔註 113〕由於身處最基層的社會當中，所以他能夠感受到之前在京城爲政時感受不到的狀況。天災造成了百姓的困苦，而人禍更甚。政府賑濟百姓原本是好事，但他卻聽說了這樣的傳聞「聞本縣放賑，領賑者令入城當堂給領，見衣服不甚破者，便以爲冒濫而責之，並責其地保以爲欺罔，枷號示眾。是直不欲賑也，哀哉。」〔註 114〕他認爲這樣的賑濟是嚴重的擾民，儘管如此，困苦的百姓仍然能夠忍受政府的殘暴。不僅本地的百姓如此，十一月八日晚上鞏縣的劉葉六來拜訪，他們一起談了許多關於凶歲的內容，他聽說直隸的長垣縣所受災害相同，而父母官不體恤百姓也如出一轍，這些事實令他非常傷感，與他所熟知並奉行的「內聖外王」，造福百姓的原則格格不入。

即便在這樣的年歲中，作爲當地鄉紳的李棠階仍然能夠在平日及歲時節日基本維持與先前相同水準的日常生活。夏季時候他們家不間斷有水果可食，還供奉給自己的先祖。冬至這一天，他們家照舊吃餃子，並且給他的父母供獻。從飲食起居的內容看不出他們家在凶年和豐年有多少差異。關於學術的活動也類似，他與往年一樣不停的爲別人寫條幅，扇子，對聯，題主等，也在進行著不同類別的詩文創作。由於文化活動的消費階層對於災害的抗打擊能力比普通的居民要強許多，所以這樣的活動基本沒有受到災害的太大影響，表現出的只是在詩文創作過程中多以災害爲題材。士人這一特殊群體，

〔註 112〕李棠階著，穆易校點，李文清公日記〔M〕，道光二十七年，八月九日，長沙：嶽麓書社，2010：600。

〔註 113〕李棠階著，穆易校點，李文清公日記〔M〕，道光二十七年，十月十五日，長沙：嶽麓書社，2010：614。

〔註 114〕李棠階著，穆易校點，李文清公日記〔M〕，道光二十七年，十一月三日，長沙：嶽麓書社，2010：617～618。

在鄉村當中不僅具有特殊的身份與威望，更重要的是有特別的飲食、起居等具體內容。

二、課農

道光二十八年，村民的生活恢復到往常的狀態，井然有序。身爲士人，他堅定的相信，自己的身份區別於一般人，所以他不但恪守「君子遠庖廚」等古訓，並且遠離體力勞動。僅從事腦力勞動才能夠彰顯自己的特殊身份，這類人士習慣性使用「課農」一詞，土地私有的前提下，通過祖傳或者積累而得的大面積田產，由於自己無法全部耕種或不願耕種而分別租種給佃戶也在情理之中。四月二十日開始，李棠階就前往田間看麥，由于連日來刮大風，所以麥子的收成必然要減少許多，這令他非常擔憂。本月二十二日開始，他就給在自己家中讀書的學生放假，好讓他們回家收麥。月末，他自己也整日前往田間觀看收麥，今年的莊稼長勢尚可，雖不能豐收，但仍然可以對前兩年的天災進行補救，或許鄉民的元氣可以很快恢復，他感到欣慰。麥子收割之後要進行攤鋪晾曬，曬乾後才能磨成麵粉以供食用，這其中還有一個很重要的環節是打場，把麥子外層的麥殼利用拍打的力量在乾燥之後去除。這樣的場景都是李棠階觀摩並記錄的重要內容。觀看打場的同時，他還不忘創作，「攜席柿園中閒坐、閒臥，與鄰人閒談。偶吟小詩：『柿葉深深午蔭圓，攜來片席倚根眠。鄉鄰語笑都隨意，便是無懷與葛天。』」〔註115〕今年的年景較好，雨水及時，所以收成不錯，李棠階的心情也比較愉快。雖然農人辛勤勞作，需要在烈日暴曬之下工作，但仍比去年乾旱無事可做挨餓要好許多。

「同玉米一樣，有關番薯的傳入時間和途徑也是眾說紛紜，難有定論。但番薯於明萬曆年間傳入我國，以明萬曆二十一年陳振龍的引種最爲成功，影響也最大，則是目前學術界的共識。」〔註116〕明代紅薯等根莖植物傳入我國，並逐漸大規模普及種植，這類植物將土地相對貧瘠區域的人口承載能力大幅提升。六月一日，李棠階在田間見到農人插紅薯，一時興起，吟誦一詩「一年生計半紅薯，剪得秧來趁雨餘。偏是無根根易長，新芽一

〔註115〕李棠階著，穆易校點，李文清公日記〔M〕，道光二十八年，五月二十八日，長沙：嶽麓書社，2010：644～645。

〔註116〕鄭南，美洲原產作物的傳入及其對中國社會影響問題的研究〔D〕，杭州：浙江大學人文學院，2009，62～63。

夜發如何。」〔註 117〕他說出了種植紅薯的要點，一年生計的一半要依靠紅薯。紅薯與明代美洲傳來的玉米、馬鈴薯等植物，都是高產作物，所需人力較少，但收穫頗豐。這些植物在我國明清乃至近代時期，豐富了我國糧食種類，提高了糧食產量，對我國歷史產生了深遠的影響。此類作物的推廣也是清代中期人口迅速增長的重要因素。當前的醫學研究也認爲，多食用紅薯類的根莖植物對於人的身體有益。當今在世的一些老者仍能夠回憶起上世紀六十年代初年的普遍饑荒，他們非常強調紅薯、馬鈴薯等植物對於渡過難關的重要性。

雖然李棠階不是農民，但是他卻經常在詩歌之中讚美農作物，例如豆角、瓜果、紅薯等，他也與鄉民共同沉浸在豐收的喜悅之中。然而他終究與普通的鄉民不同，他會因佃戶擅自種植紅薯而斥責他們。從夏天到秋天，他關注著村子中的農業活動。他觀看的內容也從割麥、打場等延續到垛麥稈。他的家族成員基本不參與農事，但一到特殊的日子，他就會把收穫的新鮮作物供獻給自己故去的父母和先祖，以告訴他們家中一切正常。到了十月初，紅薯開始收穫，李棠階看著農人辛勤的勞碌和他們表現出來收穫的喜悅，自己也覺得愉快。

第四節　主講

道光二十八年末，李棠階被邀請擔任離家不遠的河朔書院主講，「道臺著人送關聘延主講河朔書院，學無實得，何能教人，共勉而已。」〔註 118〕出於各種考慮，如家庭的經濟收入、個人的聲望、以及自我價值的實現等原因，在翌年他前往河朔書院擔任主講。道光二十九年三月二十一日，他率領三弟漢階一起向家廟拜告，說明自己即將前往從事相關教職，隨後他就出發了，午後到達書院。書院坐落在武陟縣城之內，據民國年間《續修武陟縣志》記載：「安昌書院創於道光四年，嗣以河朔書院成，肄業安昌者咸歸之，而安昌遂廢。」〔註 119〕這句話表明河朔書院的前身便是安昌書院，筆者目前未索得河朔書院的平面圖，不過借助圖 2 我們可以增進對於李棠階主講十三年之久的河朔書院的瞭解。

〔註 117〕李棠階著，穆易校點，李文清公日記〔M〕，道光二十八年，六月一日，長沙：嶽麓書社，2010：645。

〔註 118〕李棠階著，穆易校點，李文清公日記〔M〕，道光二十八年，十二月十二日，長沙：嶽麓書社，2010：669。

〔註 119〕史延壽，民國二十年（1931）續武陟縣志，卷九，學校志，3。

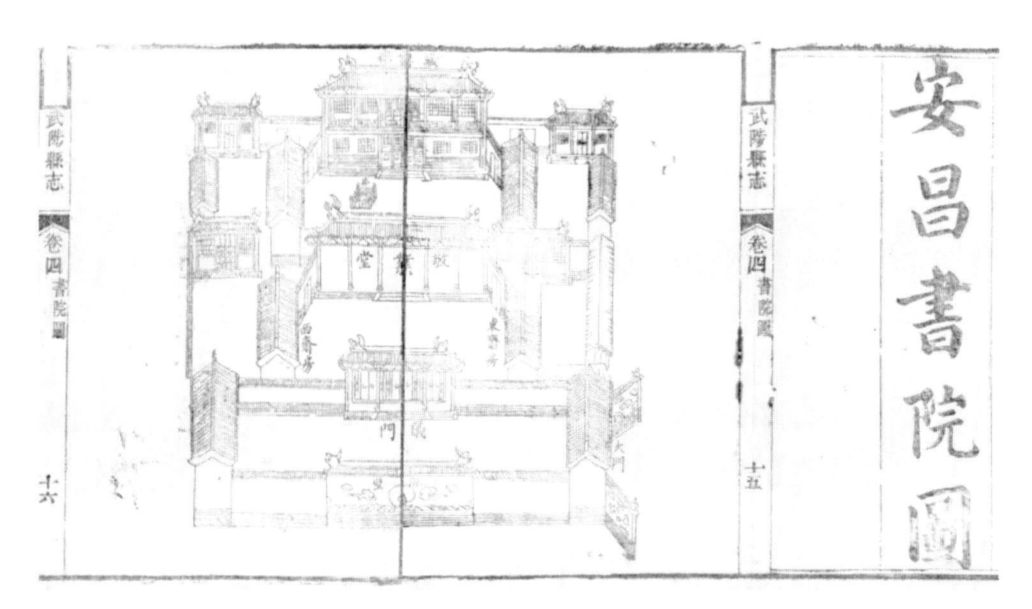

圖 2　安昌書院圖〔註 120〕

也許李棠階並不打算長期從事教職，但他擔任河朔書院主講一職卻持續了十數年之久，幾乎成爲他進入老境之後的主要生活內容。李棠階擔任河朔書院主講後，進入角色狀態很快，到達書院第三天他就開始點名考課學生。他和山長共同出題「知及仁，仁能守之，莊以蒞之」等內容，這是他經常要做的工作，以督促學生讀書。三月二十五日他「率諸生謁十賢三儒及劉公祠，旋到講堂說『學而』章，大意爲指明學字眞脈，並推及現在流弊，以喚醒其本心。」〔註 121〕他總是設法下工夫誘導學生走向正學，雖然結果無法預料。

三月二十日，他給學生講古文，「辰巳說古文，令讀朱子《答宋澤之書》及王子《拔本塞源論》。」此日講授的內容他非常熟悉，他想到了「溫良恭儉讓」的語句，他認爲揣摩這句話的意思是「一團太和元氣流動充滿」，如果想要達到純理的境界，需要有「天下如一家，中國如一人」的思路，只有這樣才能動神應人。他講授的這些內容學生未必能夠明白，但他自己卻沉醉其中。他本還想再繼續闡發，但此刻他覺得心境清明，所以前往深柳書堂盤桓一陣，那裡海棠、紫荊已經盛開，他一邊踱步一邊思索，爲這一天的收穫而興奮。這就是教學相長，在爲學生講授的過程當中，自己也受益匪淺。

〔註 120〕此圖來源於王榮陛，道光 9 年（1829）武陟縣志，卷四，書院圖，15～16。

〔註 121〕李棠階著，穆易校點，李文清公日記〔M〕，道光二十九年，三月二十五日，長沙：嶽麓書社，2010：679。

漸漸的李棠階發現自己越來越沉迷於這項工作，他每日都要抽出時間溫習儒學的經典作品，如《論語》《孟子》等內容，他還不時的翻看字典找尋自己無法正確使用的文字。他把學生當作孩子一樣看待，努力的栽培他們，從早到晚監督他們的生活起居。書院中的事務實際上主要由主講負責，院長與縣城的教職人員只是隔一段時間來探視一次，所以李棠階與學生的關係最爲緊密。他對學生的管束內容細緻，一日「聞有二生在戲場與同院一生有忿爭而未察也，遂不免纏繞。」〔註122〕在書院之外的公共娛樂場所，學生之間產生的一點小矛盾，他都自責不已，可見他對學生的關切與負責。

身爲師長，李棠階當然會把自己的全部學識都儘量傳授給學生，他認爲對自己精神的修行最爲有益的是每日記錄日記，他自然要把這個好的習慣講述給自己的學生。四月八日從林縣來書院訪問的徐臨海先生和他住在一起，徐也是一位忠實的理學修行和實踐者，他在黎明起床默坐準備讀書，李棠階也隨之而起。李棠階在仔細閱讀了徐先生和他門人的日記後，覺得徐先生日記「有剛毅氣象，到處諄切勸人，其與人爲善之意，勤懇無已，足驗其學力之眞切矣。」〔註123〕而徐先生門人的日記中則表明作爲學生只是希望向正學進取，而絕不在三心二意的攻取舉業。隨後的時日，徐邀請李棠階批閱自己的日記，李覺得自己非常慚愧，但爲朋友「輔仁」，則在所不辭。他把自己喜歡的句子，以及先生日記之中的高明之處都仔細揣摩並標記下來。徐先生還請他批閱自己學生的日記，他從別人的日記當中也產生激勵自己的正能量。社會中竟有如此同道中人，所以他對學生的教說就更具說服力，他一直對學生強調日記對於自己學術與修養提升的重要性，然而聽者寥寥。四月十三日「早起，批閱作梅文詩，因題勸之。前日反覆勸其仍寫日記，切實用功矣。」〔註124〕李棠階主講河朔書院的十幾年當中，努力踐行日記行爲，並帶領學生實踐，他不斷監督，催促學生保持這樣的習慣，相信會對很多學生的一生產生重要的影響。

李棠階身爲河朔書院主講，是與學生關係最爲緊密的負責人。他的節假日比較靈活，除了每月之中時隔十日左右回家探望一次之外，但凡重要的歲

〔註122〕李棠階著，穆易校點，李文清公日記〔M〕，道光二十九年，四月一日，長沙：嶽麓書社，2010：684。

〔註123〕李棠階著，穆易校點，李文清公日記〔M〕，道光二十九年，四月八日，長沙：嶽麓書社，2010：685。

〔註124〕李棠階著，穆易校點，李文清公日記〔M〕，道光二十九年，四月十三日，長沙：嶽麓書社，2010：685。

時節日如清明、冬至等他都可以休假回家。此外，學生們需要回家秋收時他也可以放假。當然，書院一年兩次的寒假與暑假他也可以在家休息，並且仍可享受膏火費供給。六月七日，李棠階在前往書院的路上得知書院六七月的膏火費已經發放並已停課放假。第二天他還是渡河來到了書院，書院中仍有刻苦用功的學生在學習，所以他也陪伴共同讀書。六月二十日立秋，李棠階起床很早，天氣晴朗，流雲吐月，意境肅然。很快在書院的學生也紛紛起床陪伴老師，學生願意努力向學，他覺得非常振奮，於是創作了一首小詩，「浩然清氣滿人間，不凝微雲點綴間。第一秋宵第一月，諸君好共五更看。」〔註125〕他還想到了《中庸》裏戒愼的章節，他認爲戒懼並不是寂然不動，而是一種涵養。愼獨則是一種自我克制的工夫，把握好這兩重境界才能做到「主敬存誠」。

在鄉村之中生活的李棠階能夠深深體會鄉民的痛苦，他深知河南地區氣候災害頻繁，造成的危害極大。前兩年的旱災已經使居民元氣大傷，而今年的降水過多，除了造成莊家歉收之外，還造成了河堤崩潰，淹沒了周圍的許多村莊。各村出於自己的利益而無法形成有效治理水災的辦法。雖然有人已經開始組織挑河，他感歎：「到處水溢，田園淹沒，有司默然不顧」，的確，情況還不止如此，當權者不顧百姓死活徵收錢糧，連前兩年因旱災拖欠的也要上交。窮苦人家因此斃命，並被連累下獄，冤死者不計其數。這樣的慘狀下，鄉民無處控訴，社會還能夠穩定麼？

暑假在家閒居的李棠階恰逢水災肆虐，身爲鄉紳的他嘗試組織大家疏通河道，對抗水災。七月底，他多次前往鄰村商量挑河疏通的事務。無論錢款的籌集，挑河的規劃與實行都由鄰村鄉紳負責。李棠階爲了催促鄰村挑河，頻繁與鄉約、地方等人保持聯絡。在這樣的社會動員過程中，我們並未看到縣級政府官員的身影。整個月末的時間內，他都忙於四處督工，觀察河道疏通的情況，有空在家時還翻閱《河內志》有關水利的部分以增進對挑河工程的瞭解。八月初，水勢得到了有效的控制，終於可以把河道的決口堵住，雖然隨後河道再次被衝開，但已基本控制了水流。由於多日操勞，李棠階病倒了，他患有比較嚴重瘧疾。在睡夢之中他彷彿見到了「瘧鬼」，他感謝瘧疾帶給他提高精神修養的機會，認爲精神力量可以戰勝病痛。直到九月初水勢穩定後，他仍在與鄰村紳

〔註125〕李棠階著，穆易校點，李文清公日記〔M〕，道光二十九年，六月二十日，長沙：嶽麓書社，2010：699。

士商討，他們希望能夠對眾多河渠進行疏通，並準備將河渠繪圖然後上報縣衙，引起官府的重視。

暑假結束返回書院後，李棠階的首要任務是檢查學生假期的學業。關於如何驗證學業的程度，除了考試似乎沒有更好的辦法。不過除此之外李棠階還有重要的衡量標準，那就是批閱日記。放假以來的三個多月，學生是否按期記錄日記，是否在日記中仔細體悟關於聖賢的學問是有直觀差距的。他發現一個學生堅持記錄日記三月餘，此人「熱鬧匆忙中，能吃力檢點，較安閒時倍覺得力，深屬可嘉。」〔註 126〕他仔細閱讀了此生的日記，覺得內容甚「切實」，而別的學生似乎並沒有堅持記錄日記，他爲之惋惜，他們並沒有意識到日記對於自己學術與修養的巨大幫助。

鄉居時的李棠階以任教職爲主業，此時他的生活主要內容是對學生的培養。道光二十九年九月二十一日晚間，他「夢以藥方欺人，誤人幾致人死，慚愧無地……」〔註 127〕醒來之後他在反省，難道是神明在暗示他教給學生的內容與方法出現了問題？他非常困惑。夢境往往會反映人內心之中最眞實與原始的欲望、貪婪等內容，李棠階將此類夢境概括爲「雜夢」。夢裏有邪念，這本是作爲人來說再正常不過的現象，何況夢境還可以一定程度滿足個人生活中不可達到的目的或期盼，對人的身體健康似乎也有益處。可李棠階卻異於常人，他在日間時時處處注意自己行爲的修養，在夜間的夢中也不例外。「寢雜夢，夢有邪念，畏嚴訓而止。醒憶先君教訓之嚴，不肖全得力於此，今烏可得哉。哀哉。」〔註 128〕日間有自己的精神主導，被他描述爲心「在」與「不在」的狀態，到了夜間，夢中好不容易有了偷懶的機會，還被他自己塑造的嚴父形象督責，他的精神修習眞是一絲不得鬆懈。

書院中不時會有來訪的學者或學生，這是切磋學問的絕佳機會，也表達了雙方對於學問的態度。十月初，同縣的田善圖來訪，在書院中逗留多日。他們二人經常會探討一個問題，一個關於理學糾纏難解，但又無法不去面對的問題——「格物」。何謂格物，如何格物，是每個心向聖學的儒者都需要面

〔註 126〕李棠階著，穆易校點，李文清公日記〔M〕，道光二十九年，九月十九日，長沙：嶽麓書社，2010：710。

〔註 127〕李棠階著，穆易校點，李文清公日記〔M〕，道光二十九年，九月二十一日，長沙：嶽麓書社，2010：711。

〔註 128〕李棠階著，穆易校點，李文清公日記〔M〕，道光二十九年，九月二十三日，長沙：嶽麓書社，2010：711。

對的問題，但這個問題又無法用簡單的邏輯解釋清楚。而他二人一致的看法是「格物即格身、心、意、知、家國、天下之物，數件工夫一起並進，有節次，無等待也。」〔註 129〕李棠階對同縣的這位儒者非常敬服，認爲他才是眞正的「學聖人者」。他把這樣的內容詳加記錄，無非是想方設法提醒自己，當日後回首翻閱這些內容時不要忘記當初的感觸，因爲修行與造化只要有一時的疏忽就會退步，就會心「不在」焉。

十月初，同縣兩位學生前來拜師，但他們沒有名帖，也沒有中間人介紹，李棠階覺得他們心思不誠，不願接受，而兩位學生則仍然以老師相稱。當談到具體的學問時，他對二生的學問敬佩不已，認爲他們是自己的「畏友」，於是和他們確定「齒序之禮」後才繼續切磋學問。道光二十九年省城舉辦的秋闈結束之後，新進了一些舉人到書院中學習。十月十三日，縣令許公來考察學生學習成果時，李棠階除了應酬之外，還寫了一幅對聯希望能夠對新進的舉人起到勸勉的效果，內容如下，「孝廉科崇期登積行，賢能書進勉課眞修。」這是提倡學子勉勵學子的宏觀方向、崇高的理想，可惜他自己也似乎意識到，並沒有人能夠眞正踐行這些字句。

在鄉里生活的李棠階，生活中的儀式與禮節非常重要。他認爲應當遵守古禮，並且提倡適當的節儉，每當他看到或者聽說不依禮制辦事的，總要批評並感歎。當他聽說遵守古禮並且努力踐行節儉的總會讚揚，「田善圖來，伊將葬父，遵制不用鼓吹，不用酒肉，不破孝布，排親族之議，可謂卓立。」〔註 130〕田善圖是與他持同樣觀念的理學者，他對自己行爲修養的嚴格控制甚至要超越李棠階。他這樣的人能夠遵守古禮，且厲行節儉，在這點與李棠階是非常契合的。李棠階除了看重禮制，也非常重視讀書，道光三十年九月末，有人向他的女兒提婚事被他嚴詞拒絕了，因爲在他眼中，這家人「富而不讀書」。

進入道光三十年之後，發生了天崩地裂的大事件，皇帝駕崩了。二月八日「縣公知會，接大行皇帝哀詔，已無及矣，慘然泣下，鬱鬱至晚。」〔註 131〕身爲臣子，他不僅爲皇帝的死去而悲痛，也對社稷的動盪感到不安。他似乎

〔註 129〕李棠階著，穆易校點，李文清公日記〔M〕，道光二十九年，十月四日，長沙：嶽麓書社，2010：712。

〔註 130〕李棠階著，穆易校點，李文清公日記〔M〕，道光三十年，九月三十日，長沙：嶽麓書社，2010：753。

〔註 131〕李棠階著，穆易校點，李文清公日記〔M〕，道光三十年，二月八日，長沙：嶽麓書社，2010：726。

並不在意自己的前途，但舊皇帝的死去恰好爲李棠階再次復出提供可能性。李棠階不斷接到朋友的來信，並從順便寄來的邸報之中瞭解朝廷的動向。他在前往友人齊漁汀家中拜訪時，得知新登基的皇帝「仁孝性成」，非常欣慰，認爲這是社稷的鴻福。四月十五日，李棠階在書院中閱覽本年三月十二至二十五日的京報，他瞭解到的是一個唯才是舉，虛懷若谷的皇帝。

儘管接受到了關於新皇帝如此大量的正面信息，但是當本月十八日武陟縣令攜帶省府的信函前來書院拜訪，希望他復出爲官，他卻委婉的拒絕了。新登基的咸豐皇帝希望啓用幹練老臣重整朝政，曾國藩向皇帝舉薦了李棠階。他此刻似乎並未思考過自己的前程，只覺得自己病未痊癒，有「怔忡」的症狀。於是他以此爲藉口回覆省府。他推測皇帝希望他進京作主講官，可能因爲他學術純正。他自揣學術不充，精力不足，愧對聖上，還是暫且不去了。二十日省府來信「四月初三日奉上諭：禮部侍郎曾保奏李堪備簡用等語，著潘查明該員有無事故，能否來京，據實具奏。欽此。」〔註 132〕道光朝實錄中也有相同的記錄，「又諭、據禮部侍郎曾國藩、保奏前任太常寺少卿因案降調李棠階、堪備簡用等語。著藩鐸、即查明該員是否在籍……據實具奏。將此諭令知之。」〔註 133〕到了本年五月，皇帝對於李棠階等人仍有諭旨，可見求才心切：「禮部右侍郎曾國藩、保舉之降調前任太常寺少卿李棠階。均著各該督撫傳旨。飭令各該員迅速來京。聽候簡用。該員等行抵京後。除應行具摺人員外。其餘具呈吏部代奏候旨。」〔註 134〕而李棠階此時也四處打聽關於都城中的信息，他從朋友處間接聽說京城風氣大變，非常興奮。他的學生給他送來了全鹿丸，他認爲吃了大補的丸藥盡快促進身體痊癒之後可以返回京城。

咸豐元年，新皇帝登基之後頒佈了免除此前賦稅的恩詔，這對普通百姓來說是天大的好事。不過，李棠階認爲更重要的是一縣之內的「父母官」爲官的態度。十幾年來溫縣令碌碌無爲，反而害民，眞是可悲。這一年中他的生活依舊平靜，他在書院中考課弟子，自己也在學術上有所精進。前溫縣令攜帶自己的日記來與他共同探討，他認爲找到了少有的知音。他與縣令祝爽亭來往切磋學問，一日「祝爽亭來，言學切實。出所擬『衛性五營圖說』，以爲仁由己之己爲中營大帥，以視聽言動爲前左右後四營，於以中馭外，制

〔註 132〕李棠階著，穆易校點，李文清公日記〔M〕，道光三十年，四月二十日，長沙：嶽麓書社，2010：738。

〔註 133〕文宗顯皇帝實錄，卷七，道光三十年，庚戌，夏四月，癸亥朔。

〔註 134〕文宗顯皇帝實錄，卷九，道光三十年，庚戌，五月，戊戌。

外養中之意，甚親切。」〔註 135〕對於這樣理學造詣的追逐，他是贊許的，他也從中學習到了許多知識。

咸豐二年，李棠階聽聞廣東時局的變動，匪徒四處流竄作亂。他開始關注時局，他讀書的內容也有相應轉變，這一年他經常讀的書有《平準部記》《平定回疆記》《乾隆平西藏記》《西南夷改流記》《川陝湖靖寇記》《武事餘記》等，這些著作都是本朝或者前朝創作的關於戰爭的記錄，顯然他已經意識到本區域中的戰亂似乎很快就要來臨了。全國的形勢越來越緊張，十一月十八日他聽說湖南的寇匪氣焰囂張。很快他又得知雖然皇帝早已下令鎮壓，但大臣的無能致使由廣西起事的太平軍，發展到了湖南、湖北，已經進逼漢陽。戰亂似乎近在咫尺，十二月十二日他在木欒店遇到了大同兵馬過境，士兵騷擾居民，鄉民苦不堪言。

咸豐三年時局持續惡化，二月三日，李棠階聽說九江、安慶失守，被太平軍攻陷。緊接著他從朋友處得知江寧城破。眼看太平軍就要大規模進軍長江以北，三月初，李棠階接到上諭，命令「在籍紳士會同地方官，團練鄉勇。」關於組織團練的具體辦法他並不熟悉，所以他求教於自己的學生。他向學生詢問對策，關於如何積儲糧食，如何置備器械，如何招募義勇，如何挑選壯丁，如何堅壁清野，修建堡寨等等。在書院中讀書的都是一縣之中的各地賢才，他希望動員他們之中擅長天文地理、熟悉兵法的人參與其中。不過他最爲擔憂的還是經費問題，團練一事必然需要大家捐助經費。百姓和紳士本來就不信任官府，胥吏如借團練之機再次從中獲利，又當如何？周圍的紳士普遍具有與李棠階同樣的疑慮，他們來信說團練難辦，但首先可以在相鄰村莊結成互助組織，平常務農，閒時習武，如果土匪進犯，則約定號令共同抵禦，這或許是當下可行的最佳方案。

三月末，李棠階在家中擬寫團練條款，但他覺得目前的情況下只能做到鄰村之間互相幫助，共同禦敵，所以他暫擬名稱爲「友助社」。他把這些條款斟酌之後交給了縣令，隨後還寄給藩臺、臬臺處以供參考。四月十七日他聽說太平軍漸漸被挫掉鋒芒，賊勢日減。這都得力于欽差大臣向欣陽的功績，向欣陽明攻暗襲，熟悉兵法；安撫居民，給「賊人」口糧讓他們返回原籍，不再作亂。眞乃大將風範，李棠階不禁讚歎，並希望能很快把「賊人」平定。

〔註 135〕李棠階著，穆易校點，李文清公日記〔M〕，咸豐元年，九月十八日，長沙：嶽麓書社，2010：788。

不過，接著他又聽聞官兵在鍾山失利的消息。五月八日，縣令認可李棠階擬定的團練條款，準備在秋收之後發放到各村照辦。社會中的亂象已經非常突出了，書院的考課無法正常進行，學生已大部分不來書院讀書。五月十七日，李棠階聽說捻軍進逼省城，做生意者四處逃難，武陟縣城也開始慌亂，李棠階從書院返回家中。

李棠階返回本村後，不斷聽聞過路者或本村居民描述省城附近的戰亂景象。太平軍一路向北裹挾各省匪徒後又在北方和捻軍匯合，共同進攻黃河北岸。捻軍到達黃河之後，在鞏縣欲搶船隻渡河，但是被官軍防禦死守沒有得逞。「賊人」很快在溫縣附近渡河，並盤踞在河岸邊的柳樹林中。周圍的村莊趙堡鎮、陳家溝、平皋等地都被匪徒劫掠一空。本村之人只能日夜巡邏，擔驚受怕。賊人進逼已經迫在眉睫，鄉民聽聞賊人爲非作歹，所以都願意參與民兵抗擊土匪，民眾推舉游擊穆公做主，帶領鄉民到河灘殺賊。他推諉不願前進，到河灘並未見到土匪，鄉民大多逃散而去。五月二十四日那一天，鄉民抓住幾個到村莊附近搶收糧食的「賊人」並殺掉。此時，李棠階開始聯絡周圍的村莊意圖自保，當日「賊人」三四十人進犯陳家溝，陳家溝的兩名武生武藝高強，除掉不少「賊人」。二十六日，文人李棠階親自上馬督戰，約定本村及他村之人共同殺賊，可惜只有趙堡的村民前來，他們沒有經過訓練，擅自行動。雖然殺賊數十人，但村民也傷亡不少。當日賊人兩千餘人彙集，分五股進攻溫縣縣城，除少數人做了輕微抵抗之外，完全潰散。周圍村莊相繼被匪徒攻陷，有的村民與匪徒力戰並殺敵不少，終究不敵向四周逃散而去。六月初李棠階也向沁水以北逃難，他攜帶三弟和家眷居住在高村、官莊兩地。他見到無數無家可歸、號呼流涕的鄉民，慘不忍睹。

太平軍、捻軍合流一處的軍隊四處劫掠，給中原大地造成了很大的創傷。戰亂已經持續了很長時間，李棠階覺得村民自保非常得力，但遲遲不見官軍前來救急，於是他前往武陟縣城與縣令會晤，得知很快將有鄭州方面的軍隊渡河來救。東北來的官兵協助剿滅土匪，他們與匪徒在府城周圍展開對峙。郡城的東部不斷有官兵前來剿匪，他們與匪徒各有勝負，但匪徒堅守不出，也未有重大勝利。郡城東南，匪徒四處進攻，如入無人之境。起初濟源、孟縣等處村民被逼迫交給「賊人」糧食，逐漸居然與「賊人」展開交易買賣，並形成了規模不小的市場。「賊人」對郡城的圍攻終於被解除了，從中逃出的鄉民說匪徒不滿萬人，各路官軍遷延不動，耽誤了有利戰機。隨後李棠階瞭解到捻軍各部繼續向西逃竄，進入山西境內的垣曲、平陽府等地，然後又向東南折向潞城，最終竟然由直隸進攻而震動京師。

關於此次郡城河內的防禦，李棠階做了詳細的描述。捻軍圍攻河內郡城許久，採用雲梯進攻的辦法被守城軍民擊退，隨後又使用炸藥炸開城牆一個缺口。河內郡城太守裘公幾乎被壓死。土匪攻入城中，卻被突如其來的暴雨阻止而退卻。敵人爲了攻進郡城，在周圍挖了很多條地道，卻被一名煤礦工人看出地道走勢，阻止在了城外。七月下旬李棠階回家後很快又恢復了正常的鄉紳生活，他經常閱讀史書，在讀到軍隊紀律嚴明、對百姓秋毫無犯並戰無不勝的例子時他總是非常感慨，現實中，黑龍江士兵聽到炮火聲音就開始逃跑，對百姓的劫掠、攪擾卻異常嚴重，他們把鄉民家中的物件掠走，到市場上公開售賣，十分可惡。

戰亂終於告一段落，周圍地區首要的任務是恢復正常的秩序。李棠階認爲應該給本地區戰鬥最爲慘烈且傷亡最多的村莊立碑，這樣能夠撫慰人心，並產生激勵的意義。戰亂結束之後，平定土匪有功的人物大多得到了升遷，大快人心。而不出力抗爭的穆游擊也得到了升遷，這令大家都很不滿意。官府、紳士與鄉民都認爲李棠階在這次戰亂之中居功至偉，大家想要向上級保舉他爲官，被他堅辭了。

戰亂給民間造成的苦難本已非常深重，但官府卻不能夠體恤百姓，仍對百姓橫征暴斂。政府的統治已經開始搖搖欲墜，咸豐四年秋收後李棠階得知郡城河內的米價過高，「聞河內米價，官仍定五兩一錢銀一石，計錢則十五千一石米，民何以堪。」〔註136〕很快他從各種渠道的信息瞭解到，河南各處的民情都不太穩定，許多村莊中的鄉民組成連莊社與官府對抗，造成這種局面的原因就是糧價官定太高且差役過重。

社會動盪到如此地步，官員還不懂得團結民心，可悲、可歎。各地因爲糧價問題發生了多起民變，河內縣也發生了嚴重的對抗官府事件，事情是這樣的，「聞河內縣以收漕事致決裂，差役下南鄉拿人，毆打地保，人心大憤，遂毆差役，並將平日最兇惡之書役房屋燒毀。河內令師公會同營中將士，自率差役，挾抬槍大炮以往，如剿賊然，百姓抗拒，大敗而歸。」〔註137〕鄉民

〔註136〕李棠階著，穆易校點，李文清公日記〔M〕，咸豐四年，八月七日，長沙：嶽麓書社，2010：870。

〔註137〕李棠階著，穆易校點，李文清公日記〔M〕，咸豐四年，八月二十六日，長沙：嶽麓書社，2010：873。

的反抗原本出於無奈，但像鎮壓土匪一樣對付百姓則官方也有過失。緊接著各地都因爲米價過高而產生激烈的反抗。無奈之下，官方只好重新釐定米價，大約都定在三兩五錢左右，民變的風波被迅速平定了。整個事件的過程李棠階都參與其中，他不斷的給縣城及郡城的官員寫信，希望官員能夠多自我反省而較少的怪罪鄉民。不僅如此他還參與商定糧價，他是官府與鄉民之間的重要協調者。

在咸豐三年的捻軍動亂事件中，李棠階身爲一介儒者，有效的組織鄉民互助並抗擊匪徒，居功至偉。咸豐四年九月，皇帝下諭旨：「以河南懷慶、許州、守城出力。賞在籍前太常寺少卿李棠階、四品頂帶花翎。同知徐廷烺、千總張鳴祿、花翎。知縣王官亮等、藍翎。餘升敘有差。」〔註 138〕十月他收到上諭，他認爲自己沒有功勞而受到了封賞，只覺得可恥而已。亂世動盪的局面，似乎一切都到了難以維持的地步。十二月初，好友齊漁汀來與李棠階商量車馬之事。本縣之內只有車馬五十一輛，卻要應對官府的雜差和戰亂時的兵差。當下時局動盪，兵馬差事不斷增多，所以車馬戶苦不堪言，無法生存。李與齊都是本縣的紳士，他們一致認爲應當與縣令商議，准許車馬只應官府的雜差而不應兵差。臨村的鄉紳認爲可以將車戶包銀，然後攤入地畝共同上交，李棠階也認可。咸豐五年二月十五日，車馬之事有了轉機。李棠階前往縣城與縣令商議此事，他們共同決議，如果遇到兵差，五十一輛車馬中只需出差十兩，剩餘的可以出馬折車。平日的差役，則由官府承擔費用。

車馬之事未定，局勢又開始惡化，而官府的應對辦法則是繼續加強團練，強迫民間組織聯莊會。李棠階覺得強迫民間成立武裝，在這動盪的年代無異於火上澆油，他非常擔憂。他聽說新鄉太守想要引誘反抗村民入城然後擒拿他們的頭目，誰料村民聚集之後產生民變將城池圍了個水泄不通。他不斷與欽差商量如何處置此類地方事務，他認爲漕糧既然已經徵收完畢，並未引起不良後果，應從輕處罰，以給各縣鄉民一個好的信號。欽差傅公希望能夠和平解決新鄉事件，也希望找到一個新鄉本地的人與之接頭，促使鄉民先把圍城解除，隨後再協商和解的問題。李棠階雖然覺得官府出爾反爾，鄉民根本不可能接受，但他還是答應了。他在書院之中尋找新鄉來的學生，僅有一人，也無法與聯莊會通信。官府對於新鄉聯莊會之事一直處於搖擺態度，因爲兵力有限，所以才願意與聯莊會接觸，也有人堅決主張剿滅。七月底，聯莊會

〔註 138〕文宗顯皇帝實錄，卷一百四十四，咸豐四年，甲寅，九月，壬申。

被官兵擊敗，他們的房屋被燒毀無數，李棠階覺得這樣的行爲荒謬，是在助長鄉民的反抗情緒。

咸豐六年，社會的動盪局面有所緩解，但生活中李棠階時常聽說的還是關於戰爭的苦難。他聽說有人在戰亂中全家死去的，悲痛不已，他認爲戰亂玷污了這片寧靜的土地。而且似乎造化捉弄鄉民，從本年五月初，降雨極少，天氣再次開始乾旱。隨著乾旱程度不斷加深，糧食的減產，糧價不斷上漲，鄉民、縣城中的居民都感到十分恐慌。七月二十七日，蝗災又來襲擊，飛蝗蔽天，把眼見的植物、莊稼全部吃掉，自東向西飛走了。咸豐皇帝在本年再次下旨令朝中大臣保舉幹練老臣：

> 諭內閣、王懿德奏、遵旨保舉人材各等語。福建、在籍前任甘肅西寧府知府即用道莊俊元、兵部員外郎莊志謙、均著送部帶領引見。河南在籍前任江寧布政使王庭蘭、前太常寺少卿李棠階、著俟該省剿匪事竣。再行送部引見。〔註 139〕

社會動盪，爲官也頗爲不易，在京城爲官的朋友楊毅齋多次寫信勸說他不要復出爲官，也多次訴說了自己悔恨的情緒，這使得李棠階對於復出爲官更加搖擺。戰亂的影響，再加上災害頻發使得本地區的財政吃緊，捐助的款項也比較有限，書院的膏火錢已經近半年沒有發放了。道臺來書院考課學生的時候李棠階向他提起此事，他也束手無策。咸豐七年，他再次前往拜訪道臺商量書院膏火之事，如果再不發放膏火，書院中的弟子就無法完成學業，再拖延下去，書院也將無以爲繼。

旱災仍然在持續，蝗蟲仍然在大面積的禍害大片土地上的鄉民，糧價依然在不斷上漲，鄉民的生活可想而知。此時，他聽聞一個故事：「訪馬輿房前輩，聞安徽提鎮與賊相持，須本地方斂銀給伊，然後肯進兵。嗚呼，安望平賊乎？」〔註 140〕軍隊平賊本是應盡的義務，怎奈卻養寇自重，可悲、可歎。亂世之中，他也聽說「山西有巨富被劫，積而不散之禍也。」〔註 141〕對於他並不瞭解的情況，他認爲此人一定是爲富不仁，將財富只聚不散造成的後果。

咸豐八年，在不斷聽聞教匪四處作亂的消息當中，他仍在堅持認眞教授

〔註 139〕文宗顯皇帝實錄，卷一百九十七，咸豐六年，丙長，五月，戊午。

〔註 140〕李棠階著，穆易校點，李文清公日記〔M〕，咸豐七年，八月十日，長沙：嶽麓書社，2010：951。

〔註 141〕李棠階著，穆易校點，李文清公日記〔M〕，咸豐七年，十一月三日，長沙：嶽麓書社，2010：955。

弟子。他向弟子強調日記的重要性，他很欣賞一個十三歲就開始堅持記錄日記的學生。他向學生訴說空閒時候靜坐養心兼顧養身的好辦法，從年輕時候形成對道德觀念的固執一直固化並持續在他腦海之中強化。二月二十九日，他做了一個夢，光天化日之下見到了鬼魅，他斥責鬼魅，鬼魅居然被他的正氣消滅了。醒來之後他慶幸自己的行爲把持得住，堅持了「顧諟明命」之意。隨後他前往廚房取水盥洗，被一條狗突然奔出而驚動，原來自己的心思仍然不定，慚愧不已。氣候仍然過於乾燥，糧價持續居高不下，鄉民生活在水深火熱當中。然而自己也無能爲力，只能做好自己的書院工作。十月末，有人來延請他到新鄉書院主講，他因已經與河朔書院續約而未能答應。

書院的忙碌中伴隨著不斷聽到關於帝國的壞消息，他日記中記錄的小兒也很快就長大成人了。咸豐十年正月四日他爲小兒舉行了儀式複雜的冠禮，他對兒子倍加愛護。晨起帶小兒行禮，「加小帽、馬褂、再加紅纓帽、長褂，三加金頂帽、緞靴，辰刻禮畢。」〔註 142〕此外他還把祝詞都詳細記錄下來：

正月吉日，加爾冠服、束髮，從今收斂、宜篤，棄爾童心，期爾式穀。

吉月令辰，元服再加，動勿輕浮，志勿虛邪，安詳恭敬，植基無差。

禮儀既備，咸加爾服，戒浮矯輕，庶幾入德，敦行不怠，永受遐福。〔註 143〕

李棠階的兒子成年了，他進行著這套複雜的儀式，他不在意場面的奢華，但一定要遵循古禮，尤其是刻板的內容之中，反覆枯燥的儀式裏他尋找到了作爲士人的價值觀念與認同。來參與的賓朋似乎也贊同他的行爲，這次他心滿意足了。

咸豐十一年，李棠階每日得到的信息依然是土匪在河南四處活動，對此他非常擔憂，但他對於這樣的現象有清醒的認識。他認爲，「天下紛紛，皆患賊之難平。竊計平賊必先安民，安民必先除賦役之煩苛，除煩苛必先擇廉幹之守令，擇守令必由撫藩諸大吏正己率屬，裁革陋規，澄本清源，而又通達

〔註 142〕李棠階著，穆易校點，李文清公日記〔M〕，咸豐十年，正月四日，長沙：嶽麓書社，2010：1025。

〔註 143〕李棠階著，穆易校點，李文清公日記〔M〕，咸豐十年，正月四日，長沙：嶽麓書社，2010：1025。

治體，實心任事，天下事庶可爲。否則，已爲賊者不反，未爲賊者亦變而爲賊，賊何由平？寇亂已十年矣，日益滋蔓，民窮財盡，何曾有絲毫之成效乎？貪忍殘賊之吏，初則激良民爲盜賊，及賊之興，張皇卻懦，釀小變爲大患，可哀也已。」〔註 144〕他認爲良民在殘暴的官吏統治下自然會轉變爲土匪，而好的官吏則會促進區域的穩定與繁榮。

身在鄉里的十數年當中，他經歷了此類風風雨雨，也明白政權運行的癥結所在。他似乎想要以自己微薄的力量極力造福苦難的蒼生，哪怕爲他們減輕一點點負擔。他似乎逐漸萌發了復出京城爲官的念頭。然而，現實也的確容不得他進一步詳細的思考，他整日目所及、耳聽聞的範圍之內不是四處動亂的消息，就是大量渡過汜水來逃難的流民，先前平靜的鄉村已經再無寧日，他整日如坐針氈。他的友人已經想好了退路，九月十六日友人吳作楨來詢問他是否同往山西澤州置地避亂，被他言辭拒絕了。他從道臺處得到的消息，此次匪徒不僅有捻軍，還有新出現的山東長槍會匪。幾經蹂躪的村落已經無力抗爭，他們再次想到了聯合附近村莊自保，共同築寨防禦。匪徒逼近的消息越來越緊急，他再也無法處亂不驚，他在九月末邀朋友一起到西山尋找避亂之處，隨後又把家屬全部遷往府城之內避難。土匪的消息忽近忽遠，總在附近的鄭州、滎陽、衛輝、新鄉等地活動，而鄉民每日過著膽戰心驚的生活。十一月初，他開始參與寨子的修建行動，此時沁水南北的鄉民矛盾仍無法協調。月末，聽聞賊人已經達到獲嘉等地，本村附近村民開始聯合準備抵禦匪徒。李棠階從中協調，希望能夠打破地域之間的矛盾和私益共同抗擊匪徒。

同治元年，新皇帝登基，再次下令全國範圍之內啓用幹練老臣：

> 又諭、予告大學士翁心存守正不阿。學問淹博。前任太常寺少卿李棠階學養深邃。方正老成。朕當御極之初。亟應延訪耆儒以資輔翼。翁心存尚未出京。著即銷假。聽候簡用。李棠階現在河南辦理團練。亦著即行來京候旨。以副朕側席興賢人惟求舊至意。〔註 145〕

此時李棠階既擔憂家國天下的穩定，也害怕戰亂中家眷受到傷害，於是他下決心準備赴京，意在爲天下蒼生哪怕減輕些須痛苦。一屋不掃，何以掃天下，離開本村之前，他堅持將本村修築寨堡的任務基本完成。從前一年十一月眾人商

〔註 144〕李棠階著，穆易校點，李文清公日記〔M〕，咸豐十一年，九月十三日，長沙：嶽麓書社，2010：1045。

〔註 145〕穆宗毅皇帝實錄，卷八，咸豐十一年，辛酉，十月，丙子。

議築寨以來，到本年三月終於完工。因爲每個人都面臨被匪徒傷害的危險，所以眾人都竭盡全力辦理。寨堡修建完成之後，他開始四處籌借路費，雇傭馬車、轎車，並攜損之、育庵共同準備前往京城。

第五節　重臣

同治元年，李棠階攜自己的家屬及幕僚來到京城。沿途的情形他並沒有記錄，只提到自己在出發時候很多人前來送行，從武陟縣城經過時有許多學生堅持送行很遠，這讓作爲先生的他非常感動。從河南北部向都城行進，要經過被戰亂蹂躪的大片土地，河南北部、山東西部、直隸南部都是捻軍、長槍匪以及此後的義和拳運動的重災區。在這樣的區域之中旅行，想必李棠階有很多要說的話，或許他此段日記全部丟失，或許他爲了提防戰亂，已經無力再堅持每日記錄，他心力交瘁。一路平安抵達京城後，他首先會見了倭仁及在世的老師。隨後向兩宮皇太后和皇帝請安。端午節這一天李棠階與同鄉、同年會面，在京存世的熟人僅剩下三五個，其餘官員都不太熟悉了。

再度返京之後的李棠階已經年過六旬，他所追逐與在意的不再是功名、財富等內容。這個年紀的老人已經將一切都看淡，他希望通過自己的微薄之力爲天下蒼生造福。五月中旬他就開始擬定向皇帝遞交的奏疏，「擬陳時政之要四條，一端出治之本，一振紀綱之實，一安民之要，一平賊之要。」〔註146〕這四個方面的內容從擬定到最後完成用了足足兩天時間。這四個方面的內容並非他的突發奇想，是他從自身學識出發，並結合在鄉里居住的十數年閱歷以及在京爲官的經驗凝結而成，這些條款處處爲社稷著想，沒有摻雜任何私欲的部分。十八日，他進內遞摺子。很快有了皇帝的批覆，「所奏深識治體，剴切詳明，足資採擇云云。」〔註147〕他的奏摺受到了皇帝的欣賞，他覺得「所言皆責重朝廷而不以爲忤，可謂能受盡言，但恐做不透徹耳。」〔註148〕同治皇帝還把他的建議轉達給內閣：

> 諭內閣、前任太常寺少卿李棠階奏、條陳時務一摺。據稱用人

〔註146〕李棠階著，穆易校點，李文清公日記〔M〕，同治元年，五月十五日，長沙：嶽麓書社，2010：1054。

〔註147〕李棠階著，穆易校點，李文清公日記〔M〕，同治元年，五月十八日，長沙：嶽麓書社，2010：1054。

〔註148〕李棠階著，穆易校點，李文清公日記〔M〕，同治元年，五月十八日，長沙：嶽麓書社，2010：1054。

行政。先在治心。治心之要。先在克己。請於師傅匡弼之餘。豫杜左右近習之漸。並於暇時講解《御批通鑒輯覽》。及《大學衍義》等書。以收物格意誠之效。又稱紀綱之飭。在乎嚴明賞罰。凡朝廷通諭各事宜。務令督撫實力奉行。不得虛應故事。庶中外情志可通。禍亂可弭各等語。所奏深識治體。剴切詳明。足資採擇。惟有遜志時敏。日切孜孜。期與中外臣工。實心實力。措正施行。以臻郅治。〔註 149〕

皇帝的虛心與寬容給李棠階留下了很好的印象，他擔心做不透徹，不僅擔心自己的能力與實踐效果，也擔心會受到來自朝廷的阻力。很快同治皇帝下諭旨：「以前任太常寺少卿李棠階。爲大理寺卿。」〔註 150〕這是他返回京城政治舞臺的開端，雖然他已漸入老境，但他的政治生涯似乎才剛剛經過一個重要轉折點，前景可期。

六月初李棠階得知已被革職的兩江總督何桂清，在太平軍陣前節節敗退，不思抵抗而導致大片國土淪陷，革職拿問之後又藉口逗留兩年才到刑部。刑部依照失陷城寨斬監侯的律例從重處理，認爲此人應當斬立決。有大臣認爲處理結果過於嚴苛，於是向皇帝建議改判斬監侯，皇帝同意了。隨後的兩日中此事一直縈繞在李棠階心頭，他「每思何桂清事，心殊不安。若封疆大吏援此爲例，誰復爲皇上守土者？是非顛倒，紀綱廢弛，人心從此不振，所關非細。」〔註 151〕他認爲何桂清罪狀頗多，刑部加重判罰屬於合情合理。於是他趕忙再寫摺子準備上奏。六月十八日清晨，他親自進皇城遞交奏摺。傍晚他得知自己被升職禮部右侍郎，「調禮部右侍郎張之萬爲吏部左侍郎。以大理寺卿李棠階爲禮部右侍郎。」〔註 152〕他覺得聖主寬大納諫，居然不以爲忤逆，還給自己升職，感激之心不知該如何表達。

七月十九日，李棠階被授左都御史之職，他受到了皇恩特別的寵愛，隨後同治皇帝甚至「命軍機大臣都察院左都御史李棠階在紫禁城騎馬」。〔註 153〕他只能更加盡力效忠、肝腦塗地才能報答這樣的皇恩。八月二日，李棠階因皇帝能夠寬懷聽從自己的建議而越發覺得聖主英明，他「寅刻進內值日、奏

〔註 149〕穆宗毅皇帝實錄，卷二十八，同治元年，壬戌，五月，己亥。
〔註 150〕穆宗毅皇帝實錄，卷二十九，同治元年，壬戌，五月，甲辰。
〔註 151〕李棠階著，穆易校點，李文清公日記〔M〕，同治元年，六月十六日，長沙：嶽麓書社，2010：1056。
〔註 152〕穆宗毅皇帝實錄，卷三十一，同治元年，壬戌，六月，己巳。
〔註 153〕穆宗毅皇帝實錄，卷四十，同治元年，壬戌，閏八月，己亥。

事。昨日奉上諭，因李某奏慶端所參參將，已奉旨發往新疆，不應復緩發遣，仍著遵前旨，即行起解等語。從諫如轉環，盛哉。爲臣子者，將何以仰贊聖明乎？」〔註154〕而穆宗實錄中也記載了此事，「諭內閣、前據慶端奏、已革參將蔡潤澤隨軍進攻。尙知愧奮。墾請暫緩發遣。因其係總兵林文察營內得力之將。是以降旨允准。茲據都察院左都御史李棠階奏、該革員業經奉旨發往新疆。不應以軍營乏人。奏請暫緩發遣等語。蔡潤澤著仍遵前旨。發往新疆。效力贖罪。並著迅速起解。不准遲延以肅軍律。」〔註155〕八月六日，李棠階又被授予戶部尙書的職務，「以刑部尙書綿森兼署吏部尙書。都察院左都御史李棠階署戶部尙書，刑部右侍郎載崇兼署吏部左侍郎。」〔註156〕

八月九日晨，同治皇帝赴神武門外時，李棠階在觀德店的路旁「碰頭謝恩」。以他年邁力衰的身體，他不但要下跪，還要叩首，而且儘量叩首碰頭到地，我們從這四個字當中能夠感受到他對皇帝的感激。當然，同治皇帝對他也非常信任與器重，立刻召見李棠階詢問治理天下的對策。他毫無保留的向皇帝報告，「今日之盜賊，即前日之百姓，多由地方官貪虐逼迫，激成變亂。今非徹底查辦，輕繇薄賦不可，而非擇廉正之督撫則不能。」〔註157〕皇帝又詢問了他關於河南的情形，他把自己在鄉里居住十幾年間的所見所聞和盤托出。他認爲應當加大對省級官員的監督與管理，這樣是對於社會治理最行之有效的辦法。閏八月中旬，李棠階奉旨「在軍機大臣上行走」〔註158〕，他自揣不能勝任，立刻上交奏摺推辭，但皇帝不准並「諭內閣、李棠階奏、瀝陳下悃。懇請收回成命一摺。李棠階經特□在軍機大臣上行走。當此時事多艱。受特達之知不次超擢。自應竭盡悃忱以資倚畀。其毋庸固辭。」〔註159〕李棠階本年四月末返京，從大理寺卿歷經禮部右侍郎，兼任都察院左都御史，如今他又在軍機處行走。然而，他的升遷並未就此結束，同治元年九月「以都察院左都御史李棠階署禮部尙書。」〔註160〕同治二年二月「以都察院左都御

〔註154〕李棠階著，穆易校點，李文清公日記〔M〕，同治元年，八月二日，長沙：嶽麓書社，2010：1063。

〔註155〕穆宗毅皇帝實錄，卷三十六，同治元年，壬戌，八月，辛亥朔。

〔註156〕穆宗毅皇帝實錄，卷三十六，同治元年，壬戌，八月，丙辰。

〔註157〕李棠階著，穆易校點，李文清公日記〔M〕，同治元年，八月九日，長沙：嶽麓書社，2010：1063。

〔註158〕穆宗毅皇帝實錄，卷四十，同治元年，壬戌，閏八月，癸巳。

〔註159〕穆宗毅皇帝實錄，卷四十，同治元年，壬戌，閏八月，甲午。

〔註160〕穆宗毅皇帝實錄，卷四十三，同治元年，壬戌，九月，丁卯。

史李棠階爲工部尚書。仍兼署禮部尚書。」〔註161〕隨後幾日皇帝又「命工部尚書李棠階爲實錄館總裁官。戶部左侍郎沈桂芬爲副總裁官。」〔註162〕一人身兼數職，眞可謂權貴朝野，這一方面體現了他的才幹，他十數年在鄉里觀察到的和思考的內容派上用場，另一方面也說明同治皇帝非常賞識這位道光朝的老臣，也表明皇帝極力想要振興國運的念頭。

同治元年後的很長一段時間內，李棠階充任皇帝與兩宮皇太后的主講官，他恪盡職守，深受兩宮皇太后的賞識。由於入値軍機處之後他公務繁忙，體力不支，所以就無暇記錄日記。但同治朝實錄中的記載仍然能夠清楚的勾勒他在朝政中重要的活動，當年三月皇帝下旨：「以工部尚書李棠階爲會試正考官。都察院左都御史載齡、單懋謙、戶部左侍郎沈桂芬爲副考官。」〔註163〕眾所周知，科舉考試在京城中三年舉行一次的會試是整個國家的重大事件，也是朝廷選拔人才的重要舉措，而李棠階在返京不到一年時間內，不但迅速升遷，身兼數種要職，還被皇帝委派擔任同治二年京城會試的主考官，可見對他的青睞程度。充任主考只是皇帝信任的一個側面，當皇帝遇到難以處理的重大案件時，他首先想到的也是李棠階、倭仁這兩位朝中的重臣。

倭仁是與滿人關係緊密的蒙古貴族，而李棠階則是漢人官員之中的幹練老臣。他們二人的共同特徵是一向享有清譽，爲人正派，恪守道德底線，而這樣的老臣正是皇帝與政權所重視吸納的對象。儘管政權運行過程中不乏貪官污吏，但整個社會以及朝廷對爲官者的期許總是以品德高尚爲先的。在清代末世的動盪時期，他們二人被推到了政治舞臺的前端。雖然我們從日記記錄內容當中已經能夠覺察到李棠階是一位恪守陳規的儒學捍衛者，相對於前期的竇克勤、胡具慶來說他更注重道德的實踐，尤其是對於精神方面的管束。李棠階本人則對朋友倭仁的品行更加看重，他認爲倭仁的修養比自己更加高尚。我們從今日的傳世文獻當中不但可以窺見倭仁的書法風采，還能夠強烈的感受到他對於自我修持的把握與警惕，甚至其日記中的記錄也滿篇皆此一事。如「呻吟語，名利休十分占盡。我得人必失；我榮人必辱；我有美名人必有愧色。孔子謙己，常自附於常人。愚意得失榮辱可爲中人設法，若聖人分上自有精義之用。似不必在人我厲害上瑣瑣計較，且聖人之謙實是德盛禮

〔註161〕穆宗毅皇帝實錄，卷五十七，同治二年，癸亥，二月，乙酉。

〔註162〕穆宗毅皇帝實錄，卷五十八，同治二年，癸亥，二月，癸巳。

〔註163〕穆宗毅皇帝實錄，卷六十，同治二年，癸亥，三月，壬子。

恭，豈故附於常人以自韜哉。又云聖人藏名遠利，賢人名修利勸，看聖賢似淺。」〔註 164〕從倭仁與李棠階的交往中可以看到，在社交圈中，此二人關係尤其緊密，正是由於他們對於精神的修持都非常重視，在關於士人的基本素養書法方面也有一致性，倭仁的書法技藝也相當精妙。

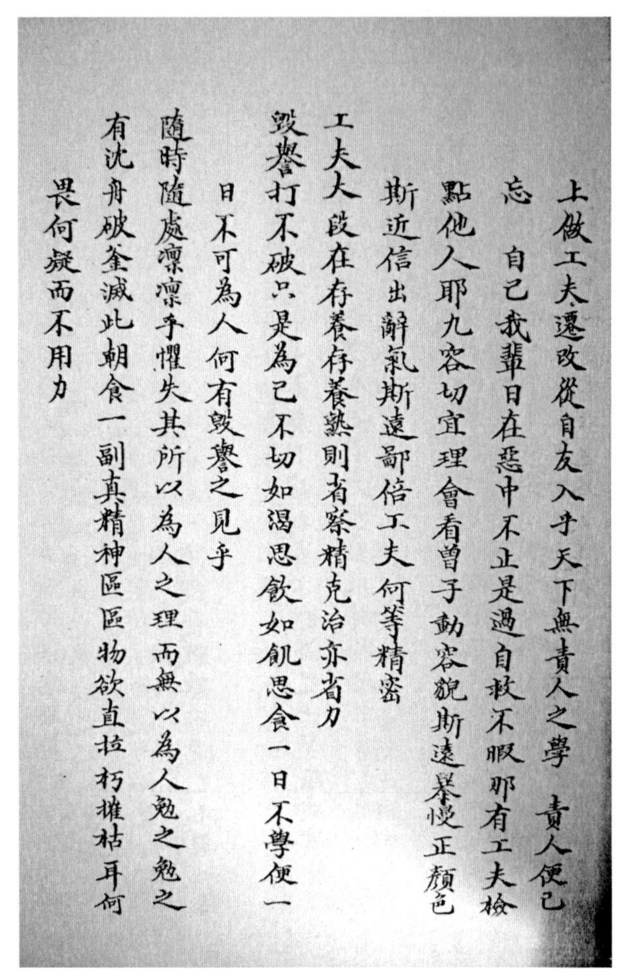
上做工夫遷改從自友入乎天下無責人之學　責人便已
忘　自己我輩日在惡中不止是過自救不暇那有工夫檢
點他人耶九容切宜理會看曾子動容貌斯遠暴慢正顏色
斯近信出辭氣斯遠鄙倍工夫何等精密
工夫大段在存養存養熟則省察精克治亦省力
毀譽打不破只是為己不切如渴思飲如飢思食一日不學便一
日不可為人何有毀譽之見乎
隨時隨處凜凜乎懼失其所以為人之理而無以為人勉之勉之
有沈舟破釜滅此朝食一副真精神區區物欲直拉朽摧枯耳何
畏何疑而不用力

圖 3　《倭艮峰先生日記》手稿〔註 165〕

此時，一件看似並不重大的案件，卻因關乎倫常而受到了同治皇帝的特殊關注。案件經過是這樣的：

〔註 164〕倭仁，倭艮峰先生日記，道光二十六年，正月，歷代日記叢鈔〔M〕，北京：學苑出版社，2006：48 冊，297。

〔註 165〕此圖係《倭艮峰先生日記》手稿影印版照片

諭內閣、御史劉慶奏、學政任滿回京。被偪自盡。請飭查訊一摺。據稱前任湖北學政俞奎垣之父俞進麟、歷任甘肅州縣。公私各事。悉交伊長子俞奎文經理。俞奎文專務聚斂。行爲卑鄙。於該學政任滿赴甘省親時。意其必有多金。又其弟俞奎端亦覬覦伊兄宦囊爲捐主事。孰知該學政居官清潔。行李蕭然。不遂所欲。遂唆慫其父。日夕苛求。百端構陷。上年賊偪涇州。俞進麟不候交代。聞警逃逸。該學政隨侍回京。沿途復爲一兄一弟種種刁難。本年二月閒行至涿州。復以輿從細故。捏訴伊父。致令該學政投井身死。經涿州知州查訊。俞奎文慫令伊父不准相驗等語。俞奎垣以弟兄構陷。死於非命。捏稱病故。含混具報。天倫骨肉之際。竟有似此喪心殘忍。出乎情理之外者。且據奏各情。愈奎垣居官清介。爲之父兄者。方奬勸之下暇。何乃反以宦囊蕭索。致不相容。情殊駭異。案中虛實根由。亟應徹底根究。以重人命而扶倫常。〔註 166〕

此案發生於父子之間，屬於倫理範疇之內的棘手問題，需要徹底糾察，以正綱常，所以同治皇帝選用了兩位深受信任的幹練老臣會同刑部共同審理此案：

著派倭仁、李棠階、會同刑部。將此案提集人證。悉心研鞫。務得確情。定擬具奏。至俞奎垣曾爲伊兄俞奎文呈請封典。並伊次子過繼俞奎文爲嗣。該御史請飭部查明。追奪斥革。並將俞奎垣之子歸宗另繼之處。著派審大臣會同刑部於定案時。訊明辦理。〔註 167〕

而兩位老臣也沒有辜負皇帝的期望，很快將此案查明：

玆據奏稱……訊據俞進麟供稱、伊子俞奎垣於湖北學政任滿。請假赴俞進麟甘肅涇州任所省視。及俞進麟告病開缺。帶同家眷回京。行至涿州。俞奎垣因俞奎文申飭其車夫懶惰。向俞進麟訴說。俞進麟瞋其不應以此瑣瀆。訓斥數語。俞奎垣即走出村外投井殞命。俞進麟查知。覓獲屍身盛殮。並未報驗。到京赴翰林院衙門呈報病故等情。並稱伊子三人。素皆和睦。毫無嫌隙。俞奎垣屍未報驗。實因痛子情切。委無別故。亦未向該州賄屬。研詰俞奎文、及俞奎端供亦相同……俞奎垣死由輕生。俞奎文、俞奎端、既無向俞進麟唆偪構陷等情。惟於家庭不善調處。著照所擬。俞奎文、俞奎端、

〔註 166〕穆宗毅皇帝實錄，卷八十五，同治二年，癸亥，十一月，丙辰。
〔註 167〕穆宗毅皇帝實錄，卷八十五，同治二年，癸亥，十一月，丙辰。

均照不應律笞四十。照律准其納贖。至俞進麟聞警潛逃一節。既據訊明繫於告病開缺交卸後。於平涼府守候交代。業已算清。惟未經結報。該員急欲回京就醫。不及等候請諮屬實。俞進麟雖無聞警潛逃情事。惟於交卸後不候交代清結。擅自回京。又於伊子俞奎垣自盡。並不報官相驗。捏報病故。殊屬不合。著先行交部議處。其涇州任內交代。究係曾否算結。著陝甘總督迅即查明辦理……此案俞奎垣之死。既據劉慶奏聞情節支離。虛實均應徹底根究。且其中又有俞進麟聞警潛逃等情。不能置而不問。據倭仁等訊明俞奎垣實係輕生自盡。俞進麟、俞奎文等、均無偪勒唆陷各情。事關倫紀。該御史所奏與現審情形不符。殊屬失實。姑念御史原准風聞言事。免其置議。〔註 168〕

經過李棠階、倭仁二人的調查，終於使案情水落石出。

同治二年末，皇帝下詔「以工部尚書李棠階、都察院左都御史全慶、充經筵講官。」〔註 169〕李棠階直到同治三年才又開始堅持記錄日記，此時的他可謂權傾朝野。出於對治國的幫助，他還被皇帝選中爲兩宮皇太后進講：

諭內閣、朕奉慈安皇太后慈禧皇太后懿旨。從來致治之原。端在以古爲鑒。凡用人行政之要。治亂得失之源……前於皇帝御極之初。命南書房上書房諸臣。採擇前史事蹟。纂輯成書。進呈備覽。賜名《治平寶鑒》。其中援據往事。推闡敷陳。尚稱切要。若將此書講貫發明。於治理尤有裨益。著瑞常、寶鋆、載齡、李棠階、單懋謙、徐桐、於本月二十七日起。每日輪派一人。由議政王帶領進講。瑞常等於進講之時。務當剴切敷陳。言必盡意。毋得稍有避忌。用副集思廣益至意。〔註 170〕

不僅如此，他每日批閱的奏報也出自名噪一時的名臣幹才。七月十二日他得知金陵克復，非常欣慰，十五日「左宗棠奏攻湖郡仍未得手……」〔註 171〕十七日他在讀曾國藩送來的「僞忠王李秀成供詞」。二十三日，李棠階入値軍機處時得知「李鴻章奏攻巢湖州、掃蕩城東、西賊壘。」〔註 172〕他也批

〔註 168〕穆宗毅皇帝實錄，卷八十九，同治二年，癸亥，十二月，丙申。

〔註 169〕穆宗毅皇帝實錄，卷八十九，同治二年，癸亥，十二月，戊戌。

〔註 170〕穆宗毅皇帝實錄，卷一百四，同治三年，甲子，五月，癸亥。

〔註 171〕李棠階著，穆易校點，李文清公日記〔M〕，同治三年，七月十五日，長沙：嶽麓書社，2010：1071。

〔註 172〕李棠階著，穆易校點，李文清公日記〔M〕，同治三年，七月二十三日，長沙：嶽麓書社，2010：1072。

閱都興阿關於石嘴山禦賊的情形，此時天下大亂，烽煙四起。八月一日他批閱「駱秉章奏西藏可暫羈縻，沈葆楨奏克復南豐。」〔註 173〕李棠階身兼數職，此前的翰林官職也未卸任，他「在直廬校《實錄》恭閱本十年九月二卷。」〔註 174〕不僅如此，他還在八月的大部分時間之內都充任順天鄉試的副考官。科考剛剛結束，他又立刻開始為皇太后講課，十月十七日他「恭講《治平寶鑒》『漢文帝卻千里馬』一條。復推言人主總不宜有所嗜好，以啓窺伺之端。」〔註 175〕身為軍機大臣，李棠階位高權重，但縱使他有三頭六臂也難以挽回帝國的頹勢，他每日批閱的奏報都是關於江浙、寧夏、青海、陝西、福建、新疆、貴州等地的叛亂與剿滅，此時唯有「晉省完富」，也被「賊人」所垂涎。

同治四年是李棠階記錄日記的最後一年，本年之中他異常忙碌，他要處理陝甘回民叛亂之事，要關照肅清臺灣之事，也要考慮河南、直隸匪徒橫行的狀況。在朝廷當中他還要為恭親王向皇帝求情，閑暇時候他還在思考政府改革的契機。李鴻章、沈葆楨、左宗棠、劉銘傳等名臣都需經他挾制，他是帝國政權運轉機器的重要環節。然而，帝國大廈將傾之前，他先倒下了，本年十月記錄最後的日記後，相隔幾日他就去世了，時年六十七歲。他去世之後受到皇帝的隆重禮遇，同治四年十一月「命貝勒載治帶領侍衛十員。往奠故禮部尚書李棠階茶酒。贈太子太保。賞銀二千兩治喪。予祭葬。諡文清。」〔註 176〕甚至到了同治五年十二月，《文皇顯皇帝聖訓實錄》告成之時，皇帝仍對自己的這位幹練老臣念念不忘，諭「總裁原任大學士學士麟魁、原任兵部尚書愛仁、原任禮部尚書李棠階、稿本副總裁原任工部尚書李菡、均著加恩賜祭一壇。」〔註 177〕不僅如此，待到慈禧太后臨政後，也「以棠階前充軍機大臣，夙夜在公，襄成郅治。命賜祭一壇。」〔註 178〕

〔註 173〕李棠階著，穆易校點，李文清公日記〔M〕，同治三年，八月一日，長沙：嶽麓書社，2010：1073。

〔註 174〕李棠階著，穆易校點，李文清公日記〔M〕，同治三年，七月二十八日，長沙：嶽麓書社，2010：1073。

〔註 175〕李棠階著，穆易校點，李文清公日記〔M〕，同治三年，十月十七日，長沙：嶽麓書社，2010：1078。

〔註 176〕穆宗毅皇帝實錄，卷一百六十，同治四年，乙丑，十一月，壬申。

〔註 177〕穆宗毅皇帝實錄，卷一百九十一，同治五年，十二月，癸巳。

〔註 178〕王鍾翰點校，清史列傳，卷四十七，北京：中華書局，1987：12 冊，3695～3696。

李棠階並無顯赫背景出身，也無官僚集團勢力拉攏，但他很快幾乎到達權力的巔峰。這與時代的動盪息息相關，也與自己的能力有很大關係。政權的上層人物並非都是貪腐之人，他們中有的人清苦、廉潔、幹練、公正、睿智、博學，但爲何社會如此動盪，而政權很快就易主了呢？

第四章　群　像

從竇克勤、胡具慶、李棠階等人的生活，我們可以觀察到清代歷史的不同側面。士人生活內容與風格的變化，受到政權的初創、穩定、動盪等整體社會形勢的影響。儘管研究表明作爲士人群體，他們有經濟、禮儀、法律、著裝等各方面的特權，〔註 1〕他們由於身份特殊，在朝廷與鄉民之間扮演一種至關重要的協調者角色；作爲四民之首，他們又是普通人的楷模。除了以上由於科舉考試和政權賦予的特殊身份之外，除了我們談到學術背景對於個人行爲強烈的影響與管束之外，除了相對於普通人來說對於群體特殊身份的強烈認同之外，士人群體還有以下特徵值得我們關注。

第一節　學術取向

士人作爲清代社會中的特殊群體，他們賴以生存和發展的正是他們日思夜想的學問。尤其是理學對於他們生活中方方面面的影響不可謂不強烈，然而經歷了明代中葉「王學」思想的興盛後，「十七世紀中葉以後的近兩個世紀中，思想史彷佛處在一個漫長然而似乎又很平靜的狀態中，表面上，中國知識、思想與信仰世界和過去沒有什麼兩樣……官方的政治意識形態依然是在程朱理學爲中心的儒家學說的支持下，主流知識、思想與信仰世界也仍然維持著宋元以來逐漸形成並鞏固的同一性，大多數士人仍然在四書五經的教育與閱讀中，接受著傳統觀念的薰染，同時又以這種傳統觀念寫成對四書五經的解釋和闡發著作，供下一代士人閱讀。」〔註 2〕清代由於政治高壓等多重因

〔註 1〕可參考張仲禮，中國紳士研究〔M〕，上海：上海人民出版社，2008。
〔註 2〕葛兆光，中國思想史〔M〕，上海：復旦大學出版社，2013：337。

素造成了以乾嘉學派爲代表的考據學興盛，這種文獻學研究卻不能將整個時代的學術水平提升，也難怪有學者認爲「清代無學術」，這雖然是誇張的論調，但也反映了清代學術水平的一些側面。

生活在清初的士人竇克勤，他一生的主要學術著作有《孝經闡義》《四書闡義》《理學正宗》等，前兩種著作我們從題名便可得知，其內容必然是對儒學經典就自我理解範圍內的闡發。而《理學正宗》一書的主要內容則是介紹「始宋周子，終明薛瑄，凡十五人」〔註 3〕的理學道統脈絡，使得譜系明確，學術傳承不至於出現混亂。

生活在清代中葉的胡具慶對於理學道統的繼承則更爲嚴苛，生活中，他的學術探索刻板而嚴肅，且排斥「王學」。「自古及今，只是春夏秋冬四時，年年循環運轉，遂成一萬古無窮之宇宙。吾心中亦有四時，只一念溫和意思便是春；一念暢達意思便是夏；一念肅欽意思便是秋；一念凝固意思便是冬。此四者在胸中用流運轉，循環不息，則亦成一吾心之宇宙矣，但恐有私意物欲以汨亂之，則在天者純是和氣之周流，而在吾者不免有戾氣之乖刺。遂覺四序之和，惟在天時，而不在吾心耳，故必盡克其私意，絕其物欲，使吾胸次間純是一段天和。當溫而溫，當肅而肅，絕無一念之乖戾，則吾心之運，庶可與四時同其序也。」〔註 4〕很顯然，胡具慶此處關於四季的討論，雖然強調自己內心的作用，但落腳點仍然在「天理」之上。春夏秋冬四季原是天理在時節中的表現，作爲秉持理學的個人，能夠努力實踐的是遵循四季規律行事，儘量不違背各個時節的動靜特徵。胡具慶作爲下層士人出仕的機會渺茫，將來日記公諸於世並引起社會反響的機會也不多。所以他日記當中記錄自己內心的想法，眞實性應當較高。儘管並非處於公共領域的理學意識形態範疇當中，即便身處宅內，在書寫極其私密的個人生活內容時，胡具慶仍然表達了對於理學的肯定與秉持，這說明在清代，一部分士人雖然出於被迫接受與官方一致的學術意識，而另外確有一些士人發自內心膺服此種學說。

生活在晚清的李棠階則略顯不同，徐世昌在爲《李文清公日記》撰寫的序言中表明「中州理學之傳，遂又閱二百數十年而弗墜。其居最後以儒修得

〔註 3〕王鍾翰點校，清史列傳，卷六十六，北京：中華書局，1987：17 冊，5311。

〔註 4〕胡具慶，庚復日記，乾隆十年，九月一日，歷代日記叢鈔〔M〕，北京：學苑出版社，2006：26 冊，173～174。

大名者，則倭文端、李文清二公。」〔註5〕，顯然徐把李當作一位秉持理學的大儒。但我們從他在日記記錄中的私我領域活動中，能夠觀察出他對於「朱」與「王」的態度並非涇渭分明，而是採取實用主義的態度。他認爲空談無用，實踐自己的學術思想才更爲重要。在王汎森先生的研究中表明，明末清初秉持「王學」的士人有通過《人譜》類型的修身冊籍以及組織群體性質的省過會來達到自我反思與修持目的的行爲。關於《人譜》我們在前文李棠階的生活中也提到過，在他的生活中，此類書籍出現的頻率較高。道光二十七年末，李棠階日記中第一次記錄自己閱讀《人譜類記》一書，「平明起坐。看《人譜類記》下卷。」〔註6〕顯然他並非第一天閱讀此書，在此之前，他應該已經長期堅持閱讀。他不但閱讀，還因爲贊同書中作者表達的觀點進而抄寫其精華部分，「寫《人譜》警力學二條。」〔註7〕讀過此書之後，可能與自己秉持的學術觀念非常契合，所以他還在書後留下了跋語，「平明起坐不定。夜有邪夢。跋《人譜力學類記》後，勸三弟並爲解說。」〔註8〕李棠階不僅自己認同書中的觀點，他還希望能夠在紈絝的三弟身上加以實踐，隨後的很長時間中他經常閱讀此書，也不忘誇讚，「早有計較念，心覺得悶煩。看《人譜類記》漸融暢，善機勃然。書之益人如是。」〔註9〕除此之外，類似省過會的團體組織與活動，我們在上文當中也已經數次提及，李棠階和他的友人共同定期舉辦會課，並以日記的批閱爲媒介互相監督修行的進度，如道光二十年正月李棠階記錄：「至午正三刻，初四刻心尙沉穩，少縈繞。中因接齊集知會，輾轉數次，倏已刻餘，復收攝一刻餘，後忽有勢利念數轉，皆自欺也。未初，隨翰之先生赴畏齋課，互看日錄畢。言祭禮多，規勸語少。」〔註10〕這種行爲也是典型的「王」學風格，他們嘗試借助他者的力量督促自我向內心發起進攻。

〔註5〕李棠階著，穆易校點，李文清公日記〔M〕，徐世昌序，長沙：嶽麓書社，2010：1。

〔註6〕李棠階著，穆易校點，李文清公日記〔M〕，道光十七年，十二月六日，長沙：嶽麓書社，2010：155。

〔註7〕李棠階著，穆易校點，李文清公日記〔M〕，道光十七年，十二月八日，長沙：嶽麓書社，2010：155。

〔註8〕李棠階著，穆易校點，李文清公日記〔M〕，道光十七年，十二月十三日，長沙：嶽麓書社，2010：155。

〔註9〕李棠階著，穆易校點，李文清公日記〔M〕，道光十七年，十二月二十七日，長沙：嶽麓書社，2010：157。

〔註10〕李棠階著，穆易校點，李文清公日記〔M〕，道光二十年，正月二十六日，長沙：嶽麓書社，2010：216。

我們可以觀察到，在清代末年，無論在理學統治的公共領域當中，還是在日常生活的私我領域內，李棠階、倭仁等士人都在按照「王學」的觀念組織自己的行爲。雖然李棠階等人的會課活動在持續幾年後被終止，我們從這樣的阻力當中似乎可以看到葛兆光先生提出的關於公共領域內的權威學術理念對士人思想的左右與控制。道光二十年三月，李棠階「聞有言會課之非者，誠然，擬酌停之。只在實力自課，不在會也。己實無德，不敢尤人。」〔註 11〕他的朋友王子潔也在這幾句話的前半部分加了著重符號，並在日記旁邊的空白處批註：「因毀自省，極是。緊防爲毀所動。」〔註 12〕但是他們長期堅持會課，並互相批閱日記自省的行爲，畢竟爲清代士人的學術取向多元化提供了一種可能。而李棠階生活的清末動盪時期，由於外部文化的廣泛滲入，引起學術思維觀念轉變的誘因增加，這也是整個前後賡續的時代所發生的一些新變化。

第二節　堅守道德

就清代士人群體內在的品質而言，「堅守」一詞顯然可以精準概括。這一特徵首先表現在他們對於科考的執著，儘管有人出於追逐名利，有人出於實踐「內聖外王」的儒者理想，但都表現爲對事業執著的追逐。具體到本書探討的三位士人來說，他們幾乎均有多次科考的經歷，鍥而不捨的性格顯著。此外，他們生活中日復一日堅持記錄日記的行爲，往往畢其一生，遠非常人可比。他們還堅持自我認可的學術價值，至死不渝。除卻智力因素之外，這樣的寶貴品質，正是促成他們區別於「愚夫愚婦」的重要原因。正因如此，才成就了他們的別樣人生，否則他們也會流於庸俗而無法在時代中大放異彩。

竇克勤是一個堅守道德底線的儒者，尤其表現在他關於李光地在任守制之事的抗爭，爲此事，他不惜開罪於康熙皇帝。在他同考康熙三十九年京城會試時的行爲則更加刻板，他建議主考官爲了證明自己對於社稷、皇帝的忠心而寫下關於公正考試、不摻雜私心選拔人才的誓文。

胡具慶對於禮制的堅守也非常顯著，康熙五十四年末，他的妻子不幸病

〔註 11〕李棠階著，穆易校點，李文清公日記〔M〕，道光二十年，三月二十一日，長沙：嶽麓書社，2010：247～248。

〔註 12〕李棠階著，穆易校點，李文清公日記〔M〕，道光二十年，三月二十一日，長沙：嶽麓書社，2010：247。

故。對於妻子的死去，除了悲痛之外，他認爲：「予自內人亡後，至今不禦酒肉。親友謂余太過，竟以豆殤相勸，或有非而笑之者。不知期喪不禦酒肉止於三月，而爲妻則終喪不禦此喪……」〔註 13〕胡具慶因爲妻子的死去而表達哀思，堅持不近酒肉，這在旁人看來似乎有些迂腐。不過，執著的他仍然堅持自己的行爲方式，他的妻子是在本年四月十九日死去的，到他議論此事時已經過去半年多，此時他仍然希望繼續嚴格堅守禮制而不近酒肉。

康熙五十八年十月，胡具慶在思考學術問題時記錄了如下的語句：

> 或疑默思初體之說，得無流入於佛氏之所爲不思善、不思惡，只認取本來面目者乎。不知佛氏之誤，不在認本來面目，而在誤認本來面目之爲無善無惡也。苟知我生之初，原是有善而無惡者，則以吾純粹至善之性體爲吾之本來眞面目。此與佛氏之本來面目者判若天淵，正吾儒所當急急認取者。〔註 14〕

他經常闡述排斥佛教、道教等宗教觀念的思想。他固執的認爲，只有「理學」的學問才是通天理，天性之學，其餘都是無稽之談。這一點，竇克勤和李棠階也表現出一致的看法，上文中已經有許多例證，在此無須贅述。與李棠階生活在同一時期的倭仁也持有同樣的觀念，他認爲「呻吟語云，儒與二氏下手處皆是制欲，歸宿處皆是無欲。是則同，竊疑不然，二氏自私自利乃欲之大者，與聖賢克己去私之學如薰蕕涇渭之不同，何可並論。不特二氏即講學者同言致知，同言至善。而毫釐之差，千里之謬，是非疑似之間亦有不容不辯者矣。」〔註 15〕很顯然，他認爲雖然儒學在出發點和歸宿與「二氏」非常一致，但將其二者與儒學相提並論是一種不敬，因爲「二氏」的著重點落在自我的內心世界，是自私自利的內容，而儒者卻放眼天下，對社稷和人民具有全面的關懷，這是儒學與「二氏」的本質區分。

我們由胡具慶在石泉縣爲官的經歷更可以強烈感受到，他如何堅守自己認可的「內聖外王」的理想。他對於實行仁政，愛護百姓非常執著，他甚至用自己的俸祿替鄉民交稅，他極力與上級官府和軍隊周旋，儘量維護石泉縣

〔註 13〕胡具慶，甲初日記，康熙五十四年，十二月一日，歷代日記叢鈔〔M〕，北京：學苑出版社，2006：20 冊，65。

〔註 14〕胡具慶，甲初日記，康熙五十八年，十月十九日，歷代日記叢鈔〔M〕，北京：學苑出版社，2006：20 冊，165。

〔註 15〕倭仁，倭艮峰先生日記，道光二十六年，正月，歷代日記叢鈔〔M〕，北京：學苑出版社，2006：48 冊，297。

鄉民利益。他審理案件求速，目的是爲了不連累清白的鄉民。最終他的辭官也是由於現實對於他內心堅守的理想衝擊過大。他原本可以逼迫自己的理想屈服於現實，但他選擇以辭官的方式保全自己固守的理想。無獨有偶，身爲翰林的竇克勤在面對誘惑時也選擇了堅守，他死後，子弟回憶生前瑣事，「侍直出，同官有謂先生曰：『中使某爲買房計，有所索，願轉致。』先生曰：『禁庭何地容人賄中使耶？上用儒臣甚隆眷注，若狥此輩之欲，萬一發覺連坐，悔何極矣。急宜謝絕，勿得扶同，自爲厲階也。』」〔註16〕

李棠階對於道德的堅守非常執著，道光三十年十月末，鄉居時的李棠階長期賦閒，並無實際權力，固執的他卻敢於得罪位高而權重的地方官員。二十八日他「復高兵部西齋信，以問學孜孜、精勤不懈爲勖，辭師弟之稱。」〔註17〕從記錄的內容我們可以得知，他敢於得罪於高官，並不諂媚討好，正是出自內心對於學術的固執，也是對於道德底線的固守。在他的世界觀中，無論文人、武人，學問或有高下之分，但對於學問的態度應當是端正的，所以他「辭師弟之稱」。相反，對於他敬重的並無任何功名與權勢的學生，他認爲是自己的「畏友」，雖然比自己年輕許多，他仍依照「齒序」之禮相稱。

士人群體之所以有固守的行爲與理念也與特殊的身份和地位相關，科舉考試等選官制度所挑選的社會精英，他們自身的秉性當中就傾向於採取這樣的態度處理社會關係，待他們具有功名之後往往衣食無憂，所以他們更有能力在各方面展開對於自己人生理想的追逐。如果沒有這樣相對優越的生存環境，恐怕首先無法形成獨立的人格，即便有堅守的理念和想法也會爲社會現實所折服。總體來看，他們的行爲更多的提倡被自己的意念或思維引領，較少的受欲念和本能控制，所以他們是社會當中精神層次較高的一個群體。

第三節　三教合一

儘管我們研究的士人在生活當中儘量排斥甚至抨擊佛教、道教等宗教思想，並視之爲異端邪說。但明清之際以來，三教合一的趨勢加強，伴隨而來的宗教世俗化程度加深，宗教思想在士人生活中顯得不可迴避。

〔註16〕竇克勤，尋樂堂日錄，卷二十五，拾遺，歷代日記叢鈔〔M〕，北京：學苑出版社，2006：14冊，231。

〔註17〕李棠階著，穆易校點，李文清公日記〔M〕，道光三十年，十月二十八日，長沙：嶽麓書社，2010：757。

咸豐四年七月二十八日，李棠階在河朔書院做主講。他的生活以讀書、授課爲主。一旦有閑暇時間他就會展開靜坐，以響應朱子提倡的生活方式，不過他對自己的坐姿似乎沒有引起足夠的重視，本日他記錄到：「黎明起，心不放。看《彤弓》諸詩。遏妄幾一。閒步，心在。今始覺趺坐之非。前數年和勉齋曾言之，不以爲然，然以其便於兩股之休息也。今覺之，仍不改，不亦苟乎？」〔註 18〕從他的描述中我們可以得知，在前幾年中他靜坐的方式是跏趺而坐。眾所周知，這樣的坐姿是佛教中不同佛的典型坐姿，也是在寺廟中修行的佛教徒採用的標準姿勢。爲了便於大腿休息，在靜坐時李棠階也採用了這種坐姿，這並非偶然，正是儒、釋、道三教在社會中普遍流行又互相借鑒的結果。李棠階雖然極力想改變這種狀況，但他在跏趺而坐數年之後竟然才意識到這一問題。此外，李棠階生活中經常閱讀並努力按照其內容踐行的《人譜》等書籍被介紹爲：

> 《人譜》明劉宗周撰。姚江之學多言心，宗周懲其末流，故課之以實踐。是書乃其主蕺山書院時所述以授生徒者也。《人譜》一卷，首列人極圖説，次記過格，次改過説。《人譜類記》二卷，曰體獨篇，曰知幾篇，曰凝道篇，曰考疑篇，曰作聖篇，皆集古人嘉言善行，分類錄之，以爲楷模。每篇前有總記，後列條目，間附以論斷。主於啓迪初學，故詞多平實淺顯。兼爲下愚勸誡，故或參以福善禍淫之説。然偶一及之，與袁黃功過格立命之學終不同也。或以蕪雜病之，則不知宗周此書本爲中人以下立教，失其著作之本旨矣。〔註 19〕

明末大儒劉宗周的著作中也免不了摻雜各類宗教思想，而時至清末的讀者李棠階生活中更少不了根據此書展開對自己精神修爲的批判與反省，可見儒、釋、道三種思維觀念在士人日常生活中已經是不可分割緊密相連的部分。

康熙五十五年三月，在廣東隨父親宦遊的胡具慶年紀尚輕。不過，此時他的世界觀已基本形成，他對於佛道等宗教人士的態度表現爲：「丹霞山僧古裝來見，佛老之道固當擯斥。然其徒有以禮來謁者，吾亦當以誠敬待之。不可因其道之異而遂傲慢之也。蓋誠敬原是吾之所當自盡者，一或不誠不敬，

〔註 18〕李棠階著，穆易校點，李文清公日記〔M〕，咸豐四年，七月二十八日，長沙：嶽麓書社，2010：864。

〔註 19〕紀昀等，四庫全書總目提要，卷九三，子部三，儒家類三，《人譜》‧一卷、《人譜類記》‧二卷。

則吾先自即於邪，又何以斥彼之邪耶？」〔註 20〕他強調採用儒學的「禮」來對待宗教人士。寬容的觀念是理解的基礎，雖然他處處想要排斥佛教、道教等宗教思想，但這類人士卻充斥他的日常生活當中，尤其是在京城時，他不斷與僧侶、道士密切來往，難免會受到他們觀念的影響。胡的授業恩師李棟，就在「觀書之暇，瞑目靜坐，如泥塑然。」〔註 21〕他的生活之中顯然不可避免與三教內容糾纏，蠡縣的李塨認為靜坐是禪學，非常排斥，但胡卻認為：「程門設教，以靜坐為入手，蓋靜坐則神氣清明，乃能徐見義理所在。《書》言坐以待旦，《禮》言坐如屍，非坐禪入定之謂。」〔註 22〕響應賢者提倡而採取靜坐修持方式者在清代不在少數，雖然他們對於這種修行方式努力踐行，但總免不了遭遇持不同觀念者的批評。胡具慶認為，儒者的靜坐與佛教的靜坐不同，目的並非走向寂靜，而是試圖引領自己走向義理的純淨與明徹。佛教傳入中國並快速發展在清代之前已經持續了千餘年之久，而儒學者採取靜坐的修持方式卻發生在後，我們不能否認，儒者的這種修行方式在不同層面受到了宗教思想或多或少的影響。

家居時的胡具慶，不僅思維觀念受到三教合一潮流的影響，明清之際，日常生活當中影響頗大的一種善書——《功過格》，也在他的視野內出現。「閱袁了凡《功過格》，緦緦然自計，其功非喻義君子之所屑為也。然其計功之處所可略，而其計過之處亦可取。若吾人以每日所為之事，證諸記過之格，見其有犯過之端即惕然自警而改之，則彼雖出於有為而為之私。吾為行以無為而為之義，是書亦未嘗不可為益於身心矣。」〔註 23〕《功過格》等善書是典型的宗教善惡觀念指導下的產物，受到了宗教修行中清規戒律的強烈影響。胡具慶雖然認為功過格的內容荒誕不經，對於他來說，這樣的自我約束模式卻是儒者可以嘗試借鑒的，他的想法在隨後被李棠階等士人共同以日記會課的形式加以實踐。

乾隆五年五月十七日，家居的胡具慶整日思索關於朱子正統學術與陽明學以及佛道等宗教思想的區別。他認為：

〔註 20〕胡具慶，甲初日記，康熙五十五年，三月八日，歷代日記叢鈔〔M〕，北京：學苑出版社，2006：20 冊，81。

〔註 21〕王鍾翰點校，清史列傳〔M〕，卷六十七，北京：中華書局，1987：17 冊，5361。

〔註 22〕王鍾翰點校，清史列傳〔M〕，卷六十七，北京：中華書局，1987：17 冊，5362。

〔註 23〕胡具慶，庚復日記，乾隆十三年，十二月二十一日，歷代日記叢鈔〔M〕，北京：學苑出版社，2006：27 冊，394～395。

> 陽明云：「佛氏不著相，卻是著了相。聖人著了相，卻是不著相。」此言雖覺圓妙，其實吾儒無貴乎不著相也。聖人踐形盡性，惇典庸禮，正要色色著相。色色著相然後色色著實，色色著實然後事事各盡其道而無毫髮之虧欠也。故吾儒只要事事盡其道，方唯恐其不著相也，又何必取彼之不著相以加諸吾聖人哉？〔註 24〕

所謂著相，是典型的佛教用語，意爲有意識地表現出來的形象狀態。胡具慶在論述此段內容時已經在自己的意識當中內化這種宗教詞匯。「著相」這樣的思維已經深入他的學術根基當中，以至於他用這樣的標準評判陽明學，評判儒學的聖人，也用來評價佛教中精神層次的觀感。此外，他在記錄日記當中採用明顯的宗教語言「圓妙」來評價對於一些文字的感知。這種詞匯常出現在佛教與道教的用語當中，可想而知，在他生活的社會中，這樣的思維與觀念已經混合而雜糅了。儘管竇克勤、胡具慶、李棠階等人在不同場合多次強調儒學與佛、道等宗教思想迥異，但是在他們的世界觀形成之前，這類宗教思想已經進入到他的精神世界當中。在評判或抨擊佛教或道教時又不自覺的使用了佛教、道教的用語與思維習慣，這是清代士人生活中比較常見而顯著的特徵。

李棠階的生活中也隨處可見宗教思想的影子，他在京城生活時一日「爲沄說小學，爲漢階說「助我」二章，於孝字反覆勸諭之，又爲說《人譜》力學事，說陰騭文詩，有計利念。」〔註 25〕「在太上感應篇、功過格之後，明末清初種種善書層出不窮，在民間大爲流通。南宋初期成書的感應篇，成爲有史以來善書的代表……以此爲背景，陰騭文、覺世經以及其他的善書也產生並流通起來。將這些善書之數種一併刊行之風，也從明末清初大爲流行起來。」〔註 26〕不僅在明清時期，即便在當下，這類善書也被以集合併注釋的形式廣泛出版。由中國社會科學出版社在 2004 年出版的《道學經典注譯》叢書中就包含《勸善書注譯》〔註 27〕。陰騭文顯然屬於道教勸善思想的經典作

〔註 24〕胡具慶，庚復日記，乾隆五年，三月八日，歷代日記叢鈔〔M〕，北京：學苑出版社，2006：24 冊，96。

〔註 25〕李棠階著，穆易校點，李文清公日記〔M〕，道光十七年，十二月十六日，長沙：嶽麓書社，2010：156。

〔註 26〕〔日〕酒井忠夫，中國善書研究（增補版）〔M〕，南京：江蘇人民出版社，2010，415。

〔註 27〕參見唐大潮等注譯，勸善書注譯〔M〕，北京：中國社會科學出版社，2004，這本手冊性質的書籍就是對《太上感應篇》《文帝孝經》《太微仙君功過格》《福壽論》等善書的集中注譯。

品，但卻被李棠階在規勸自己的三弟時使用。他或許以陰騭文當中的善惡報應觀念來規勸三弟努力行善，不要荒廢人生。殊不知，這樣的思想正是他極力排斥的宗教觀念。不過，這樣的思維在他心中已經根深蒂固，甚至連他自己也沒有察覺到。

透過本書嘗試研究的幾位士人我們可知，部分士人每日的自我修持，並逐字記錄加以反省的行爲本身就與《功過格》等善書在社會中廣泛流行有密切聯繫，所以我們不難看出，儘管理學家或儒學者，對於佛道等宗教思想都充滿了排斥，但在他們生活的世界中，他們出生、成長的過程中又受到了這些宗教因素的強烈影響。他們出於學術的對立而對佛、道等觀念展開強烈的批判，然而，一旦有機會，他們內心深處親近佛、道的立場就會顯現出來。他們不僅不自覺的使用佛教、道教的術語，他們還習慣性的從宗教觀念出發對世界展開認知，況且他們自己也與宗教人士有密切而頻繁的往來。當他們在各種人生場合中由於力量有限而無可奈何時也轉向尋求宗教力量的慰藉。這些，都是這個時代士人作爲群體的特徵，這些特徵又由自己的儒學背景造就。

第四節　就醫行爲

上述士人群體的特徵主要出於他們以自身的思維觀念強調對於世界與人生的改造。此外，由於地域社會不同的資源差異而造成士人選擇性行爲的差別也非常顯著，尤其表現在就醫行爲等方面。

近年來學界對於疾病醫療社會史的研究已經逐漸深入，但仍然主要集中於以下幾個方面：1、古今病名對照；2、瘟疫對人口的影響；3、社會的疫病應對機制；〔註 28〕利用日記研究疾病醫療社會史的成果尚不多見。〔註 29〕關於醫療社會史的研究，有學者嘗試向身體史範疇尋求突破。〔註 30〕以往的研

〔註 28〕詳見余新忠，中國疾病、醫療史探索的過去、現實與可能〔J〕，歷史研究，2003（4）：158～168。

〔註 29〕這方面的研究主要有蔣竹山，晚明江南祁彪佳家族的日常生活史——以醫病關係爲例的探討〔J〕，都市文化研究，2006（2）：181～212；張笑川，《慎宜軒日記》所見清末民初士人的心性修養與健康維護〔J〕，歷史教學，2012（22）：12～18；張瑞，晚清日記中的病患體驗與醫患互動——以病患爲中心的研究〔J〕，歷史教學，2012（22）：25～31。

〔註 30〕這方面的典型研究有：余新忠，晚清的衛生行政與近代身體的形成——以衛生防疫爲中心〔J〕，清史研究，2011（3）：48～68。

究多關注疾病與醫療的社會性，卻輕視其日常性。筆者以爲，傳統社會中由於醫療資源的地域差異而導致日常生活中就醫行爲的不同是需要引起注意並著力探究的內容。

一、城市中士人的就醫行爲

明清之際商品經濟快速發展，區域中心都市繁榮。蔣竹山先生對明清之際江南醫療活動的描述是這樣的：「明代醫者數量的激增，以及他們習醫管道的多元化，爲醫療市場提供了許多選擇……都市中醫學資源的快速成長，培育了許多開業醫者在城市討生活。透過祁彪佳的例子，我們可以發現這種醫學資源取得的方便性，不僅改變人們對疾病的認識，也改變了人們日常生活的就醫習慣。」〔註 31〕清代醫療活動直接繼承自明代，城市中醫療活動頻繁。京城由於地位特殊，匯聚了來自全國各地的醫者、藥材、以及醫學書籍。

京城中的醫者數量繁多，生活在清初的竇克勤體會頗深。他在京生活的時日不多，但因痼疾與醫者交往卻很頻繁。康熙三十八年末，竇的足疾已經嚴重影響正常生活，急需診療。返京伊始，他就遇到了「無錫縣族人兆基（號元初）者，因係世醫，後服其藥調制。」〔註 32〕這是他此次返京就醫行爲的開端。次年六月六日竇克勤指腫痛，九日吐瀉病甚，「十三日託賢著醫來」〔註 33〕。此月二十一日「潘成雲診視，服藥。」〔註 34〕之後，竇克勤的病情仍不見好轉。六月二十九日他依舊手足並痛，異常煎熬。七月五日「潘仲謀以凌燿來針治，燿字蒼侯，湖州雙臨人，自此間日來針治，率以爲常。」〔註 35〕凌燿採取針灸法治療竇克勤的手足數次後，他感覺「血脈通順，病稍輕。」〔註 36〕但仍未痊癒。

〔註 31〕蔣竹山，晚明江南祁彪佳家族的日常生活史——以醫病關係爲例的探討〔J〕，都市文化研究，2006（2）：181～212.201。

〔註 32〕竇克勤，尋樂堂日錄，卷十六，康熙三十八年，十二月二十七日，歷代日記叢鈔〔M〕，北京：學苑出版社，2006：13 冊，158。

〔註 33〕竇克勤，尋樂堂日錄，卷十七，康熙三十九年，六月十三日，歷代日記叢鈔〔M〕，北京：學苑出版社，2006：13 冊，224。

〔註 34〕竇克勤，尋樂堂日錄，卷十七，康熙三十九年，六月二十一日，歷代日記叢鈔〔M〕，北京：學苑出版社，2006：13 冊，228。

〔註 35〕竇克勤，尋樂堂日錄，卷十七，康熙三十九年，七月五日，歷代日記叢鈔〔M〕，北京：學苑出版社，2006：13 冊，230～231。

〔註 36〕竇克勤，尋樂堂日錄，卷十七，康熙三十九年，七月十二日，歷代日記叢鈔〔M〕，北京：學苑出版社，2006：13 冊，231。

康熙四十年二月中旬，竇克勤又感傷寒。他另請「李德樹診視，云病在肝，肝木風濕，注於經絡之間，其痛處以有淤血未能行爾……」〔註 37〕李德樹用湯藥與敷設之法，使竇克勤感覺輕快了許多。竇克勤的足疾頑固，除了自己不斷尋醫之外，還受到友人的關懷，三月八日「李剛主請醫員從雲（字震生）來，醫員三元人，與李中孚交善。」〔註 38〕除足疾之外，竇克勤還患痢疾，並伴有目疾。他請來「李德樹、員震生診視，服藥。」〔註 39〕兩位醫者會診的效果不錯，八月底竇克勤的痢疾和目病就痊癒了。然而足疾依舊纏身，九月七日「張平山引會稽醫者沈公先來，服其藥。」〔註 40〕爲了治療足疾，竇克勤嘗試了多種療法，但都未有太好的療效。

康熙四十一年，竇克勤苦於百病纏身，決定返鄉調養。此時他的孫女出痘，經過精心護理之後，終於轉危爲安。竇認爲「孫女痘症，李德樹、鍾聖鐸盡心調制，症雖危險，卒能安全，二君調護之力不可沒也。」〔註 41〕康熙四十一年六月五日，他結束了與京城醫者的往來，出城返鄉。竇克勤此次在京生活不足三年，所患病痛種類繁多，有足痛、手指痛、目疾、痢疾、腹脹等等。計其前後，與之交往的醫者有竇兆基、無名醫者、潘成雲、凌燿、李德樹、員從雲、沈公先、鍾聖鐸等八位〔註 42〕。除竇兆基與竇克勤巧遇於京師，其餘醫者如潘成雲、凌燿、李德樹、元從雲、沈公先、鍾聖鐸等多由友人介紹或醫者互薦。他們對竇克勤的診治，或採取單獨診治，或二人會診，形式多樣。醫者診治手段也多樣化，有的擅長針灸，有的擅長立方，有的給他服用藥酒。

由日記記錄可知，不足三年之中，竇克勤就與八名醫者不間斷往來。爲竇克勤診視的多爲職業醫者，在日錄中並未見到對這些人其他身份的表述。

〔註 37〕竇克勤，尋樂堂日錄，卷十八，康熙四十年，三月五日，歷代日記叢鈔〔M〕，北京：學苑出版社，2006：13 冊，288。

〔註 38〕竇克勤，尋樂堂日錄，卷十八，康熙四十年，三月八日，歷代日記叢鈔〔M〕，北京：學苑出版社，2006：13 冊，288。

〔註 39〕竇克勤，尋樂堂日錄，卷十八，康熙四十年，七月二十五日，歷代日記叢鈔〔M〕，北京：學苑出版社，2006：13 冊，324。

〔註 40〕竇克勤，尋樂堂日錄，卷十八，康熙四十年，九月七日，歷代日記叢鈔〔M〕，北京：學苑出版社，2006：13 冊，325。

〔註 41〕竇克勤，尋樂堂日錄，卷十九，康熙四十一年，四月二十九日，歷代日記叢鈔〔M〕，北京：學苑出版社，2006：13 冊，376。

〔註 42〕此處姓名或是姓氏與字號的組合，由於材料有限而不可考，故以日錄中記載爲準。

此外，爲竇克勤診療的還有半專業醫者。他初授翰林時崔甲默替其母療病，「先太孺人疾作，聞崔成軒中翰以儒術精岐黃，比叩所蘊、理精法殊、不類方術家言。」〔註 43〕崔甲默當時官至中書舍人，行醫顯然是他的一項副業。京城集中了大批職業醫者，同時也匯聚了諸多來自各地的上層人士。他們雖然不比職業醫者更專業，但往往因家中有醫書的收藏而對歧黃之術有不俗的造詣，這樣的人才組成了京城專業醫者之外的重要部分。

透過竇克勤的視角觀察他在京城的就醫行爲，我們可以發現，由於京城醫療資源豐富，所以竇克勤在患病時習慣於立即邀請專業醫者診療，有時也會邀請半專業醫者診療，極端情況下才會選擇拜訪巫醫。醫患雙方關係較爲簡單，往往僅因爲醫者對病患的診療發生聯繫。

除了上述職業醫者及半專業的儒醫之外，在京城中，還有這樣一個特殊的群體——御醫存在，他們長期在京城進行醫療活動，雖然貴爲皇帝的御用醫者，但對於在京城居住的人來說，卻恰好能利用這一得天獨厚的醫療資源。乾隆七年，進京參加會試的胡具慶有脹滿之疾，他記錄了請御醫診視的經歷：「場前抱病時，三弟遣人往邀御醫孫倬章，久而不至。今宋侄婿陪之同來，而余疾已漸愈，可勿藥矣。」〔註 44〕胡的三弟只是京城之中的低級武職人員，能請到御醫爲其兄長診療實屬不易。

道光十五年，身爲翰林的李棠階攜父母共同居住在京城。此時李棠階臂痛，妻子產後虛弱，父親患有腹脹、痢疾，母親牙痛，李氏家族與京城醫者的來往密切。本年七月十四日「大人腹疾又作，中滿膨脹……醫者來爲大人診視，言係濕滯，用滲濕利水之劑。」〔註 45〕服藥之後，父親的病情雖然比較穩定，但仍未見痊癒。數日之後「醫來診視，用香砂、六君子湯。」〔註 46〕八月十九日「醫者來診，大人病已愈，留一丸藥方」。〔註 47〕

〔註 43〕竇克勤，尋樂堂日錄，卷十七，康熙三十九年，十月九日，歷代日記叢鈔〔M〕，北京：學苑出版社，2006：13 冊，251。

〔註 44〕胡具慶，庚復日記，乾隆七年，二月十六日，歷代日記叢鈔〔M〕，北京：學苑出版社，2006：24 冊，517。

〔註 45〕李棠階著，穆易校點，李文清公日記〔M〕，道光十五年，七月十四日，長沙：嶽麓書社，2010：119。

〔註 46〕李棠階著，穆易校點，李文清公日記〔M〕，道光十五年，七月二十二日，長沙：嶽麓書社，2010：120。

〔註 47〕李棠階著，穆易校點，李文清公日記〔M〕，道光十五年，八月十九日，長沙：嶽麓書社，2010：122～123。

李棠階父親的痼疾很快就再次復發。九月李父痢疾、腹部脹滿等疾病纏身，總是得不到徹底根治。十月初一日「父親往藥行求醫……傍晚歸，覺微好些。」〔註 48〕此後其父不斷前往藥行看病。相對於出診醫者，藥行的醫者在固定場所坐診療病。藥行似乎已經具備了現代醫院的功能，七日「赴藥行看病……父親晚宿藥行」〔註 49〕，李棠階的父親為了便於診療，晚上住宿於藥行內。藥行不僅具有住宿功能，還提供飯食，八日「赴藥行看大人病，仍不見甚減。據醫言肝脈微平，俟吃藥後在彼處早飯……父親晚宿藥行。」〔註 50〕京城醫療活動的專業化已達到相當程度，相關的服務業配套也比較完善。李家的住所應距藥行較遠，在交通工具不發達的情況下，城市顯得過於龐大，藥行則應運而生。

京城之中的醫療活動頻繁，居住著大批職業醫者和半專業的儒者，還有為皇帝診療的御醫。城市之中的醫療資源易於獲取，病患往往可以根據需要在患病當日就接受診療，也可以根據自我意願任意更換醫者。京城中，甚至出現藥行這種專業的醫療機構，更強調職業性，病患選擇診療的方式增多。醫者與病患除了醫患關係之外，並無過多交集。身處此類地區的居民，生活質量較高，忍受疼痛的時間大大縮短。

二、縣域中士人的就醫行為

明清之際商品經濟迅速發展，繁榮了大批市鎮，尤以江南地區最為典型。此類地區市鎮中經濟繁榮，文化昌盛，並居住著大量醫者。這樣的地區如同京城以及其他大都市一樣擁有較豐富的醫療資源。然而，我們卻不能武斷地把清代的整個國土視為無差異的整體。在如此廣袤的土地之上，都市與縣域的差異巨大，區域之間的差異也非常顯著，因而人們的就醫行為也受到相應的影響。

首先我們不妨試舉胡具慶身處偏遠山區的例子。乾隆十三年閏七月，在石泉為父母官的胡具慶「忽得胸背腰腹並痛之疾，在內臥病服藥，不能出外

〔註 48〕李棠階著，穆易校點，李文清公日記〔M〕，道光十五年，十月一日，長沙：嶽麓書社，2010：129～130。

〔註 49〕李棠階著，穆易校點，李文清公日記〔M〕，道光十五年，十月七日，長沙：嶽麓書社，2010：131。

〔註 50〕李棠階著，穆易校點，李文清公日記〔M〕，道光十五年，十月八日，長沙：嶽麓書社，2010：131。

視事。」〔註 51〕病痛產生之後，他努力靜養，並自開處方服藥，只因此地幾無良醫可尋。胡的病痛時作時愈，纏繞多時。在嘗試自我治療之後，效果並不甚好。他只好長時間忍受痛苦，待到前往興安州處理公務時才請曹司訓診治。八月十三日，他因「連日復背痛腹脹，邀曹司訓診脈立方。」〔註 52〕曹先生的身份是教職官員，對醫術似乎僅略知一二，並不能徹底醫治胡的病痛。

再次返回石泉縣後，胡的病痛仍然只能依靠靜養來調理。九月十八日「舊疾又復勞發，比前加重，不能出外視事。」〔註 53〕他決定不再拖延，二十五日他「遣人往漢陰縣，邀醫者李景昉，商用湯藥。」〔註 54〕漢陰與石泉兩縣相距並不遙遠，但山路難行，交通不便，所費時日較多。十月十三日，「醫者李景昉別回漢陰」〔註 55〕。從派人前去邀請醫者診視到醫者離去，前後共歷十八日，所幸他的病痛並非急症，否則後果不堪設想。如不派人特意前往邀請醫者，想要療病就只能等待機緣。乾隆十四年二月「漢陰趙令過縣，入署，至榻前問疾並診脈立方。」〔註 56〕漢陰縣令以官員身份，在偶然途徑石泉縣時，順便為胡診療立方。

透過胡具慶在石泉縣的就醫行為我們可以看到，偏僻縣城甚至沒有一位職業醫者常駐。由於縣域之內醫者數量稀少，如果患病，只好自開處方療治或忍受等待自愈。病痛如果想要得到治療，需要前往遙遠的外地請醫者診視，或在本地等待外地醫者數日後前來診療。在這樣的醫療條件之下，病痛往往無法立刻醫治。胡作為一縣父母官處境尚且如此，普通百姓的境遇就可想而知了。身處鄉里時胡具慶的醫療活動也需要依靠外部資源的輔助，「商丘宋氏家人翟廣義自京師來，帶到三弟、八侄寄予家信二封，又寄予高麗布、高麗

〔註 51〕胡具慶，庚復日記，乾隆十三年，閏七月三日，歷代日記叢鈔〔M〕，北京：學苑出版社，2006：27 冊，255。

〔註 52〕胡具慶，庚復日記，乾隆十三年，八月十三日，歷代日記叢鈔〔M〕，北京：學苑出版社，2006：27 冊，288。

〔註 53〕胡具慶，庚復日記，乾隆十三年，九月十八日，歷代日記叢鈔〔M〕，北京：學苑出版社，2006：27 冊，315。

〔註 54〕胡具慶，庚復日記，乾隆十三年，九月二十五日，歷代日記叢鈔〔M〕，北京：學苑出版社，2006：27 冊，321。

〔註 55〕胡具慶，庚復日記，乾隆十三年，十月十三日，歷代日記叢鈔〔M〕，北京：學苑出版社，2006：27 冊，337。

〔註 56〕胡具慶，庚復日記，乾隆十四年，二月四日，歷代日記叢鈔〔M〕，北京：學苑出版社，2006：27 冊，433。

紙及同仁堂藥物。」〔註 57〕由於縣域之中醫療資源稀缺，所以居民需要求助於外部，尤其是城市之中的醫療資源。

長期鄉居河南柘城的竇克勤也面臨相似的困境。鄉居時，竇克勤家族的病痛主要由楊太和先生診治，康熙三十四年末「病臥至除日，猶未愈。楊太和先生調治，每日必至，有一日兩至者……」〔註 58〕楊太和是竇克勤在柘城創辦的朱陽書院主講，他是縣城之中比較有名的儒者，並非職業醫者。雖然竇因爲楊的療病觀念之中充斥佛、道元素而對其不甚滿意，但也因縣域之中醫者數量稀少而無可奈何。對於竇這樣身份的士人來說，他習慣於在外出辦事時順便邀請醫者診療。康熙三十五年，竇克勤前往豐縣辦事。在豐縣時足疾又犯，學生孫谷宗「屢來視，延其親魏貞之立膏藥方，復延於其家制之……」〔註 59〕。十月二十日，他派人前往亳州請醫。二十六日，亳州醫者王振山前來診視，到十一月三日「王振山醫病以來，薰藥有效，至是予能行……」〔註 60〕雖然身處經濟相對發達的中原地帶，但此次請醫者前來診視也需耗時六日。親朋也幫助推薦醫者治療，康熙四十二年七月竇克勤「就醫於睢州，住蔣公奭姻家」〔註 61〕。竇克勤在親家蔣公奭家中治病的原因是這樣的：「公奭病，有江南儀鎮人周藩（號繩庵）者，醫之有效。容莊往視，語予疾，公奭以爲此高明不可失，令容莊作字道意，至其家就醫，遂即就道。」〔註 62〕由竇克勤的例子我們可知，身處縣域中的他如果患病，並不能及時接受專業診療，而需等待機緣。

在醫療資源並不豐富的縣域中，醫者數量不多，獲取醫療資源也比較困難，所以病患有時也嘗試自我療治。士人群體往往書香傳家，藏書之中不乏各類醫書。飽讀醫書，又久經病痛考驗，也可算作半個醫者了。道光二十六

〔註 57〕胡具慶，庚復日記，乾隆五年，五月三十日，歷代日記叢鈔〔M〕，北京：學苑出版社，2006：24 冊，105。

〔註 58〕竇克勤，尋樂堂日錄，卷十二，康熙三十四年，十二月二十二日，歷代日記叢鈔〔M〕，北京：學苑出版社，2006：12 冊，417。

〔註 59〕竇克勤，尋樂堂日錄，卷十三，康熙三十五年，十月十四日，歷代日記叢鈔〔M〕，北京：學苑出版社，2006：12 冊，483～484。

〔註 60〕竇克勤，尋樂堂日錄，卷十三，康熙三十五年，十一月三日，歷代日記叢鈔〔M〕，北京：學苑出版社，2006：12 冊，487。

〔註 61〕竇克勤，尋樂堂日錄，卷二十，康熙四十二年，七月二十四日，歷代日記叢鈔〔M〕，北京：學苑出版社，2006：13 冊，447。

〔註 62〕竇克勤，尋樂堂日錄，卷二十，康熙四十二年，七月二十四日，歷代日記叢鈔〔M〕，北京：學苑出版社，2006：13 冊，447。

年六月李棠階的侄孫患有慢脾風，幾度延醫診治效果不甚理想，這時候「渠生兄赴郡，取《福幼編》來，方皆辛熱溫補。」〔註 63〕第二天李棠階「乃照《福幼編》方遞灌之，終不見效。」〔註 64〕隨後侄孫夭折了，他認為「己不識醫道，又無主張，徒自悲而已。」〔註 65〕二十三日他翻閱《幼幼集成·驚風辨》時才得知用錯了藥，自責不已。此時因妻子快要生產，李棠階又開始查閱《幼幼集成·胎產》。七月十七日侄子發熱，他懷疑是瘧疾，立刻查《醫方集解》來確定病症。十九日，他的妻子生病，他「酌胎產藥方服之」〔註 66〕二十日他又閱讀《胎產心法》。二十五日渠生兄送來《醫林改錯》一本。八月六日李棠階整日都在翻閱《醫林改錯》《幼幼集成》兩本醫書。數月之內，李棠階利用這些醫書嘗試自我療治，或診視家人，雖然結果不盡如人意。他鄉居時，有記錄閱讀的醫書有《內外傷症辨》《醫貫》《脈決》《素靈合纂》《本草綱目》《福幼編》《幼幼集成》《醫方集解》《醫林改錯》《胎產心法》《引痘略》等。他獲得書籍的地點往往在京城或府城。

縣域之內醫者數量稀少，居民獲取醫療資源艱難。此區域中的居民在患病之後，或靜養調息並嘗試自我療治，或遠距離外出求醫，或請醫者來家診視，費時費力甚多。這樣的情境下，居民的生活質量大大降低，他們可能需要忍受長期的痛苦才能得到醫治，也可能根本無法得到有效醫治。

三、縣域中的醫患關係

縣域之內雖然醫者數量較少，醫療資源獲取不易，但有限的醫療資源卻往往集中於區域內有名望的士人之家。醫者對病患的診療細緻、充分，並因此與之形成緊密且穩定的關係。胡具慶在杞縣鄉居時，他就與當地醫者來往密切。乾隆五年，「因四女有瘡疾，邀外科張玉山療治。」〔註 67〕請醫者前來

〔註 63〕李棠階著，穆易校點，李文清公日記〔M〕，道光二十六年，六月二十日，長沙：嶽麓書社，2010：528。

〔註 64〕李棠階著，穆易校點，李文清公日記〔M〕，道光二十六年，六月二十一日，長沙：嶽麓書社，2010：528。

〔註 65〕李棠階著，穆易校點，李文清公日記〔M〕，道光二十六年，六月二十一日，長沙：嶽麓書社，2010：528。

〔註 66〕李棠階著，穆易校點，李文清公日記〔M〕，道光二十六年，七月十九日，長沙：嶽麓書社，2010：535。

〔註 67〕胡具慶，庚復日記，乾隆五年，閏六月初七日，歷代日記叢鈔〔M〕，北京：學苑出版社，2006：24 冊，130。

療病本是再平常不過之事，醫者療病助人也是職責所在。胡卻因此在數日之後宴請張玉山，「前因小女、兒、婦俱有瘡疾，邀外科醫者張玉山療治，其技術甚精而爲人樸實，乃方士中所罕。今將告歸，午間置酒禮之，並贈以詩。」〔註 68〕從記錄中可知，醫者在胡氏宅邸中居住時日長久。同年八月醫者張玉山來杞，胡再次邀請他來家中宴飲。由於縣域之中的醫者數量較少，友人生病也被張玉山療治，胡在前往友人處探病時仍能與他相遇，「聞孟祐上患瘡甚劇，往問之，因晤張玉山、田子凝。」〔註 69〕張玉山可能因擅長治療瘡疾而被邀請四處出診，即便不是爲胡具慶診療，他們二人依舊能夠在縣域之中的熟人交際圈中相遇，這不僅加強了二人的關聯，也密切了他們的情誼。此外，胡具慶與友人及醫者還有共同宴飲的經歷。

與胡具慶熟識的另一醫者吳靜軒，早在雍正十一年就因爲其母診療而結識。乾隆五年前後他們仍有密切往來的記錄。二者的交情可謂年長日久，他們的往來不僅限於醫患之間的關係，而是與普通友人相同，互相開展探望、饋贈等多方面的交際活動。即使在胡具慶身處興安州邀請曹司訓的診療經歷中，他與曹的關係除了醫患關係之外更重要的一層關係是同僚。由此可見，縣域之中，醫者是內化於士人群體之中的特殊群體，處於他們生活中的重要部分，是友人交際圈之中的重要環節。在京城之中醫者卻如同商人一般，在士人生活中往往是匆匆過客，他們因業務需要聚集，隨即散去。縣域之中，居住醫者數量較少，他們與醫者的交往或帶有功利主義的內涵，他們宴請並感謝醫者帶來的健康，其中隱含著同醫者友好關係的維護，以期對將來的醫療活動有利。

晚清的李棠階鄉居時生活在距離縣城不遠的鄉村之中。李氏族人生病後能夠較快邀請醫者診療，有時也請醫者留宿家中。道光二十八年八月一日「午刻醫來診侄孫病，係虛寒。飯後憩息，留醫宿，共話病症，須仔細忖其原委，方可漸理。」〔註 70〕留宿醫者在家爲了更好的瞭解病情。這樣的情況不止一次，道光三十年正月二十日他又一次留宿醫者，翌日早飯之後才將醫者送走。

〔註 68〕胡具慶，庚復日記，乾隆五年，閏六月二十二日，歷代日記叢鈔〔M〕，北京：學苑出版社，2006：24 冊，138。

〔註 69〕胡具慶，庚復日記，乾隆五年，十月二十七日，歷代日記叢鈔〔M〕，北京：學苑出版社，2006：24 冊，215。

〔註 70〕李棠階著，穆易校點，李文清公日記〔M〕，道光二十八年，八月一日，長沙：嶽麓書社，2010：653。

道光二十六年六月十八日、十九日也曾連續兩天留宿醫者。由此可見，李棠階與醫者的交往時間更充分。

竇克勤鄉居時經常爲其家族診療的楊太和先生，與竇克勤是朱陽書院同事，且私交甚篤。縣域之中，因距離、費用等關係，醫療資源的獲取都增加了許多難度。醫療資源的稀缺使得醫者變得珍貴而不可求。從竇克勤的醫療經歷來看，醫者的引薦依靠友人、師生、姻親等關係。這是清代士人的「特權」之一，他們結成的姻親關係本身就是士人階層的再度聯合，對於醫療資源的掌握也比普通人更加充分。縣域中的普通居民，難有醫療信息的廣泛來源，更難付諸實踐。縣域內的醫療資源稀缺，醫者寥寥，原本有限的醫療資源更加聚集到權勢之家。正因如此，醫者與病患的交往時間充分，關係密切，並形成了相對固定的關係網絡。如周藩爲竇克勤診療之後，竇出於感謝，返鄉後贈予經過柘城的周藩芍藥等物。

四、醫療活動的轉變

雖然整個清代的醫療水平並沒有出現質的飛躍，但我們從日記中還是能夠看出一些轉變的端倪。清代中期由海外引進對抗天花的新技術，並且得到了廣泛的傳播。康熙四十一年，竇克勤在京時孫女出痘，四月十七日「痘症危機，哭號不止……黎明飲之以冰，稍安。」〔註 71〕本月末孫女的病情轉危爲安，僥倖逃過一劫，但整個過程中未見醫治手段。

關於種「人痘」之術，余新忠先生以爲基本可以確定始於明隆慶年間，即 16 世紀中葉。〔註 72〕胡具慶不知從何處得知江南有種「人痘」之術，康熙五十四年他到達嘉興府王店鎮探望岳父一家時爲兒子種痘，「因其尚未出痘，而身弱多病，頗以爲慮。聞南方有種痘之術，凡種出者皆爲順證，有吳興章子林精於此術，今日邀來爲驊兒種痘。」〔註 73〕也許是此法奏效，此後並未在日記中見到兒子出痘的記錄，不過，胡氏家族的幼兒仍有不斷因出痘而死亡的記錄。

關於種「牛痘」之術，廖育群先生認爲「牛痘」之術在嘉慶十年（1805）

〔註 71〕竇克勤，尋樂堂日錄，卷十九，康熙四十一年，四月十七日，歷代日記叢鈔〔M〕，北京：學苑出版社，2006：13 冊，375。

〔註 72〕詳見余新忠，清代江南種痘事業探論〔J〕，清史研究，2003（2）：28～37.29。

〔註 73〕胡具慶，甲初日記，康熙五十四年，十月十四日，歷代日記叢鈔〔M〕，北京：學苑出版社，2006：20 冊，63。

傳入我國澳門，然後由南向北傳播。〔註 74〕李棠階在京時，家人中就有學習種牛痘之術者。道光二十一年六月「黃伯紀來，問種牛痘事，損之欲往學也」〔註 75〕，次月「損之學種牛痘歸」〔註 76〕。道光二十七年，李棠階鄉居時，小女「痘長滿面，幾不欲看。」〔註 77〕李的女兒隨後把天花傳染給小兒及侄子、侄女等幼兒。此時李棠階並不希望種痘先生介入治療，他「復登封李百中信，辭種痘先生」〔註 78〕道光二十九年，也許李棠階所處的區域正經歷一場嚴重的天花傳染，四月六日「辰正後，往六吉先生處看王洪疇，說種痘。」〔註 79〕同時他自己也在閱讀關於種痘的醫書《引痘略》。本月十九日「傍晚洪疇來，約明日往與小兒、小侄種痘。」〔註 80〕二十一日「辰刻往邀洪疇種痘，午刻來，未申間完，飯後送去。」〔註 81〕隨後小兒和侄子都被成功種了痘。由上可知，道光二十一年（1841）種「牛痘」之術已經由廣東傳播到了北方遙遠的京城，距此種技術傳入我國之初僅過去三十餘年。李棠階在鄉里的「種痘」活動表明，這種技術已經深入普及到鄉村之中。

時代變遷，技術的有效發展與傳播造成了醫療活動職業化的新轉變。「人痘」技術在江南出現之後，就有人開始利用其抵抗天花並從中獲利。隨著「牛痘」技術的引進與傳播，李棠階的家人已經在京城開始學習種「牛痘」之術。李棠階家鄉附近的區域之內，也形成了種「牛痘」的醫者群體，這是職業細緻劃分的表現。李棠階不僅寫信推辭掉登封朋友推薦的種痘醫者，也沒有選擇家人給子侄種痘，而是邀請附近的專業牛痘醫者王洪疇種痘。此種醫者職

〔註 74〕詳見廖育群，牛痘法在近代中國的傳播〔J〕，中國科技史料，1988，9（2）：36～44。

〔註 75〕李棠階著，穆易校點，李文清公日記〔M〕，道光二十一年，六月二十日，長沙：嶽麓書社，2010：389。

〔註 76〕李棠階著，穆易校點，李文清公日記〔M〕，道光二十一年，七月十四日，長沙：嶽麓書社，2010：397。

〔註 77〕李棠階著，穆易校點，李文清公日記〔M〕，道光二十六年，四月七日，長沙：嶽麓書社，2010：579。

〔註 78〕李棠階著，穆易校點，李文清公日記〔M〕，道光二十六年，四月二十五日，長沙：嶽麓書社，2010：582。

〔註 79〕李棠階著，穆易校點，李文清公日記〔M〕，道光二十九年，四月六日，長沙：嶽麓書社，2010：684。

〔註 80〕李棠階著，穆易校點，李文清公日記〔M〕，道光二十九年，四月十九日，長沙：嶽麓書社，2010：687。

〔註 81〕李棠階著，穆易校點，李文清公日記〔M〕，道光二十九年，四月二十一日，長沙：嶽麓書社，2010：687。

業的分化與轉變，一方面是由於醫療技術的突破，另一方面也因爲當時天花傳染肆虐。

清末，種「牛痘」之術的傳播促進形成新的專業醫者群體，此外，李棠階的生活中還出現了醫者職業細緻劃分的現象。道光二十八年三月四日，「杜獸醫來，冗話許久。」〔註82〕道光二十七年二月，李棠階「延醫爲弟婦看眼。據言非眼疾，乃偏風。」〔註83〕也許是不太信任醫員的醫術，李「傍晚又請眼科」〔註84〕。在眼科醫者斷續來診病的同時，李常抽出時間陪同醫者，「至夜皆陪醫話，眼科陳堂曜也。」〔註85〕對於醫者職業如此細緻明確的區分是此時段醫療活動發展新的轉變，是在竇克勤、胡具慶的生活中完全沒有過的現象。醫者職業分科更加細緻，是個人對自我身體認知的深化。

明清以來的經濟發展與社會變遷，不僅使得人口大量增長，還使得士子依靠科舉等傳統路徑獲取權勢與社會威望的道路越加艱難。「加劇的社會身份競爭增加了對書籍的需求，不但作爲進取的手段，也是勝利的標誌。」〔註86〕在清代士人的文化活動需求刺激下，不僅傳統的官刻、坊刻、家刻發展迅猛，書院中的刊刻活動也非常繁榮〔註87〕。這種情況下作爲士人群體中的個體也出現了新的病症。書籍的豐富，使考取功名或在文化方面有所建樹的人過度用眼，再加上不利的照明條件，非常容易造成眼睛近視。我們由竇克勤、李棠階的例子可知，他們生活中出現的「目疾」、「眼疾」頗多，但他們並不瞭解確切的病理，對於眼睛構造的認知也從未涉及。咸豐四年二月十五日李棠階「往廟會買近視眼鏡，無此物，即歸。」〔註88〕李棠階也許年輕時在京城聽說近視眼鏡這一物件，並模糊瞭解到一些治療眼疾的「神奇」功效。年輕

〔註82〕李棠階著，穆易校點，李文清公日記〔M〕，道光二十八年，三月四日，長沙：嶽麓書社，2010：633。

〔註83〕李棠階著，穆易校點，李文清公日記〔M〕，道光二十七年，二月十二日，長沙：嶽麓書社，2010：570。

〔註84〕李棠階著，穆易校點，李文清公日記〔M〕，道光二十七年，二月十二日，長沙：嶽麓書社，2010：570。

〔註85〕李棠階著，穆易校點，李文清公日記〔M〕，道光二十七年，三月十二日，長沙：嶽麓書社，2010：575。

〔註86〕〔美〕高彥頤著，李志生譯，閨塾師——明末清初江南的才女文化〔M〕，南京：江蘇人民出版社，2005：36。

〔註87〕詳見李景文，清代河南書院刊刻淺論〔J〕，史學月刊，1994（5）：102～108，

〔註88〕李棠階著，穆易校點，李文清公日記〔M〕，咸豐四年，二月十五日，長沙：嶽麓書社，2010：842。

時的他並未受此病痛困擾，也許在年老之後視力下降，卻無處購得此物。李棠階將自己眼疾判斷爲近視，並尋求「近視眼鏡」的治療方法值得注意，這也是他對人體器官認知的深化。

對抗天花等傳染病的新手段，以及社會因素的變遷引起醫者職業的細緻劃分是清代後期醫療活動的新轉變。新的醫療技術造福於人，新的社會環境使人產生新疾病。此外，在晚清，我們還看到李棠階的生活中出現了初具今日醫院功能的藥行。這些轉變都與城市人口擴張速度加快，物流業的發展與繁榮，脫離農業的過剩人口增多有莫大關聯。

五、討論

由上文可知，清代士人就醫行爲的地域差異明顯，由於城市中醫者眾多，醫療資源易於獲取而促使病患在患病後及時求醫，並頻繁更換醫者以期達到最佳療效，醫患雙方關係相對簡單。縣域中醫者數量稀少，獲取醫療資源不易，所以導致患者遷延療病，或者療病不易的現象。此外，患者也嘗試自我療治。縣域中醫患雙方身份相對固定，聯繫緊密。

清代中後期，醫者職業出現細緻的區分，對傳染病有了新的診療技術，社會的發展引起了新的疾病，這些都表明個人對身體的認知程度加深。儘管如此，當時的醫療條件和水平我們仍不可過高估計。在日記作者的生活中，親屬因病離世是司空見慣的現象。這樣的情況下，對於病痛的治療有時就需要借助外在的神秘力量，竇克勤本人就在康熙十八年六月「十八日爲母病目祝神」〔註 89〕，然後在「十九日母目愈祭神」〔註 90〕。李棠階的日記中「因小兒痘後百日，內人妄祀。」〔註 91〕李棠階雖然對妻子的行爲很反感，但他也會因「早年亡弟婦因小兒病許戲，茲以三齣酬神。諸從簡約，心到而已。」〔註 92〕這是對神明保祐孩子健康的感激。普通人在無助與彷徨時選擇求助神靈意在求得心理的安慰與平靜。而朝廷中的大臣也不例外，竇克勤在京時，「內

〔註 89〕竇克勤，尋樂堂日錄，卷一，康熙十八年，六月十八日，歷代日記叢鈔〔M〕，北京：學苑出版社，2006：10 冊，486。

〔註 90〕竇克勤，尋樂堂日錄，卷一，康熙十八年，六月十九日，歷代日記叢鈔〔M〕，北京：學苑出版社，2006：10 冊，488。

〔註 91〕李棠階著，穆易校點，李文清公日記〔M〕，道光二十七年，七月二十六日，長沙：嶽麓書社，2010：598。

〔註 92〕李棠階著，穆易校點，李文清公日記〔M〕，咸豐八年，九月十二日，長沙：嶽麓書社，2010：992。

閣詹翰國子監共一處作佛事祈禱。」〔註 93〕爲皇帝祈福，祝龍體早日康復。

相信神靈有超人的力量能夠幫助療病是一種常見的心理暗示。而關於疾病的治療與禁忌則更真切的反映了清代的醫療水平。咸豐元年七月二十二日「未刻，瘋狗走入院，將小兒左脅掛破。村有善禁者，立即請來禁過，又將陳清光所施藥挑破敷之，用鑼敲過，以後不忌銅器。此等意外之災，必皆自己不善所致，深自悚懼……」〔註 94〕二十四日「早寫忌銅器條，村頭貼之。聞處地窖中則不聞聲，亦令如法爲之。〔註 95〕」對於狂犬病的無法醫治和恐懼，促使人們產生怪異的禁忌。

整個社會的醫療水平有限造成了人們對身體、病痛的認識不足。這也造成了人們盲目崇拜，寄託於神秘力量的現象，這不僅表現在普通人身上，也發生在宮廷之中。雖然京城的醫療活動頻繁，醫療水平應當代表社會的最高水準，但仍無法避免居民因病痛大量死亡的現象。凡此種種，都在呼喚現代公共衛生醫療體系的建立，唯有如此，才能保證較高的生活品質與生命質量。

〔註 93〕 賓克勤，尋樂堂日錄，卷十九，康熙四十一年，二月八日，歷代日記叢鈔〔M〕，北京：學苑出版社，2006：13 冊，361。

〔註 94〕 李棠階著，穆易校點，李文清公日記〔M〕，咸豐元年，七月二十二日，長沙：嶽麓書社，2010：777。

〔註 95〕 李棠階著，穆易校點，李文清公日記〔M〕，咸豐元年，七月二十四日，長沙：嶽麓書社，2010：777～778。

第五章　結　語

竇克勤生活在清代政權剛剛穩定之下的社會中，他的出生與成長經歷中經常提起明清之際的動盪給整個社會帶來的創傷。就他個人而言，與其他士人並無多少差別，堅持進行讀書、考取功名的活動。他自身天賦尚可，再加上後天的勤奮，所以他的仕途比較順利。他生活中的幾件大事，尤其是創辦朱陽書院，正是處於清代初年社會百廢待興的潮流當中。他與周邊地區紳士的交往與互動，以及對於區域社會中各個領域的影響，我們通過他的故事都能夠觀察的非常眞切。他的生活內容與整個時代的風格一致，是政權初創之後的穩定與興復。

胡具慶生活在接近清代中葉的盛世時期。他具有相對較好的家世與傳承，可能由於他在學術方面的資質尋常，所以直到他死去時仍僅具有舉人身份，未獲得更高一級的功名。他生活的時代大部分屬於乾隆朝的盛世，他本應潛心研究學術之後，順利爲官並努力實踐自己的「仁政」理念。但恰巧他在石泉縣爲官時遇到了第一次征討大小金川的戰爭。通過他的生活我們可知，盛世的局面是整體的，而在局部仍有戰亂。在戰爭的社會動員過程中，他顯得無所適從，所以辭官返鄉。由他的故事我們既能夠感受到整個地區的繁榮與穩定，也可以感受到局部的衝突與不安。

李棠階主要生活在清代中後期開始轉向亂世的時代。他的家世貧寒，但由於天資聰穎，所以年輕時便中舉並長期在京城爲官。在京爲官時，他的生活中經歷了鴉片戰爭等戰亂，他爲此擔憂並痛苦。待到他前往廣東任學政時，更深切體會到戰爭給黎民帶來的苦難。鄉居時，李棠階所處區域頻繁遭遇氣象災害和社會動盪，他生活中經歷了太平軍、捻軍、長槍會等軍事行動給社會帶來的創傷。李棠階的故事把清末的亂世景象折射的非常眞切，而這樣的社會環境對於他本人來說竟成爲一種巨大的機遇。無論他居官或鄉居時對社會問題的觀察與思考，還是他平日不斷閱讀關於儒學、居官、地理、海防等書籍，都促使他返京後迅速升遷直至位高權重。

興復、平穩、動盪是這三位士人生活的關鍵詞匯，也是整個清代從前到後不同階段的基本特徵。他們是大時代下的小人物，生活不免受到時代形勢的強烈影響。不過，他們也嘗試以自己的能動性改造世界，竇克勤嘗試弘揚正學，胡具慶嘗試施行仁政，李棠階則嘗試拯救百姓。總之，身爲士人，無論身份高低，都會有一種特殊的使命感。

儒學正統觀念與科舉考試選拔官吏的制度，共同促成了士人的特殊身份與地位。除了我們知道官府與社會共同賦予他們的特權之外，除了將他們視爲社會與國家之間的協調者之外，除了上文探討過他們對於自我身份的強烈認同之外，我們能夠注意到的是，這類人群對於理想的執著追逐，當然他們的一切活動又無法脫離自晚明以來，整個社會形成的三教合一的傳統。隨著科舉考試停罷，傳統社會的終結，士人身份不復存在了，他們所執著的功名，對君王的忠誠等信念也隨之消逝。

關於日記的開端問題。〔註 1〕竇克勤記錄日記起源於每日對學問的思考，康熙十四年末他記錄到：「是年始爲學，隨所誦讀，有會日劄記之。」〔註 2〕這段記錄明確表示他的日記與學業相關。胡具慶記錄日記的起因也大多來自於對學問的思索。這與他自己的性格偏好有關，他更傾向於討論純粹學理的內容。而李棠階則不同，他記錄日記的起點大多與同事的類似行爲相關，他們並不過多討論純粹學術的內容，而更重視實踐。李棠階日記的持續進展與自己每日的修持行爲有直接聯繫，他是爲了自我反省才記錄日記的，隨後他記錄的內容才逐漸拓展。

關於日記的價值問題。士人記錄日記首先在於逐日記錄與己相關之事，以爲後世垂範，這是許多士人畢生追求的目標。記錄內容則以家庭瑣事、社會問題、學術探討、重大歷史事件等爲主。當然，除此之外，日記的功能與價值還在於自我對話，增強自我認同感。比如竇克勤同考康熙三

〔註 1〕相對而言明代的諸多日記則目的性不甚明顯，有爲了記錄日記而記錄的特徵，如《祁忠敏公日記》《味水軒日記》《快雪堂日記》等。

〔註 2〕竇克勤，尋樂堂日錄，卷一，康熙十四年末，歷代日記叢鈔〔M〕，北京：學苑出版社，2006：10 冊，409。

十九年京城會試前的誓文事件，雖然不被眾人理解，但他卻把這樣的行爲記錄在日記中。他寫下這些內容，不僅爲了強化自己對於道德價值的評判，也爲在此後反覆閱讀的過程中增強自我認同感，可能還希望別人能夠關注，或許是自己的兒子，或許是自己的學生。甚至，他可能考慮到自己離開人世，日記公開出版之後，讀者之中也會有人贊許他堅守道德的行爲。再次，在堅持記錄與書寫的過程當中也會不斷強化士人在社會中的崇高地位。尤其是我們前文當中提到李棠階與倭仁等友人共同因互相批閱日記形成的一種以日記反省的群體性行爲，這都是無論作爲個體或者一種群體而言身份的突出彰顯。自唐宋時期日記文體成熟以來，到了清代，伴隨三教合一和宗教世俗化趨勢的加強，除了記錄日常生活中與己相關的事件之外，日記的功能性顯著增強。

關於日記中作者形象的塑造問題。社會中存在形形色色的個人，每個人都是複雜而多面的。日記這一特殊文本反映了作者的特殊心理狀態。他們都有各自的人生追求與目標，他們日日在不停書寫的正是理想中所能極力達到的自我。他們避重就輕的書寫方式未必刻意而爲，他們以及親朋對自己的期望逐漸與日記作者的形象融合。但這樣的文本卻會使閱讀者跟隨作者的思路前行，一步一步地走向光輝、偉岸的形象。日記中所體現的形象未必最接近眞實，作者及其親友的主觀意圖對作者形象無形中的塑造非常重要。他們都通過一種無形的力量塑造自己內心嚮往或者追求的完美人生，創作日記中的內容就是他們的生活現實與理想之間的雜糅，是一種由多人參與，複雜情感意志澆築成的果實。

生活在清初的竇克勤少年時就頗富才華。康熙六年，年僅十五歲的他考取了秋季縣試第一名，「邑侯尹公正始，吳縣人，初下車，詢予姓名，嘉其能文，予枉識所爲，後知計甫草先生曾有謬揚處也。」〔註 3〕將別人誇讚自己的語句記錄在日記中，並表示謙虛接受，這是一種良好個人形象的展示。竇克勤從康熙十一年冬赴京會試開始，經歷了一段漫長的科考過程。此次京城會試並不順利，隨後雖然他依然注重舉業的攻取，但同時在心理上也慢慢轉向尋求對於失敗的慰藉和調適。康熙十四年，「夏五月，讀諸子大學章句序，始知學求爲己，遂奮志聖賢之學，求小學性理諸書讀之，不

〔註 3〕竇克勤，尋樂堂日錄，卷一，康熙六年，歷代日記叢鈔〔M〕，北京：學苑出版社，2006：10 冊，391。

復攻舉子業。」〔註4〕在經歷了多次失利後，他把目光轉向了對於學問的求眞。竇克勤強調學問的純潔性，表示不願爲了科考而廢棄對於學術的追求。自康熙十一年竇克勤中舉，到他中進士的康熙二十七年歷經十六年，在這些年的日記中能夠讀到的大多是每日忙於讀書、交友、論學、以及擔任泌陽縣教諭的忙碌工作。至此，讀者似可拍案擊節，讚賞他確是一位心無旁騖，一心求眞學問的眞儒、大儒。他只在日錄中偶而提及「修舉業」三字。大抵因爲數次失敗的苦悶，他並不願過多留下關於此事的記錄。但僅僅三字卻能夠表現出他多年來付出的巨大努力。每隔三年舉行一次的會試，在日記中被輕描淡寫的記錄，彷彿一次又一次的失敗已在作者意料之中。然而，中式那一天，他終於忍不住內心的澎湃，將自己試卷文章數千字抄錄在日記中，內容枯燥，但他寫得卻很投入，足見他內心甚爲喜悅。如不細加體察，日記中大段的內容用來闡述作者一心只爲學問，對於爲了應付科考而喪失學問純潔性所持的批評態度，讀者更容易把他理解爲不食人間煙火的「世外高人」。

竇克勤在二十三歲以後的日記愈加詳細，此後的內容也是對於自我志趣、思想的一種集中闡述。康熙十四年冬十月十五日，他寫下了《祭二姑母文》，文章描述了他家庭的不幸，以及對姑母的懷念。「姑事舅姑孝，事吾姑丈敬，以紡績佐誦讀不輟。撫育子女亦嚴亦慈，洞悉愛而能勞之義，至御僕奴，又極寬恕。人被慈風，姑若此，可以媿世之丈夫，而未能有者。嗚呼！姑幸存於二十年之內，而死於今日……」〔註5〕作者不僅把言志的悼文、詩歌等內容大量記錄在日記中，還留下了很多家規、家訓、言志散文。康熙十九年四月，「喜聞二伯父信，即赴安慶尋訪。二伯父亂離遭擄，音信杳然，有安慶李姓同寓言及。彼云伊友某姓，常言離家之狀，泣湧如泉，自謂實係竇姓。與細詢之，與予大母平時所言體貌年齒，皆相符，喜不自勝，即日登舟赴安慶……」〔註6〕竇克勤隨後前往安慶探訪未果，於是他創作了感傷的詩句，「誰知骨肉聚非眞，夢裏團員空笑頻。多是長江債未了，西風皖地送行人。」由於戰亂而失去聯繫的二伯父，與姑母相同，受到了竇克勤十分的牽掛，字裏

〔註4〕竇克勤，尋樂堂日錄，卷一，康熙十四年，歷代日記叢鈔〔M〕，北京：學苑出版社，2006：10冊，409。

〔註5〕竇克勤，尋樂堂日錄，卷一，康熙十四年，十月十五日，歷代日記叢鈔〔M〕，北京：學苑出版社，2006：10冊，407～408。

〔註6〕竇克勤，尋樂堂日錄，卷二，康熙十九年，四月十二日，歷代日記叢鈔〔M〕，北京：學苑出版社，2006：10冊，514～515。

行間流露出作者眞情男兒的動人形象。

在日常生活中，竇克勤還創作或引用名言來不斷自我提醒。如康熙十五年六月寫下的《六要自警》「敬勝怠者吉……君子戒愼乎其所不睹，恐懼乎其所不聞。莫見乎隱，莫顯乎微。故君子必愼其獨也，言忠信、行篤敬，立則見其參於前也……」〔註 7〕作者在這裡提出了愼獨的內容，這是傳統士大夫提高自身修養必備的修持項目。竇克勤在閑暇時間創作了《驅鼠文》和《窒欲銘》。從中我們能夠讀出他近似刻板自我修持的心路歷程。「靜夜對案，潛求養心寡欲，求放心存夜氣諸義，忽聞群鼠聚，竊起而驅之。少間，反之吾心，不覺與所潛求者有適合焉，蓋所潛求者，治欲之方，未必不可作驅鼠觀也。夫鼠之爲竊也易，吾之驅鼠也難；稍縱逸之，鼠斯竊之矣。鼠何罪哉，皆不肯驅者之罪爾，因爲驅鼠文，以志警云」〔註 8〕竇克勤洋洋灑灑寫了長篇的《驅鼠文》表達的也是提高自身道德修養的一種態度。老鼠作爲一種欲念的代表，作者認爲它的存在是合理而自然的，總會不斷的走入每個人的內心，但重要的不是迴避老鼠的存在，不是忽視欲望的強烈影響，而應重視自身「驅鼠」能力的培養，從而達到作者追求的養心寡欲，放心存氣的境界。作者在日記中大量記錄自我警醒，每日用功讀書的內容，無疑留給讀者踏實、勤奮、謙虛的印象。讀者讀至此處，作者的偉岸形象已被刻畫得十分清晰。

在《驅鼠文》的內容中，作者一再透露自家貧困，需堅持節儉。此外他在康熙十六年制定了《崇儉約》，並大力提倡移風易俗，表達了對於世風奢侈的批判和不滿。竇在一首詩中將自己生活的窘態描述得淋漓盡致，「低聲向兒問食性，兒言食喜斷菜根。」〔註 9〕儘管他一再表露自己非常貧困，我們仍能夠仔細體察：日記中竇克勤除了讀書之外並沒有別的主業，但卻有能力養育多個子女；在中舉之後，長達十六年的時間內他除讀書之外，參加科考、與友人交遊等事項都需要大量花費；竇克勤在鄉里創辦朱陽書院，並修建園林，以及因擴建書院與鄰居動輒置換十幾間房產等事件。以此我們可以推斷他的家境應當比較殷實，他認爲自家貧困只是一種主觀感受，在這樣的條件下提

〔註 7〕竇克勤，尋樂堂日錄，卷一，康熙十五年，六月二十日，歷代日記叢鈔〔M〕，北京：學苑出版社，2006：10 冊，416～417。

〔註 8〕竇克勤，尋樂堂日錄，卷一，康熙十五年，十月，歷代日記叢鈔〔M〕，北京：學苑出版社，2006：10 冊，433。

〔註 9〕竇克勤，尋樂堂日錄，卷十五，康熙三十七年，四月八日，歷代日記叢鈔〔M〕，北京：學苑出版社，2006：13 冊，31。

倡節儉更成了一種美德。

多年後，在兒子的極力促成下，《尋樂堂日錄》出版了。序言請當時河南巡撫執筆，自然免不了美言一番。日記附錄中收錄了多篇竇克勤離世後他人爲其所作的行略、傳、拾遺、祭文、挽詩等，內容豐富，情感眞摯。「江南學使者與先生有舊，一生挾八百金，求通於學使。先生曰，以此濫入膠庠，奈屈抑寒素何？力絕之。崑山尙書徐公聞之，曰，『眞古君子也，愛一言擲八百金，尙有別事可移其志乎？』」〔註 10〕附錄中大量記錄了此類由他人回憶，關於竇克勤生前的事蹟。通過以上種種方式，竇克勤的形象被塑造的光輝、偉岸、正派而溫情，他的形象顯得高大而豐滿。

生活在清代末年的李棠階，他創作的《李文清公日記》同樣充斥著對作者形象的塑造。李棠階是清末與倭人齊名的大儒，他由於秉持儒學而養成了嚴肅的心性修養習慣。他幾乎每日都會記錄自己的言行、舉止、思慮，並加以反省。如「卯初起，坐至卯正，妄、雜念十八。至辰初，與母親閒話。盥洗。食點心。妄、雜念八。檢一戲動。」〔註 11〕這樣的行爲在他的日記中比比皆是，他幾乎每日都以這種方式來與自己的雜念、妄念、戲念、色念等不好的念頭戰鬥。又如「卯刻起坐，遏戲念、妄念二……觸物搖奪，工夫不實，直是虛度歲月耳。食點心時妄念二……寢時妄念牽纏。」〔註 12〕早起、讀書、吃點心、將要睡覺時，在一日中的時時刻刻，李棠階都在對自己的行爲作出警醒與剖析，讀至此處，令讀者肅然起敬。此時他的行爲、形象已經非常生動地展現在讀者面前。

如僅僅關注表面行爲，李棠階整日似乎僅忙於工作、自省、修行，讀者很容易被帶入作者的思路。作者的日記中這些內容佔據了大部空間，然而，僅在道光十四年冬季的幾個月中，他就在不間斷地主持或參與數量龐大的宴請、祝壽、飲酒、聽戲、牌戲、消寒會等活動。這些活動無一不以娛樂爲主題，而這些活動在日記中只是輕描淡寫的一筆帶過。如不細加體察，讀者便很難想像李棠階的眞實生活境況。如果僅僅注意到作者著力描述的修爲與自

〔註 10〕竇克勤，尋樂堂日錄，卷二十五，附錄，歷代日記叢鈔〔M〕，北京：學苑出版社，2006：14 冊，233。

〔註 11〕李棠階著，穆易校點，李文清公日記〔M〕，道光十四年，二月三十日，長沙：嶽麓書社，2010：3。

〔註 12〕李棠階著，穆易校點，李文清公日記〔M〕，道光十四年，三月十七日，長沙：嶽麓書社，2010：8。

律，忽略幾乎日日充斥著的長時段的娛樂活動，我們很容易把他看做嚴肅過頭的正統儒者。如我們能夠展開想像的空間，就會發現他把大量時間用在宴飲、祝壽、聚會、聽戲等娛樂活動中，那麼對日記中描述的形象是否會大打折扣呢？

不僅在日常生活的瑣碎事件中表現出正派的形象，在面對大事件時，李棠階也給人留下光輝的印象。鴉片戰爭發生後，李第一次詳述此事：「何小笠來，說英逆事三四刻。至晚，查地理及緬甸、江浙各圖。」〔註 13〕隨後，他利用身爲翰林的職務之便，不斷查閱沿海各省的海防情況，不斷閱讀各種關於海防的書籍，還常常因海防之事牽纏，睡不好覺，與別人談話的內容也多集中於海防。雖然京城距戰爭較遠，李每日仍然過著平靜的生活，工作中也少不了休閒、娛樂，但總不時的有此事干擾他的神經。這些行爲與記錄，足見李棠階胸懷天下的氣度。李棠階賦閒在鄉時也不忘關心鄉里事務與民間疾苦。日記這樣一種特殊文本，似乎難以展現作者齷齪、猥瑣的一面。然而他的生活、工作也與其他人一樣的平凡，他只是把自身志趣所向詳加記錄。而這些已經足以使他的形象顯得更加正派、偉岸、高大。

晚清士人有堅持寫日記以自警，朋友之間互相批閱的風氣。明知自己的日記將被他人閱讀，我們也可以猜測在描述不同事件時作者可能做了怎樣的技術處理。李棠階並不例外，他的日記在多年之後出版時，還是請名人徐世昌做了序言。徐認爲李棠階是「中州理學之傳……其居最後以儒修得大名者，則倭文端、李文清二公……公忠恪篤，佐天子以甄拔賢良，勘定大亂，事功炳焉。」〔註 14〕他認爲李棠階在儒學方面與倭仁齊名，又爲朝廷做出了很大的貢獻。如此一來，李棠階的偉岸形象變得更具立體感。

社會心理學中有一種概念稱爲印象管理，就是個人試圖控制別人對自己形成某種印象的過程。印象管理的重要途徑是自我表現或者自我呈現。清代士人通過有意識的加工自我創作的日記，以不同側面反映事件，並記錄內容，隨後又雜糅了他們親友意願的出版等多種方式，共同塑造了作者一種近似光輝、偉岸、完美的人格形象。而這種形象又往往被讀者在閱讀過程中片面的感知，就形成了對於作者及其家族後代這一群體的有利格局。作者家族的後

〔註 13〕李棠階著，穆易校點，李文清公日記〔M〕，道光二十年，六月二十七日，長沙：嶽麓書社，2010：285。

〔註 14〕李棠階著，穆易校點，李文清公日記〔M〕，徐世昌序，長沙：嶽麓書社，2010：1。

代與親友又極有可能在這種有利的局面中獲得財富與聲望的收益。這種形象塑造的過程在一定程度上反映出清代日記中的普遍情況。這是我們在閱讀古代文人日記的過程中不能不引起注意的地方，當然，想要接近歷史的眞實面目，需要我們利用多方面材料對比，尤其涉及到與作者相關的方志、文集以及與其交往密切人物的書信、日記等內容。

參考文獻

一、古代文獻

1. 竇克勤，尋樂堂日錄，歷代日記叢鈔〔M〕，北京：學苑出版社，2006。
2. 胡具慶，庚復日記，歷代日記叢鈔〔M〕，北京：學苑出版社，2006。
3. 胡具慶，甲初日記，歷代日記叢鈔〔M〕，北京：學苑出版社，2006。
4. 李棠階著，穆易校點，李文清公日記〔M〕，長沙：嶽麓書社，2010。
5. 馮夢禎著，丁小明點校，快雪堂日記〔M〕，南京：鳳凰出版社，2010。
6. 李日華著，屠友祥校注，味水軒日記校注〔M〕，上海：上海遠東出版社，2011。
7. 祁彪佳，祁忠敏公日記，歷代日記叢鈔〔M〕，北京：學苑出版社，2006。
8. 倭仁，倭艮峰先生日記，道光二十六年，正月，歷代日記叢鈔〔M〕，北京：學苑出版社，2006。
9. 耿介著，梁玉瑋等校點，敬恕堂文集〔M〕，鄭州：中州古籍出版社，2005。
10. 趙爾巽等，清史稿〔M〕，北京：中華書局，1976。
11. 清聖祖實錄，北京：中華書局，1985。
12. 宣宗成皇帝實錄。
13. 文宗顯皇帝實錄。
14. 穆宗毅皇帝實錄。
15. 王鍾翰點校，清史列傳〔M〕，北京：中華書局，1987。
16. 史鑒，康熙三十九年（1700）柘城縣志。
17. 倪明進，道光八年（1828）泌陽縣志。
18. 戴肇辰，光緒五年（1879）廣州府志。
19. 阮元，同治三年（1864）廣東通志。

20. 趙德林，道光十四年（1834）石泉縣志。
21. 王其華，乾隆24年（1759）溫縣志。
22. 田文鏡，光緒二十八年（1902）河南通志。
23. 史延壽，民國二十年（1931）續武陟縣志。
24. 王榮陛，道光九年（1829）武陟縣志。
25. 朱熹，四書章句集注〔M〕，北京：中華書局，2013。
26. 朱熹，呂祖謙，朱子近思錄〔M〕，上海：上海古籍出版社，2012。
27. 朱熹，朱子家禮孝經〔M〕，北京：中華書局，2007。
28. 禮記，北京：中華書局，2007。
29. 金庸齋，居官必覽。
30. 文昌帝君陰騭文，勸善書注譯〔M〕，北京：中國社會科學出版社，2004。
31. 太微仙君功過格，勸善書注譯〔M〕，北京：中國社會科學出版社，2004。
32. 增廣賢文、弟子規、朱子家訓〔M〕，長沙：嶽麓書社，2011。

二、當代著作

1. 〔美〕沈艾娣著，趙妍傑譯，夢醒子——一位華北鄉居者的人生（1857～1942）〔M〕，北京：北京大學出版社，2013。
2. 陳左高，歷代日記叢談〔M〕，上海：上海畫報出版社，2004。
3. 葛兆光，中國思想史〔M〕，上海：復旦大學出版社，2013。
4. 馮爾康，清代人物三十題〔M〕，長沙：嶽麓書社，2012。
5. 馮爾康，常建華，清人社會生活〔M〕，天津：天津人民出版社，1990。
6. 馮爾康，清代人物傳記史料研究〔M〕，北京：商務印書館，2000。
7. 馮爾康，清史史料學〔M〕，北京：故宮出版社，2013
8. 〔日〕酒井忠夫著，劉岳兵等譯，中國善書研究（增補版）〔M〕，南京：江蘇人民出版社，2010。
9. 張研，清代縣級政權控制鄉村的具體考察——以同治年間廣寧知縣杜鳳治日記爲中心〔M〕，鄭州：大象出版社，2011。
10. 常建華，觀念、史料與視野——中國社會史研究再探〔M〕，北京：北京大學出版社，2013。
11. 常建華，宋以後宗族的形成及地域比較〔M〕，北京：人民出版社，2013。
12. 常建華，清代的國家與社會研究〔M〕，北京：人民出版社，2006。
13. 常建華，社會生活的歷史學——中國社會史研究新探〔M〕，北京：北京師範大學出版社，2006。
14. 趙世瑜，腐朽與神奇——清代城市生活長卷〔M〕，長沙：湖南人民出版社，2006。
15. 趙世瑜，小歷史與大歷史——區域社會史的理念、方法與實踐〔M〕，北京：三聯書店，2010。
16. 〔美〕魏斐德著，陳蘇鎮等譯，洪業——清朝開國史，南京：江蘇人民出版社，2005
17. 〔美〕史景遷著，朱慶葆等譯，太平天國〔M〕，桂林：廣西師大出版社，2012。
18. 〔美〕艾爾曼著，趙剛譯，從理學到樸學——中華帝國晚期思想與社會變化面面觀，南京：江蘇人民出版社，2012。
19. 〔日〕濱島敦俊著，朱海濱譯，明清江南農村社會與民間信仰〔M〕，廈門：廈門大學出版社，2008。
20. 周積明，宋德金，中國社會史論〔M〕，武漢：湖北教育出版社，2005。
21. 張仲禮，中國紳士研究〔M〕，上海：上海人民出版社，2008。
22. 〔美〕史景遷著，朱慶葆等譯，太平天國〔M〕，桂林：廣西師範大學出版社，2012。
23. 〔美〕史景遷著，溫洽溢譯，康熙——重構一位皇帝的內心世界〔M〕，桂林：廣西師範大學出版社，2013。
24. 馮爾康等，中國宗族史〔M〕，上海：上海人民出版社，2009。
25. 鄭杭生等，社會學概論新修（第三版）〔M〕，北京：中國人民大學出版社，2004。
26. 〔加〕卜正民著，張華譯，爲權力祈禱——佛教與晚明中國士紳社會的形成〔M〕，南京：江蘇人民出版社，2008。
27. 周榆華，晚明文人以文治生研究〔M〕，廣州：廣東高等教育出版社，2011。
28. 趙素文，祁彪佳研究〔M〕，北京：中國社會科學出版社，2011。
29. 陳寶良，明代的儒學生員與地方社會〔M〕，北京：中國社會科學出版社，2005。
30. 〔法〕菲利普·阿利埃斯，〔法〕喬治·杜比著，楊家勤等譯，私人生活史：星期天歷史學家說歷史——從私人帳簿、日記、回憶錄到個人肖像全紀錄〔M〕，哈爾濱：北方文藝出版社，2013。
31. 〔荷〕許理和著，李四龍等譯，佛教征服中國——佛教在中國中古早期的傳播與適應〔M〕，南京：江蘇人民出版社，2005。
32. 〔日〕溝口雄三等編，孫歌等譯，中國的思維世界〔M〕，南京：江蘇人民出版社，2012。
33. 〔美〕白馥蘭著，江湄等譯，技術與性別——晚清帝制中國的權力經緯〔M〕，南京：江蘇人民出版社，2010。

34. 〔加〕卜正民著，陳時龍譯，明代的社會與國家〔M〕，合肥：黃山書社，2009。
35. 〔美〕科大衛著，卜永堅譯，皇帝和祖宗——華南的國家與宗族〔M〕，南京：江蘇人民出版社，2010。
36. 〔美〕韓書瑞，〔美〕羅友枝著，陳仲丹譯，十八世紀中國社會〔M〕，南京：江蘇人民出版社，2009。
37. 邸永君，清代翰林院制度〔M〕，北京：社會科學文獻出版社，2007。
38. 〔美〕高彥頤著，李志生譯，閨塾師——明末清初江南的才女文化〔M〕，南京：江蘇人民出版社，2005。
39. 衷海燕，儒學傳承與社會實踐——明清吉安府士紳研究〔M〕，北京：世界圖書出版公司，2010。

三、論文集

1. 常建華，盛清吳中士人生活的寫照——清人筆記龔煒《巢林筆談》的生活史資料價值〔C〕，中國社會歷史評論第 11 卷，2010。
2. 余新忠，明清時期孝行的文本解讀——以江南方志記載爲中心〔C〕，中國社會歷史評論第 7 卷，天津：天津古籍出版社，2006。
3. 張傳勇，清代「停喪不得仕進」論探析——兼及清代國家治理「停喪不葬」問題的對策〔C〕，中國社會歷史評論第 10 卷，天津：天津古籍出版社，2009。
4. 張笑川，鄭孝胥在上海的遺老生活（1911～1931）——以《鄭孝胥日記》爲中心〔C〕，中國社會歷史評論第 13 卷，天津：天津古籍出版社，2012。
5. 林愷欣，卞白眉在京津地區的生活與思想面貌（1914～1929）〔C〕，中國社會歷史評論，天津：天津古籍出版社，2012。
6. 王汎森，明末清初的人譜與省過會〔C〕，臺灣「中央研究院」歷史語言研究所集刊，1993，63（3）：679～712。
7. 劉雲杉，帝國權力實踐下的教師生命形態：一個私塾教師的生活史研究〔C〕，中國教育：研究與評論第 3 期，北京：教育科學出版社，2002（11）：143～173。

四、學位論文

1. 趙素梅，成就內聖人格——劉大鵬人生觀初探〔D〕，太原：山西大學哲學社會學學院，2006。
2. 齊德舜，清乾隆攻打川西北大小金川戰役研究〔D〕，蘭州：蘭州大學民族學研究員，2007。
3. 王雨容，宋代日記體遊記文體研究〔D〕，桂林：廣西師範大學文學院，2007。

4. 毋忠華，宋代日記研究〔D〕，成都：四川大學文學與新聞學院，2006。
5. 曹曉雲，祁彪佳視野下的晚明吏治〔D〕，上海：華東師範大學人文社科學院，2010。
6. 汪禮霞，祁彪佳及其日記研究〔D〕，合肥：安徽大學文學院，2011。
7. 王陽陽，《奉使朝鮮驛程日記》初探〔D〕，延吉：延邊大學人文社會科學學院，2012。
8. 熊相明，清代司法訴訟中的士人干訟研究〔D〕，長春：吉林大學法學院，2013。
9. 顧靜，周必大日記研究〔D〕，蘭州：西北師範大學文學院，2010。
10. 伍海萍，《徐霞客遊記》云南地名研究〔D〕，昆明：雲南大學人文學院，2010。
11. 張濤，《越縵堂日記》研究〔D〕，揚州：揚州大學社會發展學院，2005。
12. 張豔，晚清出使日記對西學的記載與傳播（1875～1895）〔D〕，蕪湖：安徽師範大學歷史與社會學院，2012。
13. 符云云，晚清域外遊記研究〔D〕，廣州：暨南大學文學院，2007。
14. 顏凌暉，《鄭孝胥日記》涉及書法的研究〔D〕，福州：福建師範大學美術學院，2012。
15. 李春梅，《燕行錄全集》中的醫學史料研究〔D〕，北京：中國中醫科學院，2011。
16. 曹國偉，日本遊記中的晚清中國印象〔D〕，廣州：暨南大學人文學院，2008。
17. 依明江·塔吉，近代外國人士在喀什噶爾科學考察活動及影響研究（以十九世紀中葉至二十世紀中葉爲例）〔D〕，烏魯木齊：新疆師範大學歷史與民族學學院，2012。
18. 劉炳濤，明代長江中下游地區氣候變化研究〔D〕，上海：復旦大學中國歷史地理研究中心，2011。
19. 艾紅玲，晚清湘籍名人日記中的禮制禮俗研究〔D〕，長沙：湖南大學嶽麓書院，2010。
20. 胡悦晗，日常生活與階層的形成——以民國時期上海知識分子爲例（1927～1937）〔D〕，上海：華東師範大學歷史系，2012。
21. 汪平，《東史郎日記》研究〔D〕，上海：華東師範大學歷史系，2003。
22. 楊祥民，扇子的故事—傳統造物的禮儀性與審美性蠡測〔D〕，南京：南京師大大學美術學院，2011。
23. 鄭南，美洲原產作物的傳入及其對中國社會影響問題的研究〔D〕，杭州：浙江大學人文學院，2009。

24. 王立民，葉昌熾《緣督廬日記》研究〔D〕，上海：復旦大學中國古代文學研究中心，2006。
25. 潘崇，清末五大臣出洋考察研究〔D〕，天津：南開大學歷史學院，2010。
26. 朱琳，崑曲與近世江南社會生活——以崑曲受眾群體爲對象的考察〔D〕，蘇州：蘇州大學社會學院，2006。
27. 馬靖妮，《熱河日記》中的中國形象研究〔D〕，北京：中央民族大學，2007。
28. 周紅，儒學宗教性問題研究〔D〕，哈爾濱：黑龍江大學哲學與公共管理學院，2010。

五、期刊雜誌

1. 常建華，中國社會生活史上生活的意義〔J〕，歷史教學，2012（2）：3～19，70。
2. 常建華，康熙朝的翰林輪值南書房〔J〕，紫禁城，2011（7）：22～24。
3. 常建華，國家認同：清史研究新視角〔J〕，清史研究，2010（11）：1～17。
4. 蔣竹山，晚明江南祁彪佳家族的日常生活史——以醫病關係爲例的探討〔J〕，都市文化研究，2006（2）：181～212。
5. 趙世瑜，民國初年一個京城旗人家庭的禮儀生活——一本佚名日記的讀後感〔J〕，華中師範大學學報（人文社會科學版），2009，48（5）：66～75。
6. 桑兵，進入民國之山雨欲來——日記所見親歷者的心路歷程〔J〕，杭州師範大學學報（社會科學版），2013（2）：12～40。
7. 朱東芝，晚明士紳的人際縮影——祁彪佳日記中的社交活動及其轉變〔J〕，明代研究，2006（9）：63～100。
8. 余新忠，晚清的衛生行政與近代身體的形成——以衛生防疫爲中心〔J〕，清史研究，2011（3）：48～68。
9. 余新忠，清代江南種痘事業探論，清史研究〔J〕，2003（2）：28～37，29。
10. 余新忠，中國疾病、醫療史探索的過去、現實與可能〔J〕，歷史研究，2003（4）：158～168。
11. 廖育群，牛痘法在近代中國的傳播〔J〕，中國科技史料，1988，l9（2）：36～44。
12. 李景文，清代河南書院刊刻淺論〔J〕，史學月刊，1994（5）：102～108。
13. 郝平，嬗變與堅守：近代社會轉型期晉中的民間宗教活動——以《退想齋日記》爲中心〔J〕，世界宗教研究，2012（6）：76～83。
14. 郝平，《退想齋日記》所見抗戰時期的民眾生活——以太原爲中心〔J〕，史林，2005（4）：27～32。

15. 行龍，懷才不遇：內地鄉紳劉大鵬的生活軌跡〔J〕，清史研究，2005（2）：69～80。
16. 韓曉莉，社會變動下的鄉村傳統——《退想齋日記》所見清末民國年間太原地區的鄉村演劇〔J〕，史學月刊，2012（4）：92～98。
17. 岑大利，古代官場文化中的官德教育——古代官箴書初探〔J〕，科學社會主義，2013（4）：88～91。
18. 〔法〕魏玉信著，李伯重譯，明清時期的官箴書與中國行政文化〔J〕，清史研究，1999（1）：3～20。
19. 岑大利，清代官箴書的社會史資料價值〔J〕，文化學刊，2010（4）：154～156。
20. 潘文年，清代中前期的民間刻書及其文化貢獻〔J〕，安徽大學學報（哲學社會科學版），2008，32（2）：142～148。
21. 鮑靜靜，從廣雅學生日記所見的民國中學校園生活〔J〕，社科縱橫，2007，22（5）：138～142。
22. 楊天石，蔣介石提議胡適參選總統前後——蔣介石日記解讀〔J〕，近代史研究，2011（2）：4～17。
23. 楊天石，盧溝橋事變前蔣介石的對日謀略——以蔣氏日記爲中心所做的考察〔J〕，近代史研究，2001（2）：1～27。
24. 楊奎松，蔣介石與戰後國民黨的「政府暴力」——以蔣介石日記爲中心的分析〔J〕，近代史研究，2011（4）：45～66。
25. 曾業英，歷史當事人的記述與歷史眞實——新見《剿共隨軍日記》釋讀〔J〕，近代史研究，2008（3）：24～43。
26. 高中華，從《永師日記摘抄》看抗戰時期永安城的社會狀況〔J〕，黨史研究與教學，2011，200（2）：55～59。
27. 王振忠，徽州女童的戰爭日記——1937～1938 年的《騰正日記》抄本〔J〕，安徽師範大學學報（人文社會科學版），2005，33（2）：174～179。
28. 張連紅，在南京的日日夜夜——《魏特琳日記》評介〔J〕，抗日戰爭研究，2000（4）：218～223。
29. 王洪瑞，清代河南書院的地域分佈特徵〔J〕，史學月刊，2004（10）：96～105。
30. 劉文鵬，清代提塘考，清史研究〔J〕，2007（4）：87～91。
31. 張學強，張建偉，明清會試中的「分區定額」政策探析〔J〕，社會科學戰線，2007（6）：233～240。
32. 邱捷，同治、光緒年間廣州的官、紳、民——從知縣杜鳳治的日記所見〔J〕，學術研究，2010（1）：97～106。

33. 張研，清代知縣的「兩套班子」——讀《杜鳳治日記》之二〔J〕，清史研究，2009（2）：74～87。
34. 孔祥吉，張之洞在庚子年的帝王夢——以宇都宮太郎的日記爲線索〔J〕，學術月刊，2005（8）：92～102。
35. 歐磊，清代官員丁憂制度論略〔J〕，北方論叢，2012：61～64。
36. 黃修明，中國古代仕宦官員「丁憂」制度考論〔J〕，四川師範大學學報（社會科學版），2007，34（3）：118～124。
37. 葛兆光，不意於胡京復見漢威儀——清代道光年間朝鮮使者對北京演戲的觀察與想像〔J〕，北京大學學報（哲學社會科學版），2010，47（1）：84～92。
38. 鄒長清，清代翰林院庶吉士人數考辨〔J〕，清史研究，2013（3）：141～150。
39. 李長莉，開放的時代與保守的個人：一個清末士大夫思想與生活的兩重世界〔J〕，學術研究，2007（11）：88～97。
40. 李景文，清代河南書院藏書略論〔J〕，河南大學學報（社會科學版），1994，34（4）：21～26。
41. 朱惠榮，徐霞客萬里西遊行跡考辨〔J〕，中國歷史地理論叢，2002，17（4）：103～113。
42. 〔日〕岸本美緒著，底譯，崇禎十七年的江南社會與關於北京的信息〔J〕，清史研究，1999（2）：25～32。
43. 柳向忠，信仰與教化之間：儒學宗教性之歷史性格芻議〔J〕，孔子研究，2013（2）：115～126。
44. 陳左高，明清日記中的戲曲史料〔J〕，社會科學戰線，1982（3）：292。
45. 陳左高，日記中的中國園林史料〔J〕，社會科學戰線，1983（2）：159。
46. 陳左高，清代日記中的中歐交往史料〔J〕，社會科學戰線，1984（1）：157。
47. 陳左高，王乃譽日記未刊稿〔J〕，社會科學戰線，1986（2）：333～336。
48. 陳左高，胡適《藏暉室日記》及其他〔J〕，社會科學戰線，1993（3）：271～274。
49. 薛念文，從「一・二八」到「八・一三」蔣介石「以戰求和」抗戰策略的轉變——以胡佛研究所藏《蔣介石日記》爲中心〔J〕，社會科學，2008（10）：179～187。
50. 周天度，從七七事變前後蔣介石日記看他的抗日主張〔J〕，抗日戰爭研究，2008（2）：136～150。
51. 姜良芹，從淞滬到南京：蔣介石政戰略選擇之失誤及其轉向〔J〕，南京大學學報（哲學・人文科學・社會科學），2011（1）：103～115。

52. 王建朗，從蔣介石日記看抗戰後期的中英美關係〔J〕，民國檔案，2008（4）：107～115。
53. 汪維眞，明清會試十八房制源流考〔J〕，史學月刊，2011（12）：36～53。
54. 吳景平，蔣介石與抗戰初期國民黨的對日和戰態度——以名人日記爲中心的比較研究〔J〕，抗日戰爭研究，2010（2）：131～144。
55. 王建朗，信任的流失：從蔣介石日記看抗戰後期的中美關係〔J〕，近代史研究，2009（3）：49～62。
56. 齊世榮，談日記的史料價值〔J〕，首都師範大學學報（社會科學版），2012（6）：1～15。
57. 羅志田，科舉制的廢除與四民社會的解體—一個内地鄉紳眼中的近代社會變遷〔J〕，（臺灣）清華學報，1999，25（4）：345～369。
58. 陳勝，田正平，橫看成嶺側成峰：鄉村士人心中的清末教育變革圖景——以《退想齋日記》和《朱峙三日記》爲中心的考察〔J〕，教育學報，2011，7（2）：101～107。
59. 蔡萬進，尹灣漢簡《元延二年日記》所載漢代氣象資料〔J〕，歷史研究，2002（4）：177～179。
60. 朱惠榮，徐霞客萬里西遊行跡考辨〔J〕，中國歷史地理論叢，2002，17（4）：103～113。
61. 劉炳濤，滿志敏，1609～1615 年長江下游地區梅雨特徵的重建〔J〕，中國歷史地理論叢，2011，26（4）：5～13。
62. 萬木春，由《味水軒日記》看萬曆末年嘉興地區的古董商〔J〕，新美術，2007（6）：13～20。
63. 朱淑君，士人視野的清末科舉改革——以《惲毓鼎澄齋日記》爲中心〔J〕，江南大學學報（人文社會科學版），2012，11（1）：58～61。
64. 孫燕京，從《那桐日記》看清末權貴心態〔J〕，史學月刊，2009（2）：119～128。
65. 孔祥吉，村田雄二郎，《翁文公日記》稿本與刊本之比較——兼論翁同龢對日記的刪改〔J〕，歷史研究，2004（3）：180～187。
66. 謝貴安，從《翁心存日記》看清代實錄館的修纂與運作〔J〕，史學史研究，2012，148（4）：40～48。
67. 劉雅軍，從《忘山廬日記》看孫寶瑄世界歷史認識與變革觀的轉變〔J〕，史學月刊，2011（2）：134～136。
68. 俞政，從《孫寶瑄日記》看其對《天演論》的解讀〔J〕，《福建論壇・人文社會科學版》，2001（3）：76～80。
69. 蔡副全，從葉昌熾《緣督廬日記》看杜甫隴右行蹤〔J〕，杜甫研究學刊，2011（4）：62～72。

70. 秦敏，從《越縵堂日記》看李慈銘的小說研究〔J〕，南京師範大學文學院學報，2011（4）：126～129。
71. 尹德翔，晚清使西日記研究：走出近代化模式的構想〔J〕，湖北大學學報（哲學社會科學版），2010，37（6）：48～52。
72. 張俊萍，晚清去「夷」化後的英國形象——比較郭嵩燾與薛福成出使日記中的英國〔J〕，江南大學學報（人文社會科學版），2013，12（2）：65～68。
73. 余冬林，試析郭嵩燾《倫敦與巴黎日記》中的議會形象〔J〕，理論月刊，2012，1：124～126。
74. 〔德〕龔迎春，晚清駐德使節日記中反映的文化碰撞〔J〕，學術研究，2010（12）：151～156。
75. 〔英〕依里斯著，葉鳳美譯，依里斯日記中記載的禮儀之爭〔J〕，清史研究，2009（2）：106～128。
76. 孟秋麗，清康熙時期的蒙古行紀〔J〕，中國邊疆史地研究，2005，15（2）：138～150。
77. 張仲民，從《乙丙日記》看汪士鐸歧視婦女的思想〔J〕，史學理論研究，2006，2：144～151。
78. 滿志敏，李卓侖，《王文韶日記》記載的1867～1872年武漢和長沙地區梅雨特徵〔J〕，古地理學報，2007，9（4）：431～438。
79. 張瑞，晚清日記中的病患體驗與醫患互動——以病患爲中心的研究〔J〕，歷史教學，2012（22）：25～31。
80. 劉岳兵，楊昌濟的思想與日本（下）——以《達化齋日記》爲中心〔J〕，船山學刊，2010（3）：55～59。
81. 戴海斌，甲午後「商辦」鐵路的一例實證——姚錫光日記所見之劉鶚〔J〕，社會科學，2012（7）：156～165。
82. 田正平，清末廢科舉、興學堂的另一類解讀——《朱峙三日記（1893～1919）》閱讀箚記〔J〕，教育研究，2012（11）：128～134。
83. 林緒武，論王世杰與抗戰時期的中共問題——以《王世杰日記》爲中心〔J〕，開放時代，2010（12）：89～104。
84. 劉克敵，「無事可做」的「魯迅」與「忙忙碌碌」的「周樹人」——從日記看民國初年魯迅的日常生活〔J〕，中國現代文學研究叢刊，2011（3）：135～142。
85. 陳廷湘，李德婉，留歐學人李思純及其《金陵日記》〔J〕，南京大學學報（哲學．人文科學．社會科學），2009（1）：95～102。
86. 張連紅，南京大屠殺幸存者的日記與回憶〔J〕，抗日戰爭研究，2005（4）：172～176。

87. 張雙志，18 世紀朝鮮學者對清代西藏的觀察——讀朴趾源《熱河日記》〔J〕，中國藏學，2007，79（3）：33～39。
88. 程兆奇，小川關治郎和《一個軍法務官日記》〔J〕，史林，2004（1）：92～105。
89. 江瀅河，《科林・坎貝爾日記》初探——早期瑞典對華貿易研究〔J〕，學術研究，2011（6）：120～128。

致　謝

北國的春天悄然到來，暖風微拂，湛藍的天空不時漂過幾朵白雲，行道樹已經抽出嫩綠的芽，桃花、杏花開始綻放，海棠也已躍躍欲試地爭相鬥豔，好一派生機盎然的景致。

去年與花木蘭文化事業有限公司約定將博士學位論文付梓，本欲抽空進行大幅度增補，無奈諸事纏身，直拖到年根獻歲。除夕之日，在小女、小兒的哭鬧聲中，仔細一盤算，猛地一驚，畢業竟已逾四年之久。今春稍有空閒，重新翻檢舊作，進行了少量的增補、修訂，草草收場，算作對自己的一個交代罷。

人生總在「捨得」之間，有所收穫，必有所失，這是基本之常「理」。回首畢業幾年的時光，我在教學、研究等方面確實取得了一些成績，但生活的重心已經悄然轉移到了家庭之上。母親患病，小女、小兒相繼出生，除了感到人生的幸福與美滿外，的確也感到了壓力與彷徨，儘管如此，我依然樂觀，我嚮往陽光，我感謝生活、感激上蒼、感恩親朋師友！

我首先要感謝我的授業恩師常建華教授，先生對我的教誨至今不絕於耳，受益終身；我還要感謝我的另一位授業恩師許金頂教授，他對我的悉心指導，讓我須臾不敢遠離「正途」；我更要感謝我的母親，是她給了我生命，並在各個方面指導、幫助我，無私奉獻；最後我要感謝我的家人，是你們讓我的生命更完整。

張博　2019 年 4 月

於并州之鋤雲堂